Das Verkäuferseminar

Carl D. Zaiss war lange Jahre als Verkäufer tätig, bevor er sich als selbständiger Unternehmensberater, Vortragsreisender und Seminarleiter niederließ.
Thomas Gordon ist promovierter Psychologe sowie Gründer und Präsident von Effectiveness Training, Inc., einem Veranstalter für Schulungsseminare in Kalifornien.

Carl D. Zaiss, Thomas Gordon

Das Verkäuferseminar

Psychologie des effektiven Verkaufens

Aus dem Englischen von Helga Vogelmann

Campus Verlag
Frankfurt/New York

Die Deutsche Bibliothek – CIP-Einheitsaufnahme

Zaiss, Carl D.:
Das Verkäuferseminar : Psychologie des effektiven Verkaufens
/ Carl D. Zaiss ; Thomas Gordon. Aus dem Engl. von Helga
Vogelmann. – Frankfurt/Main ; New York : Campus Verlag, 1995
Einheitssacht.: Sales effectiveness training <dt.>
ISBN 3-593-35270-2
NE: Gordon, Thomas:

Umschlaggestaltung: Atelier Warminski, Büdingen
Satz: Fotosatz L. Huhn, Maintal-Bischofsheim
Druck und Bindung: Druckhaus Beltz, Hemsbach
Gedruckt auf säurefreiem und chlorfrei gebleichtem Papier.
Printed in Germany

Dieses Buch ist unseren Familien
und all unseren Lieben gewidmet.

Inhalt

Danksagung

Viele Leute haben auf unterschiedliche Weise zu unserer Arbeit und zum Entstehen dieses Buches beigetragen. Einzelnen Personen an dieser Stelle unseren Dank auszusprechen ist unsere Art, unserer Verbundenheit Ausdruck zu verleihen und ihnen für den Beitrag, den sie geleistet haben, Anerkennung zu zollen.

Unser Dank gilt zunächst Alex Kerr und Michael Bender, für ihren Mut und ihre Überzeugung. Sie sind wahre Pioniere in der Erforschung der neuen Verkaufsmethode. Beide haben nach neuen Antworten auf die Herausforderung des Verkaufens gesucht, statt sich auf dem Status quo auszuruhen – was immer der einfachere Weg ist. Ihr Einsatz für den Erfolg ihrer Unternehmen und ihre Auffassung von Verkauf haben sie in unseren Kurs über Synergetischen Verkauf geführt. Durch unsere gemeinsame Arbeit mit Alex und Michael haben wir eine Menge gelernt, das in unsere eigene Arbeit Eingang gefunden hat. Weiterhin möchten wir den Tausenden von Personen danken, die an den Seminaren über Synergetischen Verkauf teilgenommen haben. Ihr Feedback hat uns immer wieder die Gewißheit vermittelt, auf dem richtigen Weg zu sein. Ihre Erfolge haben unseren eigenen Glauben an die neue Methode bestärkt, und ihre Fehlschläge haben uns gezeigt, was noch fehlte, um den Transformationsprozeß zu vervollkommnen.

Beim Verlag Penguin USA möchten wir Alexia Dorszynski und Arnold Dolin für ihre Unterstützung des Projektes danken sowie John Prain für seine hervorragende Bearbeitung der Rohfassung und Deb Brody für ihre wertvolle Hilfe und ihren Glauben an unsere Vision.

Ein ganz besonderes Dankeschön von Carl Zaiss sei den folgenden Personen ausgesprochen:

Walt und Fran Johnson für ihre beständige Zuneigung und Unterstützung.

Sally Skinner und Patrick Sobota dafür, daß sie mich mit der Arbeit von Tom Gordon bekannt gemacht haben.

Ann Bauer, David und Nancy Grundman, Chuck Hitzemann, Deborah Naish, Nathan Rosenberg, John Smith und Paul Spitler für viele anregende Unterhaltungen und ihre ermunternde Unterstützung während des Schreibens am Manuskript.

Sheryl Sneag, deren Mitarbeit am Beginn und in der Frühphase des Manuskriptes eine wertvolle Hilfe war, sowie Denyse Raskin für ihre Hilfe beim letzten Schliff.

Ein persönliches Wort des Dankes geht an Alison Armstrong. Ihre unermüdliche Betreuung und ihre Bemühung um meine persönliche Entwicklung haben mir geholfen, die Grenzen meines eigenen Erfolges zu überschreiten.

Vorwort

Der Zweck dieses Buches besteht darin, Ihnen eine Reihe neuer Fertigkeiten und Konzepte zu vermitteln, die Sie in die Lage versetzen werden, die Grenzen des herkömmlichen Verkaufens zu durchbrechen und dabei *außergewöhnliche* Ergebnisse zu erzielen.

Dieses Buch bedeutet einen Durchbruch auf dem Gebiet des Verkaufes. Unser Wörterbuch definiert *Durchbruch* als »eine große Errungenschaft oder einen großen Erfolg, die weiteren Fortschritt versprechen«. Wir sind davon überzeugt, eine Methode gefunden zu haben, die es Ihnen ermöglicht, mehr zu erreichen als das Übliche, Normale oder Gewöhnliche. Sie bewirkt eine Wende zu wahrhaft außergewöhnlichen Ergebnissen.

Wir hoffen, daß dieses Buch Ihr Schlüssel zu jenem Tor sein möge, das zu ungeahnten Chancen in Ihrer Verkäuferkarriere führt.

Einleitung

Zwei Auffassungen von Verkauf

Carl Zaiss: Ansichten eines professionellen Verkäufers zum Thema Verkauf

Seit mehr als fünfundzwanzig Jahren habe ich auf unterschiedliche Art und Weise mit Verkauf zu tun. Diese Erfahrung umfaßt den Einzelhandel während meines Collegestudiums, verschiedene Verkaufspositionen während meiner Laufbahn in der Hotelbranche und seit 1982 den Verkauf meiner eigenen Ausbildungsprogramme und Beratungsdienste, verbunden mit der Schulung anderer Verkäufer. Dieser Hintergrund gab mir Gelegenheit, durch meine eigene Erfahrung, aber auch gemeinsam mit anderen jene Einstellungen und Verhaltensweisen zu erforschen, die für den Erfolg im Verkauf ausschlaggebend sind. Wo ich auch hinkomme, treffe ich auf Verkäufer, die nach neuen Antworten suchen, um die Herausforderungen eines sich ständig verändernden Marktes zu bewältigen.

Das herkömmliche Verkaufsschema funktioniert einfach nicht mehr. Den meisten Verkäufern werden Fertigkeiten und Techniken vermittelt, die ihrem Erfolg sogar abträglich sind. Besonders schädlich sind alle Versuche, andere Personen zu steuern. Jeder Versuch, den anderen unter seine Kontrolle zu bekommen, widerspricht der Grundpflicht eines Verkäufers, nämlich eine Beziehung zum Käufer aufzubauen, die einen freien Austausch von Informationen ermöglicht. Trotzdem wird genau das in den meisten Verkäuferseminaren vermittelt.

Es ist an der Zeit, daß wir zu einem besseren Verständnis der

Komplexität der Beziehung zwischen Verkäufer und Käufer gelangen. Bei einer solchen Veränderung ist es nicht mit »ein bißchen besser, ein bißchen anders« getan. Statt dessen geht es um einen tiefgreifenden Wandel in der Art und Weise, wie wir diese Beziehung zwischen Verkäufer und Käufer wahrnehmen, der einem wirklichen Umbruch gleichkommt. Dazu müssen wir uns zuerst über die Grenzen der bestehenden Methode klarwerden und aus den Fesseln der herkömmlichen Denkmuster und Verhaltensweisen ausbrechen. Anschließend müssen wir neue Fähigkeiten entwickeln, die die Grundlage eines solchen Wandels bilden.

Der Anstoß zu diesem Wandel muß von *Ihnen* kommen. Er kann nicht von anderen in Ihrer Firma angeordnet werden. Um Ihnen den Einstieg zu erleichtern, lassen Sie mich von einigen meiner eigenen Verkaufserfahrungen erzählen, und warum ich mich dabei so unglücklich fühlte. Dann können Sie selbst entscheiden, was Sie unternehmen wollen, um Ihren Erfolg und Ihre Zufriedenheit beim Verkauf zu erhöhen.

Meinen ersten richtigen Verkaufsjob hatte ich als Kind. Ich verkaufte Süßigkeiten, um Geld für die Baseball-Jugendmannschaft zu beschaffen. Eine Tafel Schokolade kostete damals einen Dollar, und dem erfolgreichsten Verkäufer winkte eine Baseballjacke als Belohnung. Um sicherzustellen, daß das Ziel auch wirklich erreicht wurde, wurde jedem Spieler eine Mindestquote vorgegeben.

Jedes Jahr machte ich mich voller Begeisterung ans Werk. Ich konnte mich förmlich schon in der neuen Jacke vor mir sehen. Meine Eltern verbrachten Stunden damit, mich in der Nachbarschaft herumzufahren. Mit der Zeit aber verdrossen mich das Klopfen an fremden Türen und das »Nein«, das ich dort zu hören bekam. Meine Begeisterung war rasch verflogen. Oftmals kauften meine Eltern die letzten paar Schokoladetafeln, damit ich meine Mindestquote erreichen konnte.

Es dauerte nicht lange, und der Verkauf der Süßigkeiten war zu einer alljährlichen Verpflichtung geworden, die mich verdroß. Die Leute, deren Häuser ich abklappern mußte, wurden zu meinen Gegnern – zu Hindernissen auf meinem Weg zum Ziel. Wie alle Verkäufer sehr gut wissen, mußte mir eine solche Einstellung jede Aussicht auf Erfolg verderben. Ich kam zu dem Schluß, daß ich kein guter Verkäufer sei und daß es mir keinen Spaß machte.

Nach dem College, als ich in die Hotelbranche ging, wurde mir bald klar, daß einige Jahre im Verkauf meiner Karriere förderlich wären. Also wechselte ich in den Verkauf. Und raten Sie mal, wie es mir dort ging. Ich konnte diese Arbeit noch immer nicht leiden. Das ist nicht weiter überraschend, wenn man die Einstellung bedenkt, die ich zuvor bereits zum Verkauf und zu meinen diesbezüglichen Erfolgsaussichten entwickelt hatte. Genau wie früher forderten die Stunden, die ich mit kalten Kontakttelefonaten und der Jagd nach Kunden zubrachte, schließlich ihren Tribut. Sogar die tollen Geschäftsreisen, die Cocktailparties, Tagungen und Messen waren in meinen Augen nur Arbeit und machten keinen Spaß. Ich fühlte mich immer wie auf der Bühne, wo ich eine Rolle zu spielen hatte. Ich freute mich auf das Ende des Tages, wenn ich meine Maske wieder abnehmen konnte.

Es gab noch eine ganze Reihe anderer Gründe für meine Frustrationen, Gründe, die andere Verkäufer sicher aus eigener Erfahrung kennen. Erstens schien Verkaufen ein Schachspiel zwischen dem Käufer und mir zu sein – einer mußte gewinnen und einer mußte verlieren. Egal, welche Taktik ich einsetzen mußte, um zu gewinnen, immer ging es darum, den anderen zu schlagen.

Zweitens erfuhr die Verkaufsabteilung vom Topmanagement jahrelang keinerlei Anerkennung oder Unterstützung. Wenn die Geschäfte gutgingen, war das der guten Wirtschaftslage zuzuschreiben oder dem erstklassigen Service, den das Hotel anzubieten hatte. Nur wenn die Geschäfte schlecht liefen, fiel ihnen ein, daß es eine Verkaufsabteilung gab. Schließlich war ein guter Verkäufer ja dazu da, alle Hindernisse aus dem Weg zu räumen, um das Geschäft anzukurbeln.

Drittens hatte ich häufig mehr Probleme mit den anderen Abteilungen in der eigenen Firma, die das, was wir verkauft hatten, ausliefern sollten, als mit meinen Kunden. Der Streß, einen Kunden zu gewinnen, war nichts im Vergleich zu der Mühe, die es kostete, ihn zu behalten.

Schließlich sah ich als Verkäufer keine Möglichkeit mehr, meine eigenen Bedürfnisse zu verwirklichen. Die einzige Möglichkeit, Kunden zu finden und bei der Stange zu halten, schien mir darin zu liegen, meine eigenen Bedürfnisse zu verleugnen. Das erzeugte noch mehr Frustrationsgefühl und Abneigung in mir, und ich hatte entsprechend wenig Freude an meinem Job.

Ich las Bücher und nahm an Schulungsprogrammen teil, aber auch hier fand ich nicht, was ich suchte. Immer war von Steuerung, Manipulation und Hinterlist die Rede. Wenn das Verkaufen war, was wurde dabei aus mir?

Während meiner ganzen Laufbahn bestätigten Gespräche mit anderen Verkäufern meine Anschauungen. Sie brachten nicht nur ähnliche Frustrationen zutage; auch sah ich, wie der ständige Personalwechsel in den Verkaufsabteilungen seinen Tribut forderte. Irgend etwas war mit dem System nicht in Ordnung.

1982 verließ ich die Hotelbranche, um mein eigenes Schulungs- und Beratungsunternehmen aufzubauen. Ich wollte Antworten auf die Probleme finden, die ich selbst am Arbeitsplatz erfahren hatte, um diese Erkenntnisse dann mit anderen zu teilen. Ich begann mit der Suche nach den Antworten auf einige grundlegende Fragen. Kann jemand Erfolg im Verkauf haben und sich trotzdem selbst treu bleiben? Strapaziert das zähe Ringen um Verkaufsabschlüsse langfristig die Beziehung zwischen Verkäufer und Käufer? Kann es in einer solchen Beziehung ein Happy-End für beide Seiten geben?

Meine Suche führte mich zu Dr. Thomas Gordon, einem Pionier auf dem Gebiet der Kommunikations- und Kooperationsschulung. Den Nutzen seiner Bücher und Kurse *Familienkonferenz* und *Managerkonferenz* hatte ich bereits am eigenen Leibe erfahren. Sie vermittelten mir eine Reihe von Fertigkeiten und Konzepten, die mich in die Lage versetzten, mit meiner Familie, meinen Freunden und meinen Arbeitskollegen Beziehungen aufzubauen und zu erhalten, die für beide Seiten vorteilhaft sind. Unsere Bekanntschaft vertiefte sich, und Tom und ich verbrachten Stunden mit Diskussionen darüber, wie sein Modell auch auf die Beziehung zwischen Verkäufer und Käufer angewandt werden könne.

Als Ergebnis dieser Diskussionen und auf der Grundlage unserer einhelligen Überzeugung, daß es einen besseren Weg geben muß, haben wir gemeinsam den Synergetischen Verkauf entwickelt. Dieser stellt einen wichtigen Schritt dar, der der herkömmlichen Verkaufsschulung weit überlegen ist. Dieser Kurs war und ist der Rolls Royce unter den Verkaufsschulungen.

Seit dieser Zeit habe ich Synergetischen Verkauf in den ganzen USA, in Kanada und in Europa in Unternehmen aller Größen unterrichtet, von ganz kleinen Firmen bis zu Großkonzernen wie General Motors. Dabei habe ich festgestellt, daß ich mit meinen anfänglichen Wahrnehmungen und mit meinen Frustrationen im Verkauf nicht allein war. Wo immer ich hinfahre, treffe ich auf Verkäufer und Verkaufsleiter, die von der herkömmlichen Verkaufsmethode enttäuscht sind. Begierig lauschen sie meinen Ausführungen über die neue Methode, obwohl ihnen noch unbehaglich zumute ist angesichts der Veränderungen, die mit einem solchen Umbruch einhergehen müßten.

Während der Seminare, die ich abhalte, teile ich meine Gruppe jeweils in zwei Teile. Eine Gruppe wird dazu bestimmt, Verkäufer darzustellen, die andere spielt die Käufer. Daraufhin bitte ich die Käufer, ihre Meinung über Verkäufer abzugeben. Die üblichen Begriffe und Redensarten, die dabei verwendet werden, sind *Lügner, Betrüger, aufdringlich, arrogant, dem Käufer gegenüber gleichgültig, kaum hast du gekauft, siehst du sie nie wieder.* Aber die Regeln des Fair play verlangen Waffengleichheit, und so bitte ich anschließend auch die Verkäufer um eine allgemeine Beschreibung von Käufern. Diese seien *unehrlich, stur, ignorant, anstrengend, spielen beide Seiten gegeneinander aus, sind neuen Ideen gegenüber nicht aufgeschlossen.* Die herkömmliche Verkaufsmethode bringt also den Verkäufer gegen den Käufer auf.

Verkaufsleiter und andere Personen im Unternehmen setzen dieses herkömmliche Modell der Beziehung zwischen Verkäufer und Käufer, zumeist unwissentlich, weiter fort. Ihre Verhaltensweisen haben einen starken Einfluß auf das Verhalten der Verkäufer – viel mehr als jeder Leitfaden über Unternehmensziele und ethische Grundsätze, der auf Hochglanzpapier gedruckt und im ganzen Unternehmen verteilt wird. Allein schon die Sprache, die für die Beschreibung der Beziehung zwischen Verkäufer und Käufer verwendet wird, die Anreizsysteme, aus denen die Prämien für den Verkäuferstab abgeleitet werden, die Schulung, die sie erhalten, und die Prioritäten des Managements in schwierigen Situationen – all diese Faktoren verstärken das herkömmliche Modell von der feindseligen Beziehung zwischen Verkäufer und Käufer.

Worauf ich hinauswill: Das gesamte Berufsbild des Verkäufers bedarf einer gründlichen Überholung. Das herkömmliche Modell ist ganz einfach zu einengend und ungeeignet für das heutige Geschäftsleben. Es ist Zeit für einen radikalen Wandel.

Das Beziehungskonzept, das von Tom Gordon entwickelt wurde, ist der Schlüssel zu diesem überfälligen Umbruch in der Beziehung zwischen Verkäufer und Käufer. Das *Verkäuferseminar* spiegelt mein Bekenntnis zu jenen Fertigkeiten wider, die ich mir selbst angeeignet habe und später wiederum an andere weitergegeben habe.

Dieses Buch bietet auch Ihnen die Möglichkeit, vorgefaßte Meinungen und Verhaltensweisen zu hinterfragen und fruchtbare, starke und befriedigende Beziehungen aufzubauen, während Sie gleichzeitig ungeahnte Verkaufserfolge erzielen.

Tom Gordon: Die Ansichten eines Psychologen zum Thema Verkauf

Ich begann mich in den späten fünfziger Jahren für Verkauf zu interessieren, bald nachdem ich meine Laufbahn als Unternehmensberater mit dem Schwerpunkt auf interpersoneller Kommunikation begonnen hatte. Ich arbeitete mit meinen Kunden an Fragen wie den folgenden: Wie wählt man Verkäufer aus, die Erfolg haben werden? Welches sind die besten Methoden zur Schulung von Verkäufern? Wie kann man die Fluktuation beim Verkaufspersonal reduzieren? Wie kann man jemanden dazu bewegen, das zu kaufen, was man verkaufen will?

Das letztgenannte Problem interessierte mich besonders und

führte schließlich dazu, daß ich mich vollständig auf diesen hochkomplexen Vorgang konzentrierte. Damals gab es noch kaum Forschung darüber, was vor sich geht, wenn ein Verkäufer einen Käufer zu beeinflussen versucht. Im Rahmen meiner Ausbildung als Psychologe war ich jedoch auf Studien gestoßen, die sich mit dem Phänomen der Beeinflussung in anderen Lebensbereichen befaßten: Vorgesetzter – Untergebener, Eltern – Kinder und Berater – Klient. In all diesen Beziehungen gibt es jemanden, der versucht, jemand anderen dazu zu bringen, etwas zu tun, was er eigentlich nicht tun will. Konnte man diese Erkenntnisse auch auf die Beziehung zwischen Verkäufer und Käufer anwenden? Aber sicher, schließlich müssen wir uns in allen unseren Beziehungen in gewisser Weise selbst verkaufen.

Einer meiner ersten Schritte bestand darin, die fünf wichtigsten Voraussetzungen für einen erfolgreichen Verkaufsprozeß zu formulieren:

1. Der Verkäufer muß die Bedürfnisse des Käufers herausfinden und sich bemühen, diese zufriedenzustellen.
2. Der Käufer muß das Gefühl haben, daß der Verkäufer absolut ehrlich, glaubwürdig und vertrauenswürdig ist.
3. Der Käufer muß Gelegenheit haben, seine Einwände, Zweifel und Befürchtungen zu artikulieren, und das Gefühl, daß diese vom Verkäufer *akzeptiert* werden.
4. Der Käufer muß das Gefühl haben, daß er seine Entscheidung frei getroffen hat, ohne von jemandem gedrängt oder manipuliert worden zu sein.
5. Der Käufer muß das Gefühl haben, daß der Verkäufer ein Freund, ein Partner, ein Berater ist.

Fasziniert begann ich damit, diese Prinzipien in meine Arbeit mit den Verkaufsabteilungen einiger Kunden einfließen zu lassen: bei Forest E. Olson, damals größte Immobilienfirma in Los Angeles; bei Forest Lawn, einem angesehenen Bestattungsunternehmen; und bei Avery Label, einem Pionier bei der Herstellung bedruckter Aufkleber.

Ich war davon überzeugt, daß die Schulung von Verkäufern in der Frage, wie man derartige Beziehungen zu seinen Kunden aufbaut und bewahrt, so ähnlich funktionieren müßte wie meine Arbeit in der Schulung von Unternehmensberatern an der University of Chicago in den Jahren 1949 bis 1954. Anläßlich einer Rede mit dem Titel »Sollten Verkäufer die Kunst des Zuhörens lernen?«, die ich 1958 vor der Hauptversammlung des Sales Executive Club hielt, sagte ich das folgende voraus: »Ein Schulungsprogramm für den Verkauf, das wie eine Schulung für erfolgreiche Unternehmensberater aufgebaut ist, würde die Verkäufer mit einigen derselben Fertigkeiten und Einstellungen und mit demselben Einfühlungsvermögen ausstatten, wie sie der Berater für seine Aufgabe braucht. Meiner Meinung nach wäre es kein unrichtiger Ansatz, die Rolle eines erfolgreichen Verkäufers als die eines *Beraters für seine Kunden* zu definieren.«

In einer anderen Rede mit dem Titel »Menschengerechte Verkaufsschulung«, die ich ein Jahr später hielt, stellte ich vier Komponenten eines erfolgreichen Schulungsprogramms für Verkäufer heraus.

1. *Schulung der Spontaneität:* Verkäufer müssen lernen, sich natürlich zu benehmen, aus einstudierten »Rollen« zu schlüpfen, nicht zu schauspielern, sondern sich einfach in ihrer eigenen Persönlichkeit sicher zu fühlen; flexibel zu sein, ihre einstudierten Verkäuferphrasen zu vermeiden.
2. *Schulung des Zuhörens:* Verkäufer müssen lernen, weniger Betonung auf die Überzeugungsarbeit gegenüber den Käufern zu legen, sondern diesen Käufern mehr zuzuhören; sie müssen sich eine wesentliche Fähigkeit des guten Beraters aneignen – einfühlsames aktives Zuhören. Diese Fähigkeit kommt darin zum Ausdruck, daß man einem Interessenten oder langjährigen Kunden das Gefühl gibt: »Ich möchte mir Ihre Probleme und Wünsche anhören. Ich möchte einfach zuhören und Ihre Gefühle akzeptieren, wie auch immer sie sind – Zweifel, Widerstand, Unsicherheit, Unentschlossenheit.«
3. *Schulung der Einstellung:* Verkäufer müssen Sensibilität für die Komplexität menschlicher Verhaltensweisen entwickeln – die Unberechenbarkeit der Menschen; ihre beinahe allgegenwärti-

ge Abneigung gegen Veränderungen; ihr Bedürfnis, eigene Entscheidungen zu treffen; und ihr Mißtrauen gegenüber allen Versuchen, gedrängt oder manipuliert zu werden.

4. *Schulung der eigenen Ausstrahlung:* Verkäufer sollten Gelegenheit erhalten, zu lernen, wie sie auf andere Leute wirken. Schaffen Sie in einer Gruppe von Seminarteilnehmern ein Klima, das dazu ermutigt, sich gegenseitig wissen zu lassen, wie man »rüberkommt«.

Diese Rede zum Thema Verkaufsschulung schloß ich mit der Vorhersage: »Ich bin davon überzeugt, daß wir Verkäufer wie Menschen schulen und sie später als Menschen führen müssen. So werden sie die Fähigkeit entwickeln, gute persönliche Beziehungen zu ihren Kunden aufzubauen. Gleichzeitig werden wir einen Beitrag zum Entstehen eines Berufsstandes leisten, dessen Vertreter ein Gefühl von persönlicher Würde, Stolz und Selbstachtung empfinden.«

Nach dieser Vorhersage dauerte es allerdings noch mehr als zwanzig Jahre, bis meine Firma *Effectiveness Training* mit ihrem Programm SalesTech auf dem Markt für Verkaufsschulungen auftrat. Während dieser zwei Jahrzehnte konzentrierten wir unsere Anstrengungen zuerst auf die Vermarktung eines Schulungsprogramms für Eltern, die *Familienkonferenz.* Dieses Programm, das 1962 vorgestellt wurde, vermittelte Eltern erstmals geeignete Techniken, die sie befähigten, zu Kindern aller Altersstufen Beziehungen aufzubauen und zu erhalten, die für beide Seiten befriedigend sind. Das Programm wurde ein sofortiger Erfolg. 1992 hatte unsere Mannschaft von mehreren tausend speziell geschulten und fachlich qualifizierten *Familienkonferenz*-Trainern bereits mehr als eine Million Elternteile in einunddreißig Ländern auf der ganzen Welt unterrichtet.

In den frühen siebziger Jahren entwickelten wir mit der *Lehrer-Schüler-Konferenz* ein Programm, das erstmals den Unterricht von zwischenmenschlichen Fertigkeiten für Lehrer vorsah. Wenig später entwickelten wir die *Managerkonferenz*, einen speziellen Kurs für Führungskräfte in Unternehmen. Dieses Programm war eines der ersten, die die Fähigkeit zum mitarbeiterorientierten Führungsstil, zur Entscheidungsfindung im Team und zur Teambildung vermittelten.

Der Erfolg jedes dieser Konferenz-Kurse überzeugte mich davon, daß wir die entscheidenden Fähigkeiten entdeckt hatten, um eine wirklich fruchtbare zwischenmenschliche Beziehung auf allen Ebenen aufzubauen. Eine ganz besondere Beziehung aus drei Gründen: Erstens, weil sie für beide Seiten befriedigend ist und beide Beteiligten ihre Bedürfnisse verwirklichen können. Zweitens, weil sie ohne Manipulation und ohne eine Kontrolle auskommt, die allein auf fremder Macht gründet. Drittens, weil die Beziehung dauerhaft ist, da beide Beteiligten sie als »fair« empfinden.

Als wir in den frühen achtziger Jahren damit begannen, unser erstes Verkaufsprogramm SalesTech zu entwickeln und zu vermarkten, überraschte es uns daher nicht, daß auch Verkäufer sich schnell dieselben Fertigkeiten aneigneten und sie erfolgreich anwendeten. Sie entwickelten so neue Beziehungen zu ihren Käufern und Kunden, die beide Seiten zufriedenstellten und auf Kooperation beruhten.

Effectiveness Training vermarktet zur Zeit sein zweites Verkaufsschulungsprogramm, Synergetischer Verkauf. Diese Seminare konzentrieren sich darauf, (1) die Beziehung zwischen Verkäufer und Käufer zu stärken; (2) dem Verkäufer zu vermitteln, wie er seine Kunden durch die einzelnen Phasen einer Verkaufsentscheidung begleiten sollte; und (3) Verkäufern die Fähigkeit zu vermitteln, ihre persönlichen Bedürfnisse in der Beziehung zu ihren Kunden nicht zu kurz kommen zu lassen.

Dieses Buch wird dem Leser ein tieferes Verständnis von Synergetischem Verkauf und von den bemerkenswerten Vorteilen vermitteln, die man daraus ziehen kann – egal, ob Sie Dienstleistungen oder Produkte an Ihre Kunden oder Ihre Ideen an die Kollegen am Arbeitsplatz verkaufen. Viele der Themen, die in diesem Buch behandelt werden, stammen aus dem großen Erfahrungsschatz des Ko-Autors Carl Zaiss. Carl und ich haben gemeinsam den Kurs über Synergetischen Verkauf entwickelt, wobei wir auf der Grundmethodik anderer *Effectiveness Training-Programme* aufgebaut haben.

In diesem Buch werden wir zeigen, warum erfolgreiche Beziehungen zwischen Verkäufern und Käufern in unserer Geschäftswelt so wichtig geworden sind. Der Versuch, Kunden zu manipulieren oder zu steuern, ist eine veraltete Methode, die durch Beziehungen mit zwei Gewinnern (oder zumindest keinem Verlierer) ersetzt werden muß. Das ist nur auf der Basis von gegenseitigem Vertrauen und Respekt für die Bedürfnisse des jeweils anderen möglich. Diese Art von Partnerschaft verspricht eine größere Dauerhaftigkeit.

Das Buch betont auch die Notwendigkeit der Unterstützung durch das Unternehmen, in dem der Verkäufer tätig ist. Mit Hilfe der neuen Methode kann und muß es den Synergetischen Verkauf gezielt fördern. Wir beleuchten kritisch die Art und Weise, wie Verkaufsleiter mit ihren Verkäufern umgehen, und wir setzen uns mit der herkömmlichen Einstellung zu Verkaufsschulungen auseinander.

Vor allem wird Synergetischer Verkauf, wie ich in jener Rede vor mehr als drei Jahrzehnten vorhergesagt habe, den Verkauf zu einem angeseheneren Beruf machen, dessen Vertreter ein Gefühl von persönlicher Würde, Stolz und Selbstachtung empfinden.

Erstes Kapitel

Warum die herkömmliche Verkaufsmethode nicht funktioniert

Die Zeit der raschen Eroberungen ist vorbei ... Der Verkauf bedeutet nicht mehr, als daß die lange Zeit der Werbung beendet ist und die Ehe begonnen hat.

Theodore Levitt

Die Zeit ist reif für einen wirklichen Durchbruch in der Verkaufsbranche. Die Komplexität des modernen Wirtschaftsgeschehens läßt das herkömmliche Verkaufsmodell als nicht mehr zeitgemäß erscheinen. Um mit den Anforderungen einer sich ständig verändernden Geschäftswelt Schritt halten zu können und Verkaufserfolge zu erzielen, ist es notwendig, sich von herkömmlichen Denkschemata radikal abzuwenden.

In einem 1983 in der *Harvard Business Review* erschienenen Artikel schrieb Theodore Levitt, der damalige Leiter der Marketing-Fakultät an der Harvard-Universität: »Weil sich unsere Wirtschaft immer stärker dienstleistungs- und technologieorientiert entwickelt, werden sich auch die Gesetze des Verkaufsprozesses verändern. Die steigenden Serviceanforderungen und die steigende Komplexität der Technologie werden in immer stärkerem Ausmaß dauerhafte und intensive Beziehungen zwischen Käufern und Verkäufern erforderlich machen. Deshalb wird sich der Verkäufer statt auf den reinen Verkaufsabschluß immer mehr auf die Betreuung der Käufer nach dem Kauf konzentrieren müssen.«

Neben der gestiegenen technologischen Komplexität gibt es noch eine Reihe anderer Faktoren, die eine solche Umorientierung als unausweichlich erscheinen lassen. Erstens steigt angesichts des verschärften Wettbewerbs in fast allen Wirtschaftssektoren die Bedeutung einer stärkeren Kundenbindung und somit langfristiger Beziehungen. Zweitens ist wegen der gestiegenen Kosten beim Aufbau neuer Geschäftsbeziehungen im Vergleich zu dem weit geringeren Aufwand, den es erfordert, um einen zufriedenen Kunden bei der Stange zu halten, der Aufbau von längerfristigen Kundenbeziehungen wirtschaftlich wünschenswert. Schließlich erfordert der Trend zu »Qualität« eine engere Partnerschaft zwischen Käufern und Verkäufern.

Darüber hinaus verlangt die steigende Komplexität des Verkaufsprozesses auch bessere Beziehungen zu anderen Personen, die mit der Lieferung des Produktes oder der Erbringung der Dienstleistung befaßt sind. Ein Verkäufer muß mit einem ständig an Bedeutung gewinnenden Netzwerk von Leuten kommunizieren, deren Mitwirkung für seinen Erfolg unabdingbar ist. Innerhalb der Unternehmen steigt die Zahl von Abteilungen, die mit Kundendienst und Kundenberatung befaßt sind, was es erforderlich macht, ein verstärktes Augenmerk auf die Kommunikation zwischen den einzelnen Abteilungen zu richten. Selbständige Vertreter verfügen über ein durchaus vergleichbares und ebenso komplexes Netzwerk von Personen, das in ihren Verkaufsprozeß eingebunden ist. Ein Verkäufer in diesem Sinne ist eine Führungskraft, die die Tätigkeit eines Teams von Mitarbeitern koordinieren muß, um dem Kunden qualitativ hochwertige Produkte und Dienstleistungen zu bieten.

Eine solche Veränderung in ihren Beziehungen wird von Käufern und Verkäufern auch gewünscht. Der Käufer von heute ist sensibler geworden gegenüber herkömmlichen Verkaufstechniken. Er ist auf der Suche nach jemandem, der aus der Rolle des typischen Verkäufers schlüpft und eine andere Art von Beziehung zu ihm aufbaut. Besser informiert und unabhängiger als je zuvor, sucht er die Zusammenarbeit mit einem Verkäufer, der ihn bei seinen Entscheidungen unterstützt. Der Käufer hat eine größere Auswahl und kann daher wählerischer bei der Frage sein, wo er kauft. Er hat es nicht nötig, sich mit Verkäufern und Unternehmen abzugeben, die seine Bedürfnisse nicht zufriedenstellen.

Der Käufer von heute achtet sehr auf den *Gesamtwert* eines Produktes oder einer Dienstleistung. Zusätzlich zu den eigentlichen Vorzügen erwartet er weitere, wertsteigernde Serviceleistungen. Und bei bestimmten Kaufvorgängen sind weitere Angehörige seines Unternehmens in den Entscheidungsprozeß eingebunden, wodurch die ganze Angelegenheit noch komplexer wird. Offene, ehrliche Kommunikation mit einem Verkäufer, dem man vertraut, verleiht dem Käufer intern die nötige Durchsetzungskraft.

Der heutige Verkäufer wünscht sich ebenfalls eine Veränderung. Er ist unzufrieden mit dem Druck und der Schinderei, die damit verbunden sind, ständig neuem Geschäft nachzujagen. Er arbeitet lieber in langfristigen Beziehungen mit Kunden, und er möchte einen größeren Einfluß auf die Ergebnisse für diese Kunden nehmen. Ein Verkäufer will für seine Kunden etwas Besonderes erreichen; er möchte deshalb eine langfristige Beziehung haben, um sicher sein zu können, daß sein Kunde jene Qualität und jenen Service erhält, die er ihm versprochen hat. Außerdem wünscht sich ein Verkäufer größere Unabhängigkeit und mehr Spielraum in den Verhandlungen mit seinen Kunden.

Schließlich wollen Verkäufer fair behandelt werden, mit Respekt und Anerkennung für ihre Tätigkeit. Die meisten stehen hinter ihren Produkten oder Dienstleistungen und wissen, daß sie Großartiges leisten könnten, wenn man ihnen dazu die Gelegenheit böte. In Wahrheit wünschen sich die Verkäufer von heute einen Beruf, der sie befriedigt und in dem sie stolz auf sich sein können.

Was wir brauchen, ist ein Wandel des gesamten Berufsbildes. Dieser Wandel muß tiefgreifend und durchdringend sein und das gesamte System erfassen. Nicht nur muß die Beziehung, die ein Verkäufer zu seinem Käufer aufbaut, auf eine neue Grundlage gestellt werden, auch die Beziehungen zu seinem Vorgesetzten und zu anderen Abteilungen im Unternehmen, die am Kauf- und Verkaufsprozeß beteiligt sind, müssen sich verändern. Darüber hinaus müssen die Verkaufsschulungen mit neuen Inhalten gefüllt werden, damit sie dem neuen Rollenbild gerecht werden. Und schließlich muß sich die Unternehmenskultur, in der der Verkäufer agiert, verändern, um eine solche Transformation zu unterstützen. Schauen wir uns einmal genauer an, wie es zur Zeit in all diesen Bereichen aussieht.

Beziehungen zwischen Verkäufern und Käufern

In einem Artikel über unser Schulungsprogramm *Synergetischer Verkauf* hat es der Verfasser John Stoler so formuliert:

> Das Image des Verkäufers ist getrübt und mit Klischees bedacht worden, seit die Schlange Eva einen Biß vom Apfel aufschwatzte und Eva ihrerseits Adam überredete, von der verbotenen Frucht zu naschen. Für ihren Erfolg wurde die Schlange von Gott verflucht und zu lebenslangem Kriechen auf dem Bauch verurteilt, auf daß sie ihre Nahrung im Staube essen müsse. Wie unfair. In jedem anderen Unternehmen würde die Schlange eine Provision erhalten, einen Bonus sowie die Aussicht auf eine Beförderung, wenn sie weiterhin gute Arbeit leistet. Und Eva würde vom Fleck weg engagiert, als geborenes »Naturtalent«.
>
> Dieses Image hält sich hartnäckig. Der Verkäufer – eine ölige Schlange im Gras, die sich verschlagen windet, Ränke schmiedet und Komplotte ausheckt, um einem arglosen Opfer etwas Unerwünschtes zu verkaufen oder ihm zumindest eine größere Menge anzudrehen, als benötigt wird. Er tritt stark, aggressiv, überlegen auf und überrumpelt jedermann. Er hat etwas, von dem er »weiß«, daß es gebraucht wird, und eine einstudierte Antwort auf jeden Einwand und gegen jedes Hindernis, das sich ihm in den Weg stellt, in petto. Seine Aufgabe besteht darin, den Interessenten durch ein Labyrinth von Korridoren zu führen und ihm an jeder Kurve eine positive Antwort zu entlocken, bis er mit einer unterschriebenen Bestellung weggehen kann. Der Kunde ist sein Gegner, den er besiegen und bezwingen muß.

Natürlich werden viele Verkäufer sagen, daß sie nicht so arbeiten. Aber das ist nicht der springende Punkt. Worauf es uns ankommt, ist, daß dies das Umfeld ist, in dem sie verkaufen müssen. Der Prozeß des Kaufens und Verkaufens erweckt in der Regel den Eindruck, daß einer gewinnen und einer verlieren wird. Das ist der Grund dafür, warum es so schwierig ist, mehr Vertrauen in die Beziehung zwischen Verkäufer und Käufer zu bringen.

Dann gibt es da auch noch das ungeschriebene Gesetz, daß ein guter Verkäufer in der Lage sein sollte, jedes Hindernis zu überwinden, einschließlich eines Mißverhältnisses zwischen seinem Produkt und den Bedürfnissen des Käufers. In unseren Seminaren verblüfft es uns immer wieder, wie viele Verkäufer glauben, daß sie jeden Verkauf zum Abschluß bringen müssen und daß sie etwas falsch gemacht haben, wenn ihnen das einmal nicht gelingt. Sie leben in dem Glauben, daß Verkaufen wie ein Schachspiel mit dem Käufer ist. Am Ende gibt es einen Gewinner und einen Verlierer. Einer wird seine Bedürfnisse befriedigen können und der andere nicht. Stimmen die Strategien und Taktiken, so wird man gewinnen. Eine solche Einstellung muß natürlich zu einem hohen Grad an Frustration bei den Verkäufern führen.

Diese Denkweise des Gewinnens und Verlierens kann sehr teure Folgen haben. John, Verkaufsleiter einer großen amerikanischen Fluglinie, versorgte uns mit dem folgenden Beispiel. Seine Fluglinie schloß mit einem großen Unternehmen einen minuziös ausgehandelten Rahmenvertrag für einen ihrer wichtigsten Märkte ab. Der Kunde erklärte sich bereit, ein bestimmtes Geschäftsvolumen zu einem bestimmten Preis abzunehmen. Es handelte sich um ein umfassendes Abkommen, in das beide Seiten eine Menge Arbeit investiert hatten. Beide Teile hatten danach das Gefühl, in einer starken Beziehung zueinander zu stehen.

Nachdem das erste Vertragsjahr abgelaufen war, versteifte sich das Topmanagement der Fluglinie darauf, daß neue Bedingungen ausgehandelt werden müßten. Ihr Marktanteil war mittlerweile gestiegen, und sie fühlten sich daher sehr sicher. Im Rückblick verwendete John den Vergleich mit einer Ehe. Er sagte, es sei so gewesen, als ob sein Unternehmen zu dem anderen gesagt hätte: »Ich hätte dich besser nicht heiraten sollen und verlange jetzt die Scheidung.« Und diese Scheidung war äußerst schmerzlich. Der Kunde war sehr aufgebracht, die Wogen schlugen hoch, und Anschuldigungen gingen hin und her. Als die Unternehmensleitung endlich den angerichteten Schaden erkannte, war es zu spät. Sie hatten einen 4-Millionen-Dollar-Kunden an die Konkurrenz verloren.

In diesem Fall hat sich der Kunde an der Airline gerächt, indem er sein Geschäftsvolumen anderswo plazierte. Das folgende Beispiel zeigt umgekehrt, wie Verkäufer sich an ihren Kunden rächen können. Charles ist Verkaufsleiter in der Abteilung für landwirtschaftliche Produkte eines großen amerikanischen Konzerns. Er erinnert sich an Bob, den Direktor einer landwirtschaftlichen Genossenschaft, der es sich zur Aufgabe gemacht hatte, alle Verkäufer zur Schnecke zu machen. Er machte den Verkäufern einfach das Leben zur Hölle. Eine Zeitlang ertrug Charles den Druck und räumte der Genossenschaft einige kurzfristige Preiszugeständnisse ein, nur um seine Ruhe vor Bob zu haben. Aber dann wurde es ihm zu bunt, und er entdeckte Möglichkeiten, sich an Bob zu rächen. Es begann damit, daß er der Genossenschaft jeden Sonderwunsch abschlug, sofern die Entscheidung bei ihm lag. Dann vereinbarte Charles einen besonders günstigen Kontraktpreis mit dem Konkurrenten von Bob, der dieselben Farmer belieferte. Dadurch bekam Bobs Konkurrent einen Preisvorteil am Markt. Und schließlich verzögerte Charles die Lieferung von neuen Produkten an die Genossenschaft von Bob, um dessen Position bei den Farmern weiter zu schwächen. Es war ein ernster Kampf um den kleinen Vorsprung geworden.

Der Machtkampf zwischen Käufern und Verkäufern im herkömmlichen Verkaufsmodell schafft Gewinner und Verlierer. Gewinnen und Verlieren hängen in einer Beziehung davon ab, ob die eigenen Bedürfnisse befriedigt werden oder nicht. Beim herkömmlichen Verkaufsmuster mit Gewinnern und Verlierern befriedigt einer seine Bedürfnisse auf Kosten des anderen. Das folgende Beispiel soll die Folgen, die eine solche Vorgehensweise nach sich zieht, illustrieren:

> Denken Sie einmal zurück an Zeiten in Ihrem Leben, in denen Sie verloren und andere gewonnen haben. Die eindeutigsten Beispiele sind Konflikte mit anderen Menschen, die ihre Autorität ausnützten und Ihnen eine Lösung des Konflikts aufzwangen. Vielleicht haben Ihre Eltern Ihnen Hausarrest verordnet oder das Auto weggenommen, weil Sie spät nach Hause gekommen sind. Oder ein Lehrer hat Sie vor den Augen der ganzen Klasse bestraft. Oder ein Kunde hat gedroht, seinen

Umsatz bei Ihnen abzuziehen, wenn Sie in einem bestimmten Punkt nicht nachgeben.
Denken Sie an Ihre eigene Reaktion angesichts dieser Ausübung von Macht über Ihre Person. Erinnern Sie sich an die Gefühle, die Sie in dieser Situation gegenüber der anderen Person empfunden haben. Und denken Sie schließlich an die Auswirkungen, die dieses Vorkommnis auf Ihre weitere Beziehung zum anderen hatte.

In solchen Situationen zieht sich die dominierte Person auf Verteidigungsmechanismen zurück, um mit der über sie ausgeübten Macht umgehen zu können. Manche Menschen bleiben standhaft oder lehnen sich offen auf; andere wenden sich ab; wieder andere ziehen sich in sich selbst zurück und verfallen in Depressionen. Diese Alternativen können auch als *Kampf*, *Flucht* und *Unterwerfung* bezeichnet werden.

Kampf

Selbstverständlich lautet eine mögliche Wahl, zurückzuschlagen oder einen Weg zu finden, Rache am anderen zu üben. So kann man sich etwa dazu entschließen, über den Kopf des anderen hinweg mit dessen Vorgesetztem zu sprechen. Oder man rächt sich an einem Kunden dadurch, daß man einen Sonderpreis nicht an ihn weitergibt. Es gibt zahllose subtile und wirkungsvolle Arten, »zurückzuschlagen«.

Flucht

Bei dieser Variante entschließt man sich einfach, die Beziehung gänzlich abzubrechen, sei es geistig oder physisch. Im Extremfall verläßt man die Firma, oder man geht der anderen Person ganz aus dem Weg. Im Unternehmen eines unserer Kunden entdeckten wir, daß eine Abteilung mit einer anderen Abteilung, die drei Zimmer weiter lag, per Fax verkehrte, einfach, um sie zu ignorieren. In einem anderen Fall entdeckten wir beinahe eine Million Dollar an ausstehenden Forderungen, weil eine Abteilung einer anderen auswich. Interne Probleme mit den Rechnungen blieben so ungelöst, und der ganze Vorgang der Rechnungsstellung verzögerte sich.

Das vielleicht traurigste Beispiel von Flucht tritt dort auf, wo jemand die Beziehung geistig, aber nicht physisch verläßt. Unternehmen sind voll von »toten« Leuten, die durch die Gänge streifen und Büroplatz beanspruchen. Man kann solche Leute häufig sehen – sie haben aufgegeben, sich mit dem Status quo abgefunden. Und Kunden, die sich in »Flucht«-Stimmung befinden, sitzen einfach da und hören sich eine Präsentation an, ohne die geringste Absicht, zu kaufen.

Unterwerfung

Bei dieser Variante gibt man auf. Vielleicht glaubt man, keine andere Wahl zu haben, oder man will den anderen nicht beleidigen. Was auch der Grund sein mag, man ergibt sich und sabotiert so die eigenen Bedürfnisse. Diese Alternative ist aus drei Gründen gefährlich. Erstens, weil es das eigene Selbstwertgefühl beschädigt, wenn die persönlichen Bedürfnisse nicht befriedigt werden. Zweitens, weil man eine geheime Rechnung aufmacht und sich vornimmt, es dem anderen zu einem günstigen Zeitpunkt heimzuzahlen. Drittens verschließen viele Leute ihre Gefühle im Inneren. Wenn das der Fall ist, kann es vorkommen, daß sie plötzlich ohne ersichtlichen Grund explodieren oder daß sie streßbedingte Krankheitsbilder entwickeln bis hin zur Flucht in Essen, Drogen oder Alkohol.

Das sind die typischen Reaktionen auf die Ausübung von Macht, wie sie beim herkömmlichen Modell mit Gewinnern und Verlierern auftreten. Viele Personen sehen für sich keine andere Möglichkeit. Mit der Zeit werden sie Experten darin, ihre eigenen Gefühle zu verleugnen und ihr Benehmen zu rationalisieren. Ihr Motto lautet: »Nichts zu machen!«

Das Zauberwort, das üblicherweise in unseren Seminaren auftaucht, um die Gefühle von Menschen zu beschreiben, die verloren haben, ist *Groll.* Verlierer grollen den Gewinnern, und einer verliert bei der herkömmlichen Verkaufsmethode fast immer. Der entstehende Groll drückt sich auf vielerlei Art und Weise aus. Sogar in der einfachsten Interaktion zwischen Verkäufer und Käufer entwickelt der grollende Käufer Gedanken wie diese: »Wenn ich nicht davon überzeugt bin, daß meine Bedürfnisse zufriedengestellt werden, werde ich dir einfach die Türe vor der Nase zuschlagen und dich nicht hereinlassen; oder wenn du wirklich hartnäckig bist oder einfach nett, werde ich mir höflich deine Ausführungen anhören und dann sagen: ›Ich muß es mir noch überlegen.‹«.

Käufer, die ihre Bedürfnisse beim Verkäufer nicht erfüllt sehen, können auch strategische Allianzen eingehen, um ihre Einkaufsmacht zu stärken. Oder sie kaufen einfach woanders, ohne weitere Diskussionen, verschanzen sich hinter ihrem Anrufbeantworter oder beantworten keine Anrufe. Andere fragen nach günstigeren Konditionen oder zögern Entscheidungen hinaus, weil sie nicht über genügend Information verfügen und sich für die Entscheidungsfindung nicht ausreichend vorbereitet fühlen. Wieder andere lassen Ihnen nur ganz wenig Information über ihren Bedarf zukommen oder sagen Ihnen einfach, Sie sollen die erforderlichen Unterlagen schicken und auf ihren Bescheid warten.

Auch Verkäufer, deren Bedürfnisse nicht erfüllt werden, äußern ihren Unmut auf vielerlei Arten. Sie ziehen die Daumenschrauben noch mehr an. Sie finden Vorwände, um dem Käufer, wo immer möglich, aus dem Weg zu gehen, oder sie bieten ihm einfach für künftige Aufträge nicht die bestmöglichen Konditionen an. Sie rufen nicht zurück und leiten nicht alle sachdienlichen Informationen weiter. Andere wiederum richten ihren Groll nach innen und unterwerfen sich vollständig den Käufern. Dadurch leiden ihr Selbstbewußtsein und ihre Durchsetzungskraft. Viele richten ihren Unmut auch gegen andere Ziele und machen äußere Faktoren für ihre mageren Ergebnisse verantwortlich: die Wirtschaftslage; die Preise; oder andere Abteilungen, etwa die Produktion oder den Kundendienst.

Das alles kommt uns ziemlich bekannt vor, nicht wahr? Denken Sie daran: *Verlierer grollen den Gewinnern.* Sowohl Käufer als auch Verkäufer entwickeln jeweils ihre eigenen Mechanismen, um sich nicht beherrschen zu lassen. All das blockiert den Informationsfluß und verstärkt den Gegnerschafts-Charakter der Beziehung. Gehen Sie im Geist einmal die Probleme durch, die Sie gerade mit Ihren Kunden haben. Sie werden feststellen, daß sie sich jeweils auf Vorfälle zurückverfolgen lassen, bei denen es einen Gewinner und einen Verlierer gab.

Der herkömmliche Ansatz zum Umgang mit Käufern ist schlicht und einfach wirkungslos und überholt.

Das Verhältnis zu den Verkaufsleitern

Die Teilnehmer an unseren Schulungskursen über Synergetischen Verkauf erzählen oft furchterregende Geschichten über ihre Verkaufsleiter. Da wird von Vorgesetzten berichtet, die mit Tricks, List, Manipulation, Angst und sogar mit Zwangsmaßnahmen vorgehen, um ihren Verkäuferstab zu »motivieren«.

LaVonne, die als Vertreterin bei einem Textilerzeuger arbeitet, erzählte die folgende Geschichte über ihre Probleme mit ihrem neuen Vorgesetzten. Die Drohungen und sonstigen Mittel, die dieser anwandte, um sie zu höherer Leistung anzuspornen, hatten den gegenteiligen Effekt. Sie fühlte sich unter Druck gesetzt und nicht unterstützt. Das Ergebnis war, daß sie anfing, an ihren Fähigkeiten zu zweifeln und dazu neigte, alles, was sie tat, in Frage zu stellen. Ihre Ergebnisse fielen zurück, wodurch der Druck auf sie weiter zunahm. Zum Zeitpunkt unseres Kurses befand sie sich in einem richtigen Tief. Der letzte Streich war kurz zuvor geschehen, als ihr Verkaufsleiter darauf bestand, daß sie ihn nach jedem Kundentermin anrufen und eine Nachricht auf seinem Anrufbeantworter hinterlassen müsse. Als sie protestierte, antwortete er: »Ich bin Ihr Boß, vergessen Sie das nicht.« LaVonne wußte nicht mehr ein noch aus. Sie war nun schon seit mehr als sieben Jahren bei dieser Firma und hatte gute Erfolge vorzuweisen, aber sie überlegte sich ernsthaft, ob sie aufgeben und kündigen sollte.

Howard, der als Verkäufer in einer großen Autofinanzierungsgesellschaft für die Entwicklung des Neugeschäftes zuständig ist, erzählte, wie seine Chefin fortwährend Termine für seine Kundengespräche in letzter Minute platzen ließ. Wann immer die Innendienstleute mit der Beantwortung von Kreditanfragen der Händler in Rückstand gerieten (was oft vorkam), wurde Howard von seiner Vorgesetzten kurzfristig zur Aushilfe abgestellt. Seine Chefin verfügte nämlich in dieser Abteilung über eine starke Hausmacht. Das bedeutete aber, daß ständig Termine für Kundengespräche abgesagt und verschoben werden mußten. Seine Frustration wurde noch durch seine feste Überzeugung verstärkt, daß die Abteilung insgesamt besser organisiert werden könnte und die Probleme auf ganz andere Art und Weise gelöst werden müßten. Zudem mißfiel es ihm, jederzeit nach der Pfeife eines anderen tanzen zu müssen. Als er sich allerdings darüber beschwerte, teilte man Howard mit, daß es keine andere Möglichkeit gäbe. Er solle einfach ein guter Soldat sein, der seine Befehle befolgt. In dieser Situation fühlte Howard sich ziemlich frustriert, zumal er wußte, daß seine Leistung ausschließlich nach seinem Verkaufserfolg beurteilt werden würde.

Nachdem wir Hunderte Beispiele wie diese gehört hatten, kamen wir zu einer radikalen Überzeugung: Wenn ein Unternehmen seine Verkaufszahlen verbessern will, sollte es die meisten seiner Verkaufsleiter entlassen oder sie in einer ganz neuen Art von zwischenmenschlichen Fertigkeiten und Führungsqualitäten schulen. Das ist eigentlich logisch. Sobald man die Hindernisse beim Verkaufsvorgang beseitigt, werden die Umsätze steigen. Allzu viele Verkaufsleiter sind dominant, autokratisch, diktatorisch und demotivierend. Es ist genau dieser Umstand, der Tom Peters und Robert Waterman, Jr., dazu inspirierte, ihr Buch *Auf der Suche nach Spitzenleistungen* zu schreiben: »Begabte Lehrer und talentierte Schüler im Verkaufsmanagement ... sind immer noch so rar (und erfrischend) wie Regen in der Wüste.«

Verkaufsmanagement heute gründet noch immer weitgehend auf Planung, Steuerung, Rechtfertigung, Manipulation und Motivation durch Furcht. Dieses System führt zu hohen Fluktuationsraten in den entscheidenden Verkäuferpositionen und zu teuren Perioden schwacher Ergebnisse mit ständig wechselnden, neuen Verkäufern. Die Käufer aber sind am Aufbau langjähriger Beziehungen mit kenntnisreichen, erfahrenen Leuten interessiert. Hinzu kommt, daß viele Unternehmen gerade wegen dieser hohen Personalfluktuation nicht in die Ausbildung ihres Verkaufsstabes investieren, was zu einem noch geringeren Verkaufserfolg führt. Dieser Managementstil erzeugt aber auch ein schlechtes Betriebsklima. Deshalb müssen jedes Jahr teure Verkäuferkonferenzen und Anreizsysteme entwickelt werden, um das schlecht motivierte Verkäuferteam anzuspornen.

Mit der Zeit wird das Topmanagement unzufrieden mit den Ergebnissen und versucht es mit noch mehr Drohungen, neuen Anreizen und verschärftem Druck. Diese Instrumente bewirken wiederum das Gegenteil des Erhofften. Das Betriebsklima verschlechtert sich erneut, und der ganze Teufelskreis beginnt von vorne.

Nachfolgend finden Sie eine Liste jener Konsequenzen, die der Managementstil, der die Beteiligten in Gewinner und Verlierer aufteilt, nach sich zieht (diese Punkte sollten heutzutage einem Manager eigentlich schon geläufig sein):

Rückgang der Kommunikation nach oben

Eine der schädlichsten Auswirkungen auf die Schlagkraft eines Unternehmens ist der spürbare Rückgang der Kommunikation zwischen den Verkäufern, die in direktem Kontakt mit den Kunden stehen, und jenen Leuten, die ihnen bei der Bewältigung von Problemen helfen könnten. Sobald die Informationen »die Leiter hinauf« wandern, wird sorgfältig darauf geachtet, daß sie ja den Chef nicht verärgern. Das behindert ernstlich die Fähigkeit eines Unternehmens, auf die Bedürfnisse und Probleme der Kunden zu reagieren.

Entstehen einer »Ja-Sager«-Kultur

In einer autoritären Kultur des Verkaufsmanagements ist es für die Verkäufer einfacher, ihrem Vorgesetzten grundsätzlich recht zu geben, als ihn mit irgendwelchen Schwierigkeiten zu konfrontieren. Diese Mentalität – »den Boten für die Nachricht zu prügeln«- würgt den Fluß unverfälschter Information ab, der für eine effiziente Problemlösung unerläßlich ist. So bleiben aber die Hindernisse für den Verkaufserfolg bestehen.

Destruktives Konkurrenzverhalten und Rivalität

Der Grundtenor hier ist einfach: »Wenn ich den anderen schlecht dastehen lasse, sehe ich selbst im Vergleich dazu besser aus; wenn ich die Schuld auf andere abwälzen kann, kann ich vielleicht eine Bestrafung vermeiden.« Konkurrenz und Rivalität zwischen den Mitgliedern eines Verkäuferteams sind das genaue Gegenteil jener Zusammenarbeit und jenes Teamgeists, ohne die eine effiziente Verkaufsorganisation heutzutage nicht auskommt.

Manche Verkäufer entscheiden sich für Unterwürfigkeit und Willfährigkeit und machen den Kotau vor dem autoritären Verkaufsleiter. Das Problem dabei ist, daß solche Leute meist wenig Eigeninitiative an den Tag legen und nur wenig Engagement und Kreativität entfalten – nicht gerade der Typ von Verkäufer, der heutzutage gefragt ist.

Rebellion und Widerstand

Das Gegenteil von Unterwerfung und Mitläufertum sind Rebellion und Widerstand. Solche Haltungen äußern sich darin, daß Verkäufer entweder grundsätzlich gegen alles opponieren, was vom Verkaufsleiter kommt, oder einfach beschließen, jeweils das genaue Gegenteil zu tun. Widerstand durch rebellische Gruppenmitglieder wirkt auch auf andere, die eigentlich kooperativ sind und Probleme lösen wollen, frustrierend und irritierend. Widerspenstige Verkäufer ziehen die Gruppe nach unten, weil man sich ständig mit ihren Argumenten und ihrer Oppositionshaltung auseinandersetzen muß. Rebellion und Widerstand sind Verteidungsstrategien gegen Dominanz und Kontrolle.

Rückzug und Flucht

Manche Verkäufer reagieren auf autoritären Führungsstil, indem sie Mittel und Wege finden, sich aus dieser Beziehung zurückzuziehen – entweder physisch oder psychologisch. Das äußert sich darin, daß sie Begegnungen mit dem Verkaufsleiter vermeiden, sich in Abteilungsbesprechungen nie zu Wort melden oder sogar das Unternehmen verlassen.

Das Verhältnis zwischen Verkäufern und Verkaufsleitern muß sich verbessern. Der gegenwärtige Zustand unterminiert den Erfolg der Verkaufsorganisation am Markt. Noch einmal: Das bestehende System ist nicht effektiv.

Das Verhältnis zu anderen Personen, die am Kauf- und Verkaufsprozeß beteiligt sind

Die goldenen Tage, als man einem Verkäufer ein Produkt in die Hand drückte und ihm sagte, er solle gehen und es verkaufen, sind vorbei. Ob wir Immobilien verkaufen oder hochkomplizierte Computersysteme, ob Massenprodukte oder immaterielle Dienstleistungen, immer operieren wir in einer komplexen Geschäftswelt. Am Immobilienmarkt müssen Makler nicht nur den Käufer betreuen, sondern auch mit dem Verkäufer, mit Finanzierungsinstitutionen, dem Grundbuchamt, Treuhändern und bisweilen mit außenstehenden Vertragspartnern zusammenarbeiten. Der Verkauf kann platzen, wenn auch nur an *einer* Stelle dieses Prozesses etwas schiefläuft. Genauso muß ein Verkäufer innerhalb eines Großkonzerns jeweils mit mehreren Abteilungen seines Unternehmens, aber auch mit Außenstehenden kooperieren, die alle unentbehrlich für den Verkaufs- und Dienstleistungsbereich geworden sind. Es stellt sich immer mehr heraus, daß das Verhältnis zwischen Verkäufer und Käufer heutzutage nur eine von vielen Beziehungen ist, die über Erfolg oder Mißerfolg beim Verkauf entscheiden.

Um einen Verkaufsabschluß zu tätigen und eine Beziehung zwischen Verkäufer und Käufer zu pflegen, muß ein komplexes Netzwerk von wechselseitig abhängigen Individuen unterhalten werden. Die Aufgabe des Verkäufers besteht darin, die unterschiedlichen Interessen dieses Teams von Einzelpersonen zu koordinieren. Darüber hinaus muß der Verkäufer die Wünsche der Kunden an die zuständige Marketing- oder Produktentwicklungsabteilung weiterleiten. Möglicherweise muß er Verpflichtungen für die anderen Teammitglieder übernehmen, um seinen Abschluß machen zu können. Er muß auch die Problemlösung zwischen dem Kunden und anderen Abteilungen koordinieren, wenn im Laufe des Prozesses Schwierigkeiten auftreten.

Verkäufer agieren somit als entscheidende Mittelsmänner zwischen dem Kunden und dem Unternehmen. In den heutigen komplexen Unternehmensorganisationen kann diese Rolle sehr frustrierend werden, wie uns die folgende Geschichte vor Augen führt.

Scott ist Großkunden-Betreuer für einen bedeutenden Hersteller von Uniformen mit einem Jahresumsatz von etwa 180 Millionen Dollar. Er hat unlängst eine Menge Zeit und Engagement investiert, um einen Kaufvertrag über die Lieferung von Uniformen für die Händlerorganisation einer großen Autofirma unter Dach und Fach zu bringen. Es handelte sich um einen bedeutenden Kunden für Scott und seine Firma. Der Gesamtwert des Vertrages betrug mehr als 2 Millionen Dollar. Gemeinsam mit seinem Kunden arbeitete er eine Bedarfsschätzung aus, die auf dem Uniformverbrauch des Händlernetzes in der Vergangenheit beruhte. Diesen Lieferplan leitete er an sein Unternehmen weiter, damit es die Mengen bei der Produktionsplanung entsprechend berücksichtigen könne.

Tom ist der Kundendienstleiter, der für die Umsetzung von Scotts Auftrag zuständig ist. Seine Aufgabe besteht darin, die Arbeit der Produktion und der Lagerabteilung zu koordinieren. Unter dem Druck, in einer schwachen Cash-flow-Phase die Lagerbestände so gering wie möglich zu halten, reduzierte er zusammen mit der Lagerabteilung die ursprüngliche Bedarfsschätzung und damit auch die Produktion der Uniformen. Das Ergebnis war, daß dem Unternehmen bereits im ersten Vertragsmonat die Lagerbestände ausgingen. Die Händler konnten nicht mit den gewünschten Uniformen versorgt werden, und sie beschwerten sich. Scotts Kunde war außer sich.

Der Kunde rief an und brüllte Scott an. Dieser wiederum drehte sich um und rief nach Tom, um herauszufinden, was schiefgegangen war. Als er dahinterkam, daß die Bedarfsschätzung eigenmächtig nach unten korrigiert worden war, war er entrüstet. Er rief bei Toms Vorgesetztem an, der versprach, der Sache nachzugehen. In der Zwischenzeit schrieb der Kunde einen Brief an Scott und an den Generaldirektor der Firma. Der Generaldirektor schaltete sich ein und ordnete eine Produktionssteigerung an. Es schien so, als habe er die Wogen geglättet. Dennoch war der Kunde verärgert; für ihn sah es so aus, als ob Scott ihn im Stich gelassen hätte. Scott verlor das Vertrauensverhältnis zu seinem Kunden, in dessen Aufbau er viele Monate investiert hatte.

Danach verlangte der Kunde einen Aktionsplan, aus dem hervorgehen sollte, wie die Firma in Zukunft solche Situationen vermeiden wolle. Tom weigerte sich, einen solchen Plan zu erstellen, da er dies für einen »politischen Bumerang« hielt. Also schrieb Scott den Plan, ging ihn mit seinem Kunden durch und schickte ihn an Tom und dessen Vorgesetzten zur Genehmigung. Nachdem er mehr als einen Monat ohne Nachricht geblieben war, begann er telefonisch nachzufragen und erhielt schließlich zu seiner großen Überraschung einen gänzlich neuen Plan, den Tom verfaßt hatte. Dieser neue Plan war inakzeptabel für den Kunden, da ihm darin zusätzliche finanzielle Garantien abverlangt wurden, über die bislang nie gesprochen worden war. Scott ging nun mit der Sache zu seinem Vorgesetzten, der sich wiederum an Toms Vorgesetzte sowie an den Stellvertretenden Direktor der Marketingabteilung wandte.

Nach sechs Monaten voller Abteilungs-Hickhack, Sitzungen

in der Zentrale, Schuldzuweisungen und ständiger Revisionen des Aktionsplanes waren endlich alle einverstanden. Also ging Scott mit dem neuen Plan zum Kunden. Außer einem verärgerten Kunden, der nun wegen jeder Kleinigkeit reklamierte, hatte Scott auch noch seine Glaubwürdigkeit und seine Freundschaft mit dem Kunden verloren. Außerdem hatte er eine ganze Menge frustrierender Zeit damit zugebracht, seine Verfahrensweise zu dokumentieren und zu versuchen, das Problem mit der Zentrale zu lösen. Er erinnert sich gut daran, wie verzweifelt er eines Abends auf dem Nachhauseweg war. Am liebsten wäre er mit dem Kopf gegen die Wand gelaufen, weil er sich fragte, ob es das alles wert sei.

Als Krönung des Ganzen wurde bei seiner nächsten Personalbeurteilung dann noch sein »Verhalten« beanstandet. Ob Glanz und Gloria der nächsten landesweiten Verkäuferkonferenz Scotts Motivation gefördert haben? Wohl kaum. Er und die anderen Verkäufer, die ähnliche Erfahrungen gemacht hatten, nützten die Gelegenheit, um sich gegenseitig auszuweinen.

Nicht alle Probleme sind so komplex, aber sie können für Verkäufer ebenso frustrierend sein. Eric, ein Verkäufer für eine Anzeigendruckerei, klagt darüber, daß die Kostenschätzungen, die er von der Kalkulationsabteilung für seine Kunden anfordert, wiederholt verspätet eintreffen. Es ist ein ständiger Kampf für ihn, überhaupt neue Kunden zu gewinnen. Patrick, ein selbständiger Versicherungsmakler, spricht von seinem Problem, von den Versicherungen die Deckung für neue Policen zu erhalten. Eine bestimmte Versicherungsgesellschaft meidet er wegen des gespannten Verhältnisses gänzlich, worunter aber das Gesamtgeschäft leidet. Und Teri, eine Immobilienmaklerin, erzählt von einem Geschäft, bei dem die Bank drei Tage vor Vertragsabschluß die Vorlage weitere Dokumente verlangte, wodurch der Verkauf platzte und die Umzugspläne dreier Familien zunichte gemacht wurden.

Sobald es zu Schwierigkeiten kommt, entwickelt sich ein Konflikt, und in dem traditionellen Modell der Gewinner und Verlierer tritt an vielen Ecken und Enden Verärgerung zutage. Die Kommunikation zwischen ganzen Abteilungen bricht zusammen, und als Ergebnis werden entscheidende Fragen gar nicht angesprochen. Abteilungen und/oder einzelne Mitarbeiter beschuldigen einander, wodurch effektive Problemlösungen verhindert werden. Es herrscht permanentes Krisenmanagement. Eine Menge Zeit und Geld werden so vergeudet.

Individuen und Abteilungen bilden »Herrschaftsbereiche«, um sich zu schützen. Außenstehenden wird es auf diese Weise erschwert, an sie heranzukommen. Der offene Fluß wichtiger Informationen wird so verhindert. Manche Menschen gehen Hindernissen überhaupt aus dem Weg, es kommt zum Kurzschluß im System. Eigenverantwortlichkeit kann erst gar nicht entstehen. Andere wiederum verstecken sich hinter der »Firmenpolitik« und schränken damit die Flexibilität ein, die erforderlich ist, um sich an geänderte Kundenwünsche anzupassen.

»Wir«- und »sie«-Gefühle werden zwischen der Zentrale und dem Verkäuferstab an der Front aufgebaut, und die Kunden sind mittendrin gefangen. Das ist der Grund, warum so viele Verkäufer uns in unseren Kursen erzählen, daß sie sich bei ihrem Bestreben, neue Kunden mit dem Anspruch auf einen ordentlichen Service zu gewinnen, oft so fühlten, als würden sie gegen ihre Kollegen in der Zentrale arbeiten.

Ein anderes Beispiel bestätigt diese Probleme. Der Kursus über Synergetischen Verkauf wurde kürzlich für eine hundert Mann starke Verkäufertruppe eines 200 Millionen Dollar Jahresumsatz erzielenden Industrieunternehmens abgehalten. Als die Firma wuchs, wurde die Stelle eines Sales Administration Managers (SAM) eingerichtet. Diese Position war dazu gedacht, die Kommunikation zwischen dem Verkaufspersonal an der Front und den Abteilungen Marketing, Produktion, Produktentwicklung sowie anderen Abteilungen in der Zentrale zu koordinieren. Trotzdem blieben die altbekannten Reaktionen in vollem Umfang erhalten, weil die Verkäufer von ihrem SAM nicht die richtigen Antworten zur richtigen Zeit erhielten. Die Leute zur internen Unterstützung des Verkaufs, die SAMs, waren in der Mitte gefangen. Jede Seite beschuldigte die andere, sobald bei der Auftragsabwicklung ein Fehler auftrat. Zum Zeitpunkt der Verkäuferschulung wurde klar, daß das System völlig versagt hatte.

Einige Verkäufer, besonders die erfahreneren Mitarbeiter, die noch das alte System gewohnt waren, umgingen ihren SAM und wandten sich weiterhin direkt an die zuständigen Abteilungen. So nahmen sie den SAMs jede Chance, ihre Aufgabe zu erfüllen.

Viele SAMs wiederum standen bestimmten Verkäufern ablehnend gegenüber und bedienten sie, wenn überhaupt, als letzte. Andere bauten starke Beziehungen zu einigen internen Abteilungen auf und verbündeten sich mit ihnen gegen den Verkäuferstab.

Mitarbeiter in der Produktion und in anderen ausführenden Abteilungen reagierten verärgert, sobald der SAM oder der Verkäufer selbst den »Dienst am Kunden« als Druckmittel verwendeten, um das zu erreichen, was sie wollten. Diese Leute schotteten sich sowohl von den SAMs, als auch von den Verkäufern ab.

Das System funktionierte nicht: Schuldzuweisungen und wildes Taktieren waren die Regel. Jeder schaute während der Arbeit ständig über die Schulter, um seine Rückseite im Auge zu behalten. So ist es auch kein Wunder, daß der Marktanteil des Unternehmens in den folgenden Jahren dramatisch zurückging.

Solche und ähnliche Probleme nehmen in vielen Unternehmen überhand, und viele Leute halten sie für unvermeidlich. Sie zucken die Achseln und sagen: »Genauso ist es hier bei uns auch.« Sie haben sich damit abgefunden, im bestehenden System zu arbeiten, und sich entschlossen, ganz einfach das Beste daraus zu machen. Das System ist verrottet. Aber die Beziehungen zwischen Verkäufern und anderen, die den Kauf- und Verkaufsprozeß beeinflussen, sind zu wichtig, um in ihrer gegenwärtigen Form weitergeführt zu werden.

Verkaufsschulung

Heutzutage muß der Verkauf als Beruf angesehen werden, der sowohl Kenntnisse als auch Fertigkeiten erfordert. Es ist eine Schande, wie viele Unternehmen überhaupt keine Schulungsprogramme für ihren Verkäuferstab durchführen. Ohne Schulung aber wird das wahre Herz jedes Unternehmens – der alles entscheidende Verkauf – nicht in geeigneter Weise für seine Aufgabe gerüstet.

Unternehmen, die keine systematischen Schulungsmaßnahmen durchführen, oder solche, die das Ersuchen ihrer Verkäufer ablehnen, die Kosten für ein 1000-Mark-Seminar zu übernehmen, strahlen eine laute Botschaft aus: SIE SIND NICHT WICHTIG! Das führt oftmals zu einem Teufelskreis – die Verkaufsleiter sagen, sie könnten es sich nicht leisten, ihre Leute auf Schulungsprogramme zu schicken, wo sie ihre Fähigkeiten verbessern könnten, höhere Verkaufszahlen zu erzielen. Gleichzeitig wissen sie aber, daß schlecht geschulte Mitarbeiter keine gute Leistung erbringen. Also geht das Geschäft nicht gut, woraus folgt, daß man sich keine Schulung für sein Personal leisten kann. Denken Sie immer daran: *Wenn Sie immer nur das tun, was Sie bisher auch getan haben, werden Sie auch immer nur das bekommen, was Sie bisher hatten.*

Carolyn erinnert sich noch gut an ihre erste Stelle als Verkäuferin in der Hotelbranche. Sie trat ihren Job an, wurde im Hotel herumgeführt und schließlich angewiesen, in der Wirtschaftsabteilung zu beginnen. Im ersten Monat durchlief sie die einzelnen Abteilungen: Wirtschaftsabteilung, Reservierungen, Portiersloge, Küche, Restaurant, Party-Service und Veranstaltungsservice. Nach Abschluß ihrer »Einschulung« meldete sie sich in der Verkaufsabteilung, wo man ihr einen Stapel Akten in die Hand drückte und die Sekretärin ihr das gängige Procedere erklärte. Nach einem herzlichen »Viel Glück« ihres Verkaufsleiters begann sie ihre Karriere im Verkauf.

Wenn sie heute zurückdenkt, erinnert sie sich, wie unsicher und eingeschüchtert sie damals war. Oh, natürlich, sie konnte Betten machen, eine Zimmerreservierung entgegennehmen oder eine Mahlzeit servieren. Aber sie war verloren, wenn sie einem Kunden, der Zehntausende Dollar Umsatz für ihr Hotel bringen konnte, an seinem Schreibtisch gegenübersaß.

Viele Unternehmen gehen genauso vor. Sie bringen ihren Verkäufern die innerbetrieblichen Aspekte des Gewerbes bei und schicken sie dann auf einen heißumkämpften Markt, um neues Geschäft hereinzubringen.

Ungeschulte Verkäufer werden sich selbst überlassen. Sie müssen selbst herausfinden, wie man Umsatz macht. Die meisten Verkäufer fühlen sich unwohl in ihrer Rolle und empfinden eine Abneigung gegen das übliche Vertreterimage. Um nicht ein »typischer Rambo« zu werden, fallen viele in das andere Extrem und verhalten sich viel zu passiv. Das ist einer der Gründe, warum wissenschaftliche Studien ergeben haben, daß eine Mehrzahl von Kundengesprächen endet, ohne daß der Verkäufer dem potentiellen Kunden einen Kauf überhaupt nahegelegt hätte. Wenn man Verkäufer ohne Schulung hinausschickt, damit sie ihre Arbeit tun, dann ist das so, als ließe man sie ohne Fallschirm aus einem Flugzeug springen. In beiden Fällen besteht von vornherein kein Zweifel am Resultat.

Ohne aktive Schulungsmaßnahmen für den Verkäuferstab legt ein Unternehmen sein Schicksal in die Hände äußerer Umstände. So kommt es dazu, daß die Unternehmensumsätze zum Spielball der Wirtschaftslage, der Konkurrenz und anderer Faktoren werden.

In den Unternehmen, die systematische Verkaufsschulungsprogramme durchführen, sind diese zumeist produktorientiert – Produktschulung und nochmals Produktschulung. Es versteht sich, daß Verkäufer über gute Grundkenntnissse ihrer Produkte verfügen müssen, aber zuviel von dieser Art von Schulung kann kontraproduktiv sein. Ein Verkäufer, der offen zugibt, daß er die Antwort auf eine technische Frage des Käufers nicht weiß, hat immer die Möglichkeit, technische Unterstützung anzufordern. Das allein kann schon seine Glaubwürdigkeit erhöhen. Und je mehr ein Verkäufer sich allein auf sein Produktwissen stützt, desto stärker wird er das Bedürfnis entwickeln, dieses Wissen mitzuteilen. Und desto weniger wird er seinem Kunden zuhören und auf dessen tatsächliche Bedürfnisse eingehen. Wenn man aber im herkömmlichen Verkaufsmuster verwurzelt ist, erscheint Produktwissen unentbehrlich, um flotte Präsentationen abzuhalten, alle Gegenargumente zu entkräften und jederzeit die völlige Kontrolle über ein Kundengespräch zu behalten.

Selbst dort, wo »Verkaufstechnik«-Schulungen abgehalten werden, handelt es sich oftmals um »Psycho-Geschwätz« mit dem Ziel, die Psyche des Käufers zu analysieren und ihn zu dominieren. Paul lacht heute noch, wenn er an das Training denkt, das er als Neuling bei einem Börsenmakler erhielt: zwei Wochen in New York mit dem Ziel, herauszufinden, wie man die Gedanken des Käufers steuern und ihn so zum Kauf bewegen kann. Und das bei einer Firma, die mit dem Versprechen warb, ihren Kunden aufmerksam zuzuhören.

Herkömmliche Schulungen vermitteln eine Reihe von Schritten, die vom Verkäufer gesteuert werden sollen und als erforderlich für einen Verkaufsabschluß gelten. Wenn man sich zurücklehnt und die Dinge genau betrachtet, ist es wirklich unglaublich, was Verkäufern so beigebracht wird. Angefangen von Bücherregalen, die von »Wie man«-Literatur überquellen, über Hunderte von Kassettenkursen bis zu handgestrickten, im Unternehmen selbst entwickelten Schulungsprogrammen, externen Seminaren oder Referenten: die Botschaft ist immer dieselbe – Tips, Tricks, Taktiken, Techniken und Strategien, um die einzelnen Schritte des Verkaufsvorganges steuern zu können. Immer geht es darum, das »Schachspiel« zu gewinnen.

Vor einigen Jahren erschien in der Zeitschrift *Training* ein Artikel über den aktuellen Stand bei Verkaufsschulungen. In diesem Artikel macht sich David Merges, ein Verkaufstrainer für die Miller-Brauerei, über die Dinge lustig, die Verkäufer so erlernen sollen:

> Dinge wie (atmen Sie tief durch) vorausschauen, sich qualifizieren, sondieren, zuhören, präsentieren, fragen, unterstützen, Abschlüsse tätigen, beweisen, erklären, ein Gespräch wieder auf den Punkt zurückführen, aufbauen, Einwände entkräften, planen, Probleme lösen und ihre Zeit einteilen. Sie müssen auch lernen, alle Arten von Fragen zu stellen, wie etwa offene, geschlossene, erforschende, führende, normal-bindende, von-hinten-herum-bindende, innerlich-bindende, Greif-Dir-einen-Hemdzipfel-und-halte-ihn-fest, klärende und Meinungsfragen.
>
> Moment, das ist noch nicht alles. Verkäufer müssen natürlich lernen, wie man einen Abschluß macht, und das ist keine einfa-

che Sache. Da gibt es den Resümee-Abschluß, den alternativen Abschluß, das unmittelbar bevorstehende Ereignis, die Probe, die Spur, den Abschluß aus Versehen, die Stachelschwein-Probe, das Zur-Hauptsache-Kommen, den grundlegenden, den »Lassen-Sie-mich-das-notieren«, den spitzen Winkel, die vertraute Situation, den Liebe-gute-Mami, den Ich-überleg's-mir-noch-mal und den Nicht-Abschluß.

Verkäufer werden geradezu mit Techniken überschwemmt, wie man den Verkaufsvorgang steuern kann, wie man im Kunden »lesen« kann wie in einem offenen Buch, wie man die Information »sondieren« kann, die für eine geglückte Präsentation erforderlich ist, wie man »Einwände entkräftet« und wie man den Verkauf »abschließt«. Weil das Modell auf einer vermuteten Gegnerschaft zwischen Käufer und Verkäufer beruht, muß der Verkäufer, um erfolgreich zu sein, immer die Oberhand behalten, ohne daß der Käufer es merkt.

Es gibt zahllose Beispiele, die zeigen, wie herkömmliche Verkaufsschulungen die traditionelle, auf Gegnerschaft ausgerichtete Natur der Beziehung zwischen Verkäufer und Käufer betonen und verstärken. Die manipulativen Techniken und das Gerede von Steuerung und Kontrolle, dem Verkäufer dabei ständig ausgesetzt sind, halten sie im Sumpf des herkömmlichen Verkaufsmusters gefangen. Auf den heutigen Märkten sind ihrem Erfolg damit enge Grenzen gesetzt.

Die Unternehmenskultur

Viele Absolventen unserer Seminare über Synergetischen Verkauf verlassen uns begeistert und überzeugt vom neuen Verkaufsmodell. Sobald sie in ihre alte Umgebung zurückkehren, die nicht dazu angetan ist, diese Veränderung zu unterstützen, werden sie stark frustriert. Als Ergebnis dieser Reaktion haben wir gemeinsam mit unseren Kunden eine Menge Arbeit geleistet, um auch die organisatorischen Fragen anzugehen, die eine Voraussetzung für die Effizienz des Verkaufsstabes sind. Was wir dabei entdeckt haben, ist keine große Überraschung: *die heutigen Unternehmenskulturen und die Strukturen, die sich innerhalb dieser Kulturen herausbilden, erweisen sich als primitiv und ineffizient, sobald sie mit den Herausforderungen und den Anforderungen des Geschäftslebens konfrontiert werden.* Solche Kulturen verstärken das herkömmliche Verkaufsmuster und setzen es fort, wodurch man am Markt ein Eigentor schießt.

Es ist an der Zeit, daß sich die Unternehmen ihrer Verantwortung stellen, anregende und unterstützende Rahmenbedingungen zu schaffen, in denen sich engagierte Menschen entwickeln können. Das Unternehmen steht vor der Wahl, entweder selbst bewußt die notwendigen Veränderungen zu planen oder sie sich durch die Anforderungen des Wirschaftslebens aufzwingen zu lassen.

Tatsächlich ähnelt die Management-Philosophie der meisten Unternehmen der Plantagenwirtschaft der US-Südstaaten. Seit damals haben in unserer Gesellschaft große technologische Umwälzungen stattgefunden. Unsere Fähigkeiten zur Pflege zwischenmenschlicher Beziehungen sind jedoch so unterentwickelt wie eh und je.

In ihrem Buch *Beyond Power* drückt Marilyn French es so aus: »Damit ein Sklave in seinem Joch bleibt, muß man entweder selbst danebenstehen oder jemand anderen damit beauftragen, um den Gehorsam des Sklaven zu garantieren. Dann ist es aber notwendig, einen Aufseher zu beschäftigen, der dafür sorgt, daß sich der Sklave und sein Bewacher nicht zusammentun; als nächstes einen Verwalter, der wiederum sicherstellt, daß sich die drei anderen nicht verbünden ... und so weiter.«

Es stimmt schon, daß die physischen Arbeitsbedingungen in den Unternehmen von heute besser sind als jene zur Zeit der Baumwollplantagen. Die Managementmethoden sind subtiler geworden, aber die Peitsche wird immer noch geschwungen. Immer noch hört man den Ausdruck »Sklaventreiber«, wenn von Vorgesetzten die Rede ist, die gegenüber den Bedürfnissen ihrer Mitarbeiter gleichgültig sind. Der Einsatz von Belohnung und Strafe, um die Leute zu bewegen, ihre Arbeit zu tun, ist immer noch die übliche Praxis. In zahlreichen Unternehmen stellt sogar das neue Konzept des »empowerment«, also der persönlichen Ermächtigung, lediglich eine neue Form der Manipulation dar, die sicherstellen soll, daß die Mitarbeiter das tun, was das Management von ihnen erwartet.

Die meisten Verkaufsorganisationen geben – wie Baumwollplantagen – jährliche Ziele vor. Jedem Verkäufer (Sklaven) wird das von ihm erwartete Ergebnis mitgeteilt, damit der Jahresplan (Ernteziele) erreicht werden kann. Verkäufer müssen eine bestimmte Leistung erbringen, andernfalls werden das Gehalt, die Sonderprämien und andere Privilegien gekürzt. Maßnahmen zur Disziplinierung wie schriftliche Abmahnungen sind an der Tagesordnung. Spitzenverkäufer werden vor ihren Kollegen als Vorbild für harte Arbeit herausgestellt. Von Verkaufsleitern (Aufsehern) wird eine höhere Produktion gefordert, während die Geschäftsführer (Plantagenbesitzer) gönnerhaft durch die Büros schreiten und das Privileg, für die Firma (Plantage) arbeiten zu dürfen, beschwören.

Die Verschwendung menschlichen Talents innerhalb der heutigen Unternehmen ist erschreckend. Es kommt zu einem gewaltigen Abfluß menschlicher Ressourcen und Fähigkeiten. Manch einer hat genug und geht, während sich andere dafür entscheiden, physisch auszuharren, während sie innerlich längst gekündigt haben. Viele tun gerade so viel, wie erforderlich ist, um über die Runden zu kommen. Wieder andere zählen einfach die Tage bis zum Wochenende, bis zu ihrem Urlaub oder bis zu ihrem Ruhestand. In vielen Unternehmen wird dieser Zustand einfach akzeptiert, denn »so ist es eben, das wird sich nie ändern«, oder »das ist die menschliche Natur; man kann sich heutzutage auf niemanden mehr verlassen«. In anderen Unternehmen werden Führungskräfte entlassen, gekündigt oder kaltgestellt, weil sie »das Team nicht motivieren können«. Wieder in anderen werden neue Schulungsprogramme gestartet, neue Anreizpläne ausgearbeitet und »motivierende« Verkäuferkonferenzen abgehalten. Alle sind dazu gedacht, »das Problem in den Griff zu bekommen«, wobei davon ausgegangen wird, daß das Problem die Menschen sind. Kurz gesagt, lautet das Ziel solcher Programme, Verkäufern

Begeisterung für ihre Arbeit zu vermitteln und ihre Leistung zu steigern. In den meisten Unternehmen werden diese Versuche, »die Leute in den Griff zu bekommen«, als subtile »Peitschen« verstanden mit dem Ziel, Verhalten zu manipulieren. Sie können deshalb nicht funktionieren. Wenn überhaupt, so wirken diese herkömmlichen Belohnungssysteme höchstens schädlich, weil sie einfach die bestehende Unternehmenskultur widerspiegeln. Und die Verschwendung wird fortgesetzt.

Die modernen, technologisch fortgeschrittenen, komplexen Unternehmen von heute arbeiten mit Strukturen, die wahrscheinlich in den primitiven Urzeiten des menschlichen Geschlechts entwickelt wurden. Dennoch werden diese Strukturen als gegeben hingenommen, und die meisten Leute sehen keine andere Möglichkeit. Wir sind so tief darin verwurzelt, daß nur wenige Leute überhaupt an Alternativen denken. Das setzt der Effizienz der Unternehmen enge Grenzen.

Diese überkommene Hierarchie wird visuell auf Organigrammen wiedergegeben. Die Kästchen, die Linien, die gepunkteten Linien und die vielfältigen Ebenen des Managements, die man auf einem typischen Organigramm findet, machen es leicht, zu erkennen, wer welche Position innehat. Weisungsbefugnisse und der Weg des offiziellen Kommunikationsflusses lassen sich ebenfalls dort ablesen. Aber jeder, der schon in einem großen Unternehmen beschäftigt war, weiß, daß ein solches Organigramm in Wirklichkeit grobe Mängel aufweist.

Zuerst einmal wird dort nur eine »Positionsmacht« abgebildet. Jene Personen, zu denen man geht, damit die Dinge wirklich erledigt werden, bleiben im dunkeln – die Leute also, die sich im Labyrinth des Systems auskennen und dafür sorgen, daß etwas tatsächlich geschieht. Mit anderen Worten, dort werden Leute abgebildet, die das Spiel gut beherrschen, was aber nicht zu verwechseln ist mit jenen, die gut arbeiten. Das ist jetzt nicht als Kritik an diesen Personen zu verstehen. Sie sind lediglich Produkte der bestehenden Unternehmenskultur. Sie haben erfolgreich das allseits anerkannte Spiel nach den Regeln gespielt. Das Spiel und seine Regeln sind es, die versagt haben, nicht die handelnden Personen. Trotzdem, auch wenn es für sie schwierig ist, die Regeln aufzugeben, nach denen sie erfolgreich waren, müssen diese Leute einsehen, daß das Spiel sich ändert. Die vielleicht größte Gefahr für die heutigen Unternehmen liegt in der beschaulichen Art, mit der diese Personen am bestehenden Spiel festhalten, einfach weil sie keine andere Möglichkeit sehen.

Das Organigramm verwendet Kästchen, um Positionen zu markieren, aber diese Kästchen wirken in Wirklichkeit wie Straßensperren, um die man herumfahren muß, um weiterzukommen. Es zeigt nicht die Kommunikationskanäle, die sich aus der Notwendigkeit heraus gebildet haben, diese Hindernisse zu umschiffen. Gleichzeitig zeigt es die Herrschaftsbereiche, die durch einzelne Abteilungsfunktionen geschaffen wurden, nicht aber die Konflikte, die sich aus diesem Muster ergeben.

Mehrfache Ebenen des Managements können daraus abgelesen werden, nicht aber der beschränkte Informationsfluß zwischen diesen Ebenen. Wichtige Informationen, die für wirksame Entscheidungen an der »Spitze« der Hierarchie unentbehrlich sind, durchlaufen üblicherweise zuerst den Filter der untergeordneten Managementebenen. Dort werden sie zurechtgestutzt, so daß sie für denjenigen, der sie zu hören bekommt, leichter verdaulich werden. So wird die Kommunikation von einzelnen, die gut dastehen wollen und um Macht kämpfen, verzerrt. Angst und Mißtrauen, die in der Struktur bereits angelegt sind, blockieren den Informationsfluß. Inhalte werden verwässert, um die ungelösten Konflikte, die das Organigramm verschweigt, nicht zum Ausbruch zu bringen.

Ein weiterer Faktor, der im Organigramm ebenfalls nicht erscheint, ist der enorme Zeitaufwand, der für Fragen des Kundendienstes und der Produktqualität aufgewendet werden muß. In diesen für den Verkaufserfolg so elementaren Bereichen sind Mitarbeiter mit Kundenkontakt tätig, die üblicherweise auf dem Diagramm ganz unten stehen.

Die herkömmliche Hierarchie ist ganz einfach zu starr, inadäquat und zu ineffizient. Sie ist den Anforderungen des modernen Wirtschaftslebens nicht gewachsen.

Ein weiterer Bereich der Unternehmenskultur, für den Gleiches gilt, ist das System der Zielvorgaben und Quoten. Die unterschwellige Botschaft hinter dem Wort »Quote« lautet: »Dieses Ergebnis erwarten wir von dir; tu alles, was du kannst, um es zu erreichen – außer den Preis zu senken.«

In jenen Unternehmen, in denen mit strengen monatlichen Umsatzvorgaben gearbeitet wird, werden die Kunden einfach zu Nummern. Sie sind Hindernisse auf dem Weg zur Erreichung der eigenen Quote. Weil viele Verkäufer ein bestimmtes Verkaufsgebiet bearbeiten und so immer wieder dieselben Kunden kontaktieren, werden diese Kunden genau zu solchen monatlichen, vierteljährlichen und jährlichen Hindernissen. Es wird vorrangig auf die Zahlen geschielt, statt eine starke Basis loyaler Kunden aufzubauen.

Das folgende Beispiel stammt von Ersatzteilverkäufern aus der Automobilindustrie, die jeden Monat jeweils dieselben Händler kontaktieren.

In der letzten Woche des Monats hörte man regelmäßig vom oberen Stockwerk die Befehle herunterschallen: »Wir erfüllen unser Soll nicht – bewegt Euch raus hier, und bewegt ein paar Ersatzteile!« Daraufhin riefen die Verkäufer bei den Händlern an und mußten bitten und betteln. Sie hätten in dieser Situation alles getan, um mehr Teile zu verkaufen. Kein Wunder, daß sie von den Händlern beim nächsten Besuch nicht gerade mit offenen Armen empfangen wurden. Deren Lagerstand war nämlich viel zu hoch, und auch sonst gab es immer Beschwerden. Es überrascht nicht, daß die Seminare zur Verkaufsschulung in dieser Firma überwiegend auf den Umgang mit Kundenproblemen und Reklamationen ausgerichtet waren.

Ähnliche Zustände finden sich auch in anderen Firmen. Die Umsatzziele werden vom gehobenen Management vorgegeben, das auch Belohnungssysteme entwickelt, um dafür zu sorgen, daß diese Vorgaben auch eingehalten werden. Das ganze System verschärft das Problem nur. Durch eine Anstrengung mit dem Ziel, den Umsatz zu erhöhen, wird eine Struktur entwickelt, die dem Hauptziel diametral entgegengesetzt ist: die Gewinne zu steigern.

Das Verhältnis zwischen Käufern und Verkäufern ist ohnehin schon sehr zerbrechlich. Noch komplizierter wird die Sache, wenn Systeme geschaffen werden, die noch mehr Spannung und Widerstand erzeugen. Die Ergebnisse sind selten die erhofften. Die Firma Sears hat dies im Juni 1992 erfahren müssen, als sie von zwei Bundesstaaten, Kalifornien und New Jersey, betrügerischer Aktivitäten verdächtigt wurde, weil sie nicht benötigte Autoersatzteile an ihre Kunden verkauft hatte. Innerhalb einer Woche gab Sears in einer Stellungnahme bekannt, daß sie aus Rücksicht auf ihre Kunden und um zusätzliche Probleme zu vermeiden, ihr Anreizsystem und ihre Zielvorgaben für die Ersatzteilverkäufer umgestalten würden. Sears mußte einsehen, daß das Unternehmen ein Klima geschaffen hatte, in dem Kunden offensichtlich geschädigt werden konnten. Also wechselte die Firma zu einem System, in dem Kundenzufriedenheit belohnt wurde.

Das System der Vorgaben benötigt dringend eine Überholung. Abgesehen von dem Druck, den es auf die Beziehung zwischen Verkäufer und Käufer ausübt, funktioniert es einfach nicht. Erstens wissen wir, daß Verkäufer Ziele, die ihnen vom oberen Management aufgezwungen werden, nicht mit der nötigen Motivation verfolgen; und zweitens versagen Belohnungssysteme immer dann, wenn sie auf Zwang und Manipulation hinauslaufen. Wenn Verkäufern nicht zugestanden wird, an diesen Zielvorgaben mitzuwirken, und wenn Quoten unerreichbar erscheinen, wird kein Anreiz der Welt ihr Verhalten ändern können.

Das System der Umsatzvorgaben, das in so vielen Unternehmen eingesetzt wird, wirkt dem Erfolg, den es erzielen soll, diametral entgegen. Noch einmal: Eine Wende ist erforderlich, um die Leistungskraft der Verkäufer auf den heutigen Märkten zu maximieren.

Der alte Trott kann nicht länger hingenommen werden

Wie wir in diesem Kapitel immer wieder betont haben, verlangen die Märkte von heute nach einem neuen Beziehungsmodell zwischen Verkäufern und Käufern, zwischen Verkäufern und ihren

Verkaufsleitern und zwischen Verkäufern und jenen anderen, die für den Verkaufsprozeß bedeutsam sind. Zudem müssen sich die Art und Weise, wie Verkäufer geschult werden, und die Unternehmenskultur, in der sie arbeiten, verändern, um die notwendige Unterstützung für das neue Modell zu gewährleisten.

Aber nicht nur das System bedarf einer Reparatur. Auch die typischen Lösungen oder Ansätze, es zu reparieren, funktionieren nicht. Die üblichen Methoden, die Probleme in den Griff zu bekommen, sind, noch härter zu arbeiten, wirksamere Belohnungen und Strafen zu entwickeln, Zeit in Sitzungen zu verbringen, um das Problem zu diskutieren, äußere Umstände oder die Wirtschaftslage verantwortlich zu machen oder sogar die Mitarbeiter auszutauschen. Keine dieser Methoden scheint zu funktionieren, was zur weiteren Frustration aller am Verkauf Beteiligten beiträgt. Das herkömmliche System des Verkaufs gleicht einem Auto, das seine besten Tage schon hinter sich hat. Es ist zu alt, um repariert zu werden, und es ist wirtschaftlich nicht vertretbar, noch Geld hineinzustecken. Es ist Zeit, ein neues zu kaufen.

Der Leistungsdruck ist enorm. Um im Wettbewerb zu bestehen oder auch nur um zu überleben, müssen Menschen und Unternehmen nach neuen Lösungen für die Herausforderungen des Verkaufs suchen. Ein bißchen mehr, ein bißchen besser, ein bißchen anders wird nicht mehr genügen. Nur ein deutlicher Umdenkprozeß wird Ergebnisse zeitigen – ein Paradigmenwechsel für den Beruf des Verkäufers.

Zusammenfassung des Kapitels

1. Um mit den Anforderungen eines sich ständig verändernden Wirtschaftslebens Schritt zu halten und erfolgreich zu verkaufen, ist es heutzutage erforderlich, sich von herkömmlichen Denkmustern radikal zu verabschieden.
2. Mehrere Faktoren beschleunigen diese Veränderung:
   - die technologische Komplexität der Märkte;
   - ein stärkerer Druck, dauerhafte Beziehungen zu den Kunden aufzubauen und zu erhalten, bedingt durch verschärften

Wettbewerb und die Kosten von Neugeschäft im Vergleich zu den niedrigeren Kosten, einen bestehenden Kunden zufriedenzustellen;
   - die steigenden Qualitätserfordernisse bedingen eine engere Zusammenarbeit zwischen Käufern und Verkäufern;
   - sowohl Verkäufer als auch Käufer wünschen sich eine Veränderung ihrer Beziehung.
3. Diese Transformation muß fünf wesentliche Bereiche erfassen:
   - das Verhältnis zwischen Käufern und Verkäufern;
   - das Verhältnis zwischen Verkäufern und ihren Verkaufsleitern;
   - das Verhältnis zwischen Verkäufern und anderen am Verkaufsprozeß Beteiligten;
   - die Schulungsprogramme für Verkäufer;
   - die Unternehmenskultur, in der Verkäufer arbeiten.
4. Die herkömmliche Mentalität des »Verkaufsabschlusses« ist auf den Märkten von heute überholt.
5. Das vorherrschende Muster, das im Verkaufsmanagement zur Anwendung gelangt, wirkt demotivierend und hat ernsthafte Konsequenzen für den gesamten Verkaufserfolg.
6. In dem Ausmaß, in dem Verkaufen immer komplexer wird, müssen Verkäufer ein weitverzweigtes Netzwerk von Einzelkontakten unterhalten, die auf den Verkaufsprozeß Einfluß haben.
7. Die Schulung, die Verkäufer bislang erhalten, reicht nicht aus, um sie auf die Herausforderungen des Marktes vorzubereiten.
8. Die Unternehmenskultur in Verkaufsorganisationen verfestigt die herkömmliche Ansicht über den Verkauf und beschränkt seinen Erfolg.
9. Was wir brauchen, ist eine Transformation, ein Paradigmenwechsel für den Beruf des Verkäufers.

Zweites Kapitel

Der Paradigmenwechsel im Verkauf

Die wahre Entdeckung besteht nicht darin, Neuland zu erforschen, sondern Bestehendes mit neuen Augen zu betrachten.

Marcel Proust

Das Wort *Paradigma* kommt vom griechischen *paradeigma*, was soviel bedeutet wie »Modell« oder »Muster«. Ein Paradigma ist ein Denkmuster, das unserem Betrachten und Erleben zugrunde liegt. Paradigmen bestimmen also, wie wir unsere Welt wahrnehmen. Sie bilden die Basis für unsere »Realität«.

Die folgende aktuelle Definition des Paradigmenbegriffs stammt von Joel Barker, der in seinem Buch *Discovering the Future: The Business of Paradigms* schreibt: »Ein Paradigma ist ein System von Regelungen und Vorschriften, die (1) Grenzen definieren und (2) klar erkennen lassen, wie man sich verhalten muß, um innerhalb dieser Grenzen erfolgreich zu agieren.« Mit anderen Worten: Ein Paradigma ist ein System von Überzeugungen, das ganz bestimmte Grenzen dafür festlegt, was zulässig ist und was nicht. »Paradigma« ist ein facettenreicher, abstrakter Begriff. Um ihn zu verdeutlichen, werden wir nun die vier Hauptprinzipien – oder Facetten – von Paradigmen näher betrachten.

Ein Paradigma ist ein Denkmuster, das unsere Sichtweise des Lebens bestimmt. Es filtert unsere Wahrnehmungen so, daß sie zu unseren Überzeugungen passen. Vielleicht hilft Ihnen die folgende Analogie, den Einfluß von Paradigmen besser zu verstehen. Wahrscheinlich ist Ihnen bekannt, daß man in der Fotografie Filter vor die Linse einer Kamera stecken kann, um das Bild, das auf dem Film festgehalten wird, zu verändern. Es gibt Filter, die den Himmel verdunkeln, Weichzeichner für Porträtaufnahmen,

Filter für einen dramatischen, strahlenförmigen Lichteffekt und so weiter. Sobald ein Filter vor der Kameralinse steckt, zeichnet die Kamera eine neue »Realität« auf. Und Sie können die »Realiät«, die Ihre Kamera abbildet, durch das Auswechseln des Filters verändern.

Paradigmen funktionieren genauso. Sie filtern unsere Erlebnisse und bilden daraus eine »Realität«, die unserer Überzeugung entspricht. Die folgende Zeichnung verdeutlicht diesen Paradigmeneffekt.

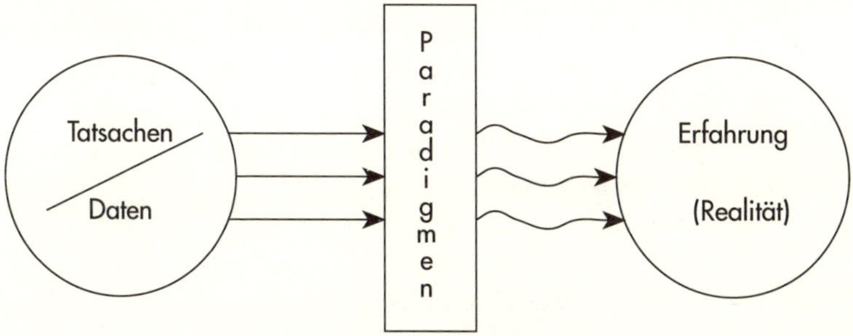

Filter/Interpretation

Unsere Paradigmen funktionieren wie Filter. Sie interpretieren das, was im Leben vor sich geht (die Tatsachen), und formen daraus unsere Erfahrung (unsere Realität). Wenn Sie zum Beispiel glauben, daß Sie Ihrer Vorgesetzten nicht vertrauen können, und sie kommt und sagt: »Gut gemacht mit dem Kunden Miller. Ich finde, das haben Sie wirklich toll hingekriegt«, werden Sie dabei möglicherweise denken: »Was die wohl von mir will?« oder: »Falsche Schlange.« Jeden Hinweis, der unseren derzeitigen Paradigmen widerspricht, lassen wir nicht gelten.

Paradigmen sind unsichtbar und wirken unterhalb unseres Wahrnehmungsniveaus. Sie sind uns daher selten bewußt und können nicht überprüft oder gar verstanden werden. Sie wirken wie unsichtbare Kräfte, die die Grenzen unserer Erlebniswelt festlegen, wie das unsichtbare Glas eines Aquariums, das die Grenzen der Welt der Fische bestimmt. Die meisten Menschen überprüfen kaum jemals die Paradigmen, die ihr Leben beeinflussen. Deshalb leben sie gewissermaßen in der begrenzten Welt eines Fischbeckens. Sie denken und handeln nach gleichbleibenden Mustern, die durch ihre vorherrschenden Paradigmen bestimmt werden.

Paradigmen bestimmen, begrenzen und beeinflussen unser Verhalten. Sie formen das, was wir denken und was wir nicht denken, was wir sagen und was wir nicht sagen. Unsere Paradigmen beeinflussen unser Leben genauso, wie die Schienen das Verhalten eines Zuges beeinflussen. Die meisten Leute sind davon überzeugt, daß sie ihr Leben selbst steuern. Aber diese Steuerung ist genauso beschränkt wie die Kontrolle, die ein Lokomotivführer über einen Zug hat. In Wirklichkeit kann der Zugführer einzig und allein die Geschwindigkeit beeinflussen. Er kann den Zug verlangsamen oder beschleunigen. Genauso, wie die Eisenbahnschienen die Richtung bestimmen, in die der Zug fährt, legen unsere Paradigmen die Richtung fest, in die unser Leben geht.

Wenn nun Ihre Paradigmen gleichbleiben, läßt sich Ihre Zukunft sehr leicht voraussehen. Wie der Zug auf der Schienenstrecke immer denselben Weg zum selben Ziel fährt, wird Ihre Zukunft wie eine Verlängerung Ihrer Vergangenheit aussehen, wenn sich Ihre Paradigmen nicht verändern. Wer die Macht von Paradigmen, die eigenen Möglichkeiten festzulegen, ignoriert, setzt seiner Fähigkeit, Veränderungen in seinem Leben durchzuführen, enge Grenzen.

Weil Paradigmen unser Verhalten bestimmen, halten sie gleichzeitig ein System von Regeln für uns bereit. Wenn wir uns an diese Regeln halten, werden wir innerhalb dieses Paradigmas erfolgreich sein. Das ist etwa wie beim Baseball, wo es sehr präzise Regeln und Vorschriften gibt und die Spieler genau wissen, was sie tun müssen, um innerhalb der Grenzen dieser Regeln Erfolg zu haben. Wenn der Werfer vier Bälle außerhalb der Schlagzone landet, kann der Schläger zur ersten Grundlinie vorgehen. Landet der Werfer aber drei Bälle innerhalb der Schlagzone, dann ist der Schläger draußen. Nach drei Outs erhält die gegnerische Mannschaft die Chance, Punkte zu gewinnen, und so weiter. Diese Regeln beschränken das Verhalten der Spieler auf das, was nach den

Spielregeln erlaubt ist. Mit anderen Worten: Der Schläger darf den Ball nicht ins Abseits schießen und direkt zur dritten Linie laufen, ohne die entsprechenden Konsequenzen zu tragen – nämlich aus dem Spiel genommen zu werden.

Obwohl sie nirgends schriftlich festgehalten sind, legen unsere Paradigmen Regeln für uns fest, die genauso starr sind wie die Spielregeln beim Baseball. Sie sind unsichtbar und oftmals unausgesprochen, aber sie sind trotzdem da. Im Wirtschaftsleben könnte wohl jedermann den sogenannten IBM-Look beschreiben: dunkler Anzug, weißes Hemd und genagelte Schuhe für Männer und einen ähnlich konservativen Look für Frauen. Diese Kleiderordnung, die viele Jahre lang die Kleidung der IBM-Angestellten bestimmt hat, ist nirgends festgehalten. Und dennoch hätte es innerhalb der Firma bis vor kurzem niemand gewagt, sich anders zu kleiden. In den letzten paar Jahren hat sich das geändert, was auf eine veränderte Denkweise bei IBM zurückzuführen ist. Unsere Paradigmen funktionieren genauso.

Paradigmen bestimmen, was möglich und was erreichbar ist. Weil sie die Grenzen unseres Lebens festlegen, beschränken sie gleichzeitig unsere Möglichkeiten, sofern wir sie als außerhalb dieser Grenzen gelegen wahrnehmen.

Ebenso ist das, was heute als unmöglich bezeichnet wird, nur aus dem Blickwinkel unserer gegenwärtigen Paradigmen wirklich unmöglich. So war es etwa vor 1492 unmöglich, die Welt zu umfahren. Die vorherrschende Denkweise, das Paradigma jener Zeit, besagte, daß die Erde eine Scheibe sei. Also war es unmöglich, nach Osten zu gelangen, wenn man gen Westen fuhr. Bis Kolumbus dieses Denkgebäude umstieß und ein neues Paradigma schuf, nach dem das Unmögliche nun möglich war. In jüngerer Zeit, es liegt erst ein paar Jahre zurück, war es undenkbar, daß die kommunistisch regierte Sowjetunion durch eine Gruppe unabhängiger Staaten abgelöst werden könnte, die sich in Demokratie versucht. Und wieder mußten sich erst größere Denkgebäude verschieben, bevor das Unmögliche möglich wurde.

Das folgende Beispiel veranschaulicht den Einfluß, den Paradigmen auf unser Leben haben. Nancy war zum Verkauf versetzt worden, nachdem sie sich in einer Kundendienstabteilung gut bewährt hatte. Die Kunden waren mit ihrer Arbeit sehr zufrieden, und diese positiven Reaktionen hatten zu ihrer Beförderung geführt. Sie war erst seit einem knappen Jahr in der Verkaufsabteilung. Während unserer Verkaufsschulungen verhielt sie sich daher zurückhaltend und zögerte, sich zu Wort zu melden. Erst in einer Einzelstunde kamen ihre Paradigmen an die Oberfläche.

Nancy wurde dabei gebeten, jene Zeiten in ihrem Leben zu beschreiben, die sie für erfolgreich hielt. Ihr fielen aber überhaupt keine ein. Sie hatte ihr College mit einer hervorragenden Endnote verlassen. Trotzdem empfand sie dies nicht als Erfolg, weil es nicht die höchstmögliche war. Weitere Situationen traten zutage, die in dasselbe Muster paßten. Was auch immer sie tat, es war nie gut genug. Das Paradigma flüsterte ihr ein, sie könne nicht in der Öffentlichkeit sprechen, weil sie nichts Wichtiges zu sagen habe. Dieses Paradigma der Unzulänglichkeit bestimmte ihr Leben. Mit jedem Erfolg war sie unzufrieden. Das Paradigma führte dazu, daß sie in all ihren sozialen Beziehungen eine unsichere Verhaltensweise an den Tag legte.

Kaum hatten wir dieses Paradigma, das ihr Verhalten steuerte, entlarvt, erkannte sie seine Konsequenzen: den Schmerz, die Frustration und die Furcht. Da entwickelte sie ein starkes Bedürfnis nach Veränderung. Wir fragten sie, wie eine »unerschrockene und starke« Nancy aussehen, sprechen und sich bewegen würde. Über eine Stunde lang überlegten wir uns Merkmale, die ihr eine stärkere Ausstrahlung verleihen würden. Mit jeder Veränderung wuchsen ihre Begeisterung und ihr Selbstbewußtsein in der Kommunikation. Bereits am nächsten Tag konnten ihre Kollegen kaum glauben, wie verwandelt sie schien.

Paradigmenwechsel

Die einengende Wirkung eines bestehenden Paradigmas zu begreifen ist der erste Schritt zur Entscheidung, sich davon zu befreien. Ein Paradigmenwechsel erfordert eine neue Art, zu denken, ein neues System von Überzeugungen und ein neues System von Regeln, um Erfolg zu haben. Ein Paradigmenwechsel eröffnet aber auch neue Chancen, die man zuvor nicht einmal für möglich gehalten hätte.

Ein Paradebeispiel für einen Paradigmenwechsel ist die Geschichte von Christoph Kolumbus. Häufig werden Personen, die an etwas glauben, das sich außerhalb des bestehenden Paradigmas bewegt, für seltsam oder sogar für verrückt gehalten. Denken Sie etwa an den Mut, den Christoph Kolumbus aufbringen mußte, um Königin Isabella zu überzeugen, sein verrücktes Vorhaben zu finanzieren, damit er eine Mannschaft zusammenstellen und mit drei kleinen Schiffen über den Rand der Erdscheibe segeln konnte.

Kolumbus wies nach, daß die Erde nicht flach ist, und veränderte so das bestehende Paradigma. In der Folge entwickelte sich eine Reihe von neuen Überzeugungen, die dieser neuen Realität angepaßt waren. Die Geschichte ist voll von Paradigmenwechseln. Einen solchen Wechsel erleben wir gerade eben im Bereich des Verkaufs – ein bedeutsamer Wandel, der für alle Zeiten die Art und Weise, wie wir verkaufen, wie wir Leute schulen, wie wir den Verkauf managen und wie wir Leute zum Verkauf motivieren, verändern wird. Dieses neue Modell des Verkaufs bringt eine Reihe von Regeln mit sich, wie man Erfolg erzielt.

Dieses neue Paradigma des Verkaufs nennen wir das »Synergetische Paradigma«. *Synergetik* kommt vom griechischen Wort *sunergos*, was soviel wie »zusammenarbeiten« bedeutet. Es beschreibt die Art von Zusammenarbeit, die zwischen zwei oder mehr Menschen erforderlich ist, um eine größere Wirkung als die Summe der Einzelleistungen zu erzielen. Man könnte auch sagen: Das Ganze ist mehr als die Summe seiner Teile. Der Vorgang von Kauf und Verkauf ist synergetisch. Egal, wieviel der Verkäufer verkaufen möchte, das Ganze wird nicht funktionieren, wenn der Käufer nicht mittut. Und ein Käufer seinerseits benötigt jemanden, der ihm das verkauft, was er braucht. Mit anderen Worten: Beide müssen zusammenarbeiten, um den Prozeß zu vollenden.

Das neue Paradigma erfordert auch eine grundlegende Veränderung im Verhältnis zwischen Verkäufern und ihren Verkaufsleitern, ebenso wie zwischen Verkäufern und anderen Abteilungen oder Unternehmen, die in den Verkaufsablauf einbezogen sind. Wirkungsvoller Verkauf hängt heutzutage von Verkäufern ab, die imstande sind, synergetische Beziehungen mit allen an ihrem Geschäft Beteiligten aufzubauen. Darüber hinaus hat das neue Paradigma wesentliche Auswirkungen auf die Art und Weise, wie Verkäufer geschult werden. Neue Fertigkeiten und Techniken müssen vermittelt werden. Die Unternehmenskultur muß sich verändern, um das neue Denken und die neuen Verhaltensweisen des Synergetischen Paradigmas zu unterstützen. Die Regeln des neuen Paradigmas im Verkauf berühren heutzutage jedes Gebiet des Verkaufs. Irgendeinen Bereich auszuklammern hieße, dem Mißerfolg Tür und Tor zu öffnen.

Nehmen wir diesen Paradigmenwechsel im Verkauf etwas genauer unter die Lupe:

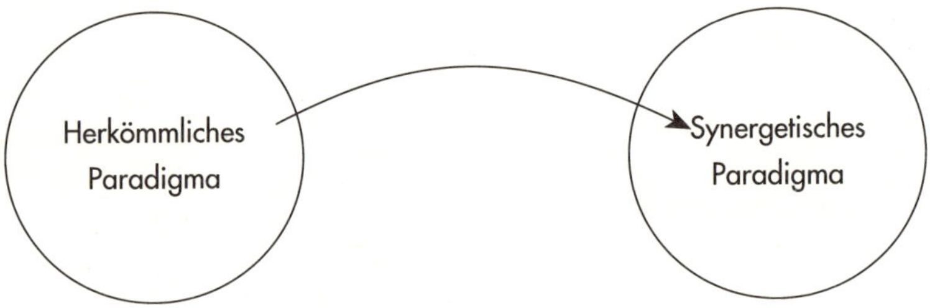

Das herkömmliche Paradigma im Verkauf

- gründet in unserer Geschichte, unserer Erziehung in der Kultur von Gewinnern und Verlierern, in der wir aufgewachsen sind;
- ist bequem; wir kennen die Regeln und haben uns Strategien zurechtgelegt, persönliche Verhaltensweisen, wie wir mit anderen leben und arbeiten;
- begrenzt unser Denken und unser Handeln; wir scheinen kaum eine andere Wahl zu haben; wir verhalten uns anderen gegenüber so, als ob wir von einem Autopiloten gesteuert würden.

Das Synergetische Paradigma im Verkauf

- gründet sich auf neuen Möglichkeiten; wir sind nicht auf die typischen Ergebnisse unseres bisherigen Weltbildes der Gewinner und Verlierer beschränkt, sondern es steht uns frei, eine ganz neue Stufe von Verkaufserfolgen durch eine Zusammenarbeit mit anderen zu erreichen, in der alle Seiten gewinnen;
- ist für viele unbequem, weil es sich um ein neues Spiel mit neuen Regeln handelt;
- versetzt Verkäufer in die Lage, den Autopiloten abzuschalten und verleiht ihnen die Freiheit, in ihrem Verhältnis zu anderen unabhängiger zu agieren.

Obwohl die Folgen des herkömmlichen Paradigmas der Gewinner und Verlierer reichlich katastrophal sind, wie wir im ersten Kapitel gesehen haben, ist es immerhin das, was wir kennen. Das herkömmliche Modell ist bequem. Wir kennen die Spielregeln, und jeder einzelne hat seine eigenen Strategien entwickelt, um, so gut er kann, mitzuspielen. Diese Strategien werden zum Autopiloten, der unser Leben steuert und unsere Möglichkeiten beschränkt.

In seinem Buch weist Barker besonders darauf hin, daß »sobald ein neues Paradigma auftaucht, alle wieder bei Null beginnen müssen«. Mit anderen Worten: Ein neues Spiel erfordert neue Regeln; das Spiel des Verkaufens hat sich verändert, und ebenso die Regeln für den Erfolg. Was einen Verkäufer in der Vergangenheit erfolgreich sein ließ, funktioniert heute nicht mehr. Deshalb müssen alle, die mit Verkauf zu tun haben, die neuen Regeln lernen. Das macht es für erfolgreiche, erfahrene Verkaufsprofis so schwer. Sie sind stark dem alten Paradigma verhaftet. Sie beherrschen die Regeln zum Erfolg im Paradigma von Gewinnern und Verlierern und kommen sehr gut mit ihnen zurecht. Es ist schwer für sie, ihre konventionelle Denkweise aufzugeben, bildet sie doch die Grundlage ihres Erfolges. Aber ein Paradigmenwechsel im Bereich des Verkaufs hat stattgefunden. Die Führung im neuen Spiel wird von jenen Personen und Unternehmen übernommen werden, die sich die neuen Regeln zum Erfolg aneignen. Dazu muß man gewillt sein, die Risiken, die mit jeder Veränderung verbunden sind, auf sich zu nehmen. Dennoch ist paradoxerweise nicht die Veränderung das wahre Risiko. Wenn man mit einer Sache, die als unwirksam erkannt wurde, einfach weitermacht, während die anderen sich umstellen, setzt man sich selbst und sein Unternehmen einem großen Risiko aus.

Zusammenfassung des Kapitels

1. Ein Paradigma ist ein Modell, ein Denkmuster, das bestimmt, wie wir unsere Welt wahrnehmen, und das die Basis unserer Realität bildet.
2. Paradigmen sind unsichtbar und wirken unterhalb unserer Wahrnehmungsgrenze.
3. Paradigmen bestimmen, was möglich und was erreichbar ist.
4. Paradigmen stellen eine Reihe von Regeln für den Erfolg auf.
5. Ein Paradigmenwechsel ist der Übergang zu einer neuen Denkweise.
6. Ein Paradigmenwechsel geht im Bereich des Verkaufs vor sich, und mit dieser Veränderung tritt ein neues System von Regeln in Kraft, die ausschlaggebend für den Erfolg sind.

Drittes Kapitel

Verkaufen im Synergetischen Paradigma

> Ein Verkauf ist kein »Abschluß«, sondern der Beginn einer dauerhaften Beziehung.
>
> *Dennis Waitley*

Das typische Verhältnis zwischen Verkäufern und Käufern gründet auf gegensätzlichen Positionen. Im herkömmlichen Paradigma bedeutete Verkaufen immer, den Käufer zu etwas bringen zu wollen, das er andernfalls eher nicht getan hätte. Dieses Kapitel stellt nun eine völlig neuartige Methode vor, wie Verkäufer an die Beziehung zum Käufer herangehen können.

Diese neue synergetische Methode kann auf alle Arten von Beziehung zwischen Verkäufer und Käufer angewandt werden, von der kurzfristigen Beziehung bei einem einmaligen Geschäft bis zu solchen, die vielfache Interaktionen bis zur Kaufentscheidung erfordern. Die synergetische Methode ist besonders geeignet für langfristige, beständige Beziehungen zwischen dem Verkäufer und dem Käufer. Sehen wir uns jede davon im Detail an.

Die einfachste Form und die unterste Stufe im Verkauf stellt das einmalige Geschäft dar. Dabei wird die Kaufentscheidung innerhalb eines kurzen Zeitraums getroffen. Auf dieser Ebene befinden sich der Einzelhandel, Telefonmarketing für Fernnetzanschlüsse und andere Produkte und Dienstleistungen, Büromöbelverkauf, bestimmte Arten des Versicherungsverkaufs, Sterbevorsorge und so weiter. Verkäufer, die sich mit dieser Art des Verkaufs beschäftigen, vertreiben in der Regel irgendeine Art von standardisiertem Produkt.

Es ist interessant zu beobachten, wie wichtig in einigen dieser Branchen sogar dieser kurze Kontakt geworden ist. Ein Käufer erwartet vom Verkäufer, daß er auf seine Bedürfnisse eingeht, ihm passende Vorschläge unterbreitet und ihm, ohne Druck auszuüben, bei seiner Entscheidung hilft. Mit anderen Worten: Der Käufer möchte von einer vertrauenswürdigen Quelle kaufen – er will nicht für dumm verkauft werden. Daher ist diese Beziehung nicht nur ein wesentliches Element des Entscheidungsprozesses, sondern beeinflußt auch in erheblichem Maße die Kundenzufriedenheit. So wächst das Ansehen des Verkäufers und seines Unternehmens, was ganz wesentlich zu einem Zustandekommen von Wiederholungsgeschäften beiträgt.

Auch weite Bereiche des Verkäuferberufes, die bislang der Kategorie des »einmaligen Abschlusses« zugeordnet wurden, haben sich verändert. Die meisten Autoverkäufer, die früher für viele Konsumenten als Inbegriff des »Aus-den-Augen-aus-dem-Sinn«-Verkaufsstils galten, wissen mittlerweile den Wert einer starken Kundenbindung zu schätzen. Und erfolgreiche Versicherungsvertreter bauen ihr Geschäft zunehmend auf Empfehlungen und auf Folgegeschäft aus ihrer bestehenden Kundenkartei auf.

Die nächste Ebene des Verkaufs umfaßt jene Konstellationen zwischen Verkäufer und Käufer, die vielfache Wechselbeziehungen erfordern, damit eine Verkaufsentscheidung zustande kommt. Je höher der Preis und je komplexer die Technologie ist, desto mehr solcher Interaktionen sind in der Regel erforderlich. In diesem Bereich halten Verkäufer laufenden Kontakt zu potentiellen Käufern in der Absicht, eines Tages einen Verkauf zu tätigen. Auf dieser Ebene erfordert Verkaufen in noch stärkerem Ausmaß die Fähigkeit, dauerhafte Beziehungen aufzubauen und zu erhalten.

Produkte und Dienstleistungen werden immer mehr an die Bedürfnisse des Käufers angepaßt. Eine besonders enge Beziehung, die einen verstärkten Informationsfluß in beide Richtungen voraussetzt, ist charakteristisch für diese Fälle. Auf dieser Ebene ist der Verkauf eine äußerst komplexe Angelegenheit. Eine Vielzahl von Personen und zahlreiche Führungsebenen innerhalb der Unternehmen sind in den Kauf- und Verkaufsprozeß eingebunden. Leute, die mit Immobilien, mit betrieblichen Zusatzversicherungen, mit medizinischen High-Tech-Apparaten für Krankenhäuser, mit Computernetzwerken und so weiter handeln, verkaufen auf dieser Ebene.

Und schließlich gibt es die Ebene der laufenden, dauerhaften Beziehungen zwischen Verkäufern und Käufern, die ein richtiggehendes »Beziehungsmanagement« erfordern. Ähnlich wie in einer Ehe müssen in solchen Fällen die Mauern zwischen einem selbst und dem Kunden durchbrochen werden. Jeder kennt das Geschäft des anderen in- und auswendig. Es gibt einen spürbaren Trend zu dieser Ebene des Verkaufs, besonders in den Reihen der Anhänger des Qualitätsmanagements. Viele Anhänger des Total Quality Management sind vom Konzept des »single-source supplier« mit einem Exklusivlieferanten überzeugt.

Der Ausdruck »Partnerschaft« hat sich in jüngerer Zeit für diese Art von dauerhaften Beziehungen zwischen Verkäufern und Käufern durchgesetzt. Nach unserer Erfahrung ist es jedoch so, daß dieser Begriff in den Verkaufsbesprechungen der meisten Unternehmen umherschwirrt, ohne daß man die eigentliche Bedeutung wirklich erkannt hätte. Das *American Heritage Dictionary* definiert *Partnerschaft* als »eine Beziehung zwischen zwei Personen, in der jeder Beteiligte denselben Status und eine gewisse Unabhängigkeit aufweist, wobei gewisse gegenseitige stillschweigende oder formale Verpflichtungen bestehen«.

Partnerschaft stellt die Grundlage des Synergetischen Paradigmas dar. Sie ist das Umfeld, in dem die Beziehung zwischen Verkäufer und Käufer gedeiht. Partnerschaft ist ein Zustand, keine Handlung. Und sie kann auf allen drei Ebenen des Verkaufs auftreten.

Untersuchen wir nun die vier Charakteristika der Partnerschaft, die auf Verkäufer und Unternehmen Anwendung finden.

Zum ersten sind Partnerschaften durch eine gegenseitige Abhängigkeit gekennzeichnet. Mit jemandem eine Partnerschaft zu haben bedeutet vor allem, zu wissen, daß man es allein nicht tun kann oder will. Man ist sich bewußt, daß jeder vom anderen abhängig ist, um zu den gewünschten Ergebnissen zu gelangen. Das ist das übliche Verständnis, das die meisten Leute haben, wenn sie das Wort Partnerschaft gebrauchen, um ihr Verhältnis zu anderen zu beschreiben. Aber für eine wirkliche Partnerschaft ist mehr erforderlich.

Das zweite Merkmal besteht darin, daß man sich verpflichtet fühlt, *dem Partner zur Befriedigung seiner Bedürfnisse zu verhelfen*. Mit anderen Worten, man muß an Beziehungen mit zwei Gewinnern glauben. Und es geht sogar noch tiefer. Partnerschaft kommt dann zustande, wenn es einem *Vergnügen* bereitet, dem anderen behilflich zu sein; wenn es einfach zum Bestandteil der eigenen Persönlichkeit wird, dem anderen zu dienen, am Leben des anderen Anteil zu nehmen und für ihn wichtig zu sein. Noch einmal: Es ist ein Zustand, eine Grundeinstellung, nicht notwendigerweise eine Technik, deren Anwendung man sich aneignen kann.

Das Bestreben, *ein Ergebnis zu erzielen, das größer ist als die Beiträge der einzelnen Beteiligten,* bildet das Merkmal einer Partnerschaft. Mit anderen Worten: In der partnerschaftlichen Beziehung zwischen einem Verkäufer und einem Käufer gibt es ein höheres Ziel im Hintergrund, etwas, das sie zusammenhält. Barbara zum Beispiel arbeitet in der Verkaufsabteilung einer Druckerei, die auf die Erzeugung von Mappen für Kundenpräsentationen spezialisiert ist. Wenn sie eine Partnerschaft zu einem Kunden aufbaut, sind die tatsächlichen Wechselbeziehungen zwischen Verkäufer und Käufer in einen größeren Zusammenhang eingebunden. In Barbaras Fall etwa besteht die Aufgabe darin, gemeinsam mit ihren Kunden die Qualität der Präsentation von Unternehmen und Produkten zu verbessern. Wenn sie und ihre Kunden zusammen an einem bestimmten Projekt arbeiten, geht es also in Wirklichkeit darum, Ergebnisse zu erzielen, die über das eigentliche Projekt hinausgehen.

Das vierte Merkmal besteht darin, *daß Partnerschaften eine Zukunft haben*. Eine Partnerschaft ist umfassender als ein einfaches Geschäft oder ein einmaliger Kontakt zwischen Verkäufer und Käufer. In einer Partnerschaft zu stehen bedeutet, daß eine andauernde Kommunikation stattfindet, woraus sich Chancen für ein kontinuierliches Wachstum und für Verbesserungen ergeben.

Den drei Ebenen von Geschäften zwischen Verkäufern und

Käufern, die eingangs beschrieben wurden, entsprechen jeweils andere Umstände, nicht jedoch andere Verkaufsmethoden. Der Zustand einer Partnerschaft läßt sich auf jede dieser Ebenen übertragen. Es ist Ihre Entscheidung, ob Sie mit Ihren Kunden im Rahmen des herkömmlichen Paradigmas des Verkaufs verkehren wollen oder im Rahmen einer Partnerschaft, der Grundlage des Synergetischen Paradigmas.

Die nachfolgende Gegenüberstellung soll Ihnen helfen, zwischen dem Verkaufsansatz im herkömmlichen Paradigma und jenem des Synergetischen Paradigmas zu unterscheiden.

Herkömmliches Paradigma versus Synergetisches Paradigma

Käufer wird als beeinflußbar und kontrollierbar betrachtet, als jemand, der manipuliert und gesteuert werden kann, wenn der Verkäufer nur den richtigen Trick oder ein passendes stereotypes Verkaufsargument findet.	*Käufer wird als eigenständig betrachtet, als jemand, der in der Lage ist, die Verantwortung für seine eigenen Entscheidungen zu tragen.*
Verkäufer will Informationen über den Käufer benutzen oder »Techniken« anwenden, um ihn zu einer Entscheidung zu drängen, die zuvor bereits vom Verkäufer festgelegt worden ist.	*Verkäufer will dem Käufer helfen, eine Entscheidung seiner eigenen Wahl zu treffen, die auf den Bedürfnissen und Wünschen des Käufers beruht.*
Verkäufer legt sich Strategien, passende Formulierungen und ausgeklügelte Taktiken zurecht mit dem Ziel, den Verkaufsvorgang zu beschleunigen und so schnell wie möglich von der »Eröffnung« der Verhandlungen zum »Abschluß« zu kommen.	*Verkäufer bietet Unterstützung – er begleitet den Käufer Schritt für Schritt durch den gesamten Kaufvorgang, bis es zu einer Entscheidung kommt. Ein Verkaufsprozeß, der dem Käufer aufgedrängt wird, findet also nicht statt.*
Verkäufer diagnostiziert den »Stil« des Käufers, seinen »Typ«, den »Charakter«, die »Position im Koordinatensystem«, seine »Persönlichkeitsmerkmale«.	*Verkäufer vermeidet es, den Käufer in eine Schublade zu stecken. Statt dessen konzentriert sich der Verkäufer darauf, zu verstehen, was der Käufer sagt und tut.*

Durch die »Diagnose« des Stils des Käufers kann der clevere Verkäufer die richtigen Methoden für dessen Steuerung bestimmen – er weiß, auf welche Knöpfe er beim Käufer drücken muß.	*Verkäufer vermeidet jeden Versuch, die Käufer zu steuern oder zu bevormunden. Statt dessen versucht der Verkäufer zu akzeptieren, an welchem Punkt im Kaufprozeß sich der Käufer befindet, und geht auf jeder Stufe dieses Prozesses auf seine Bedürfnisse ein.*
Die Sprache der Manipulation wird gesprochen: z. B. sondieren, Einwände entkräften, Kaufabschlußstrategien anwenden, einen Kunden »aufmachen«, das Stellen von Suggestivfragen, um positive Antworten zu erhalten, Ausflüchte zu kontern und so weiter.	*Die Sprache der Zusammenarbeit und der Unterstützung wird gesprochen: den Käufern helfen, eine Lösung zu finden, die ihren Bedürfnissen entspricht, sie während ihres Entscheidungsprozesses unterstützen, ein Berater sein.*

Die fünf Handlungsprinzipien, die den Verkauf im Synergetischen Paradigma bestimmen, lauten:

1. Vergessen Sie jedes System, das mit »Verkaufsschritten« operiert. Es sind die Käufer, die letztendlich die Entscheidung treffen, also durchwandern *sie* eine Reihe von »Kaufschritten«.
2. Steuerung und Druck rufen Widerstand hervor und behindern den normalen Ablauf des Kaufprozesses.
3. Verkäufer müssen eine Atmosphäre schaffen, die dem Käufer dabei hilft, eine Entscheidung für oder wider den Kauf zu treffen.
4. Verkäufer müssen sich selbst als Berater betrachten.
5. Verkäufer müssen einen Gesamtwert schaffen.

Vergessen Sie die Verkaufsschritte

Das herkömmliche Verkaufsmodell gründet auf einer Reihe von hypothetischen Stufen des Verkaufs – Eröffnung, Sondierung, Präsentation, Entkräftung von Einwänden und Abschluß – oder ähnlichen Abfolgen. Sie dienen dazu, dem Verkäufer ein Grundschema vorzugeben, wie man den Kontakt steuern kann. Mehr Steuerung wird als mehr Macht über den anderen verstanden, was wiederum mehr Verkaufserfolg bedeutet. Wie wir bereits gesehen haben, glich Verkaufen immer einem Schachspiel: Jene Person, die die beste Strategie anwendet, gewinnt.

Die herkömmliche Denkweise beruht also darauf, einem Verkäufer eine Reihe von Schritten zu vermitteln samt der Fertigkeit, Käufer sanft von einem Schritt zum nächsten zu manipulieren. Bedauerlicherweise läßt dieser Ansatz die Tatsache außer acht, daß die Käufer auf der anderen Seite des Schreibtisches ihre eigenen Bedürfnisse haben. Das ist der Grund, warum die herkömmliche Verkaufsmethode dem Verkaufserfolg in Wirklichkeit diametral entgegenwirkt.

Käufer treffen letztendlich die Kaufentscheidung, und sie wollen den Weg zu dieser Entscheidung aktiv mitgestalten. Wann immer ein Käufer die Entscheidung trifft, etwas zu kaufen, absolviert er eine Reihe von Schritten. Es gibt eine logische Abfolge von Schritten, die die Menschen bei jeder Art von Entscheidung in ihrem Leben durchlaufen, meist ohne sich dessen überhaupt bewußt zu sein – das reicht vom Kauf eines Autos über die Entscheidung, bei welchem Händler man Lebensmittel einkauft, bis zur Auswahl eines Urlaubszieles. Wir wollen daher diese Kaufschritte im einzelnen betrachten, damit ein Verkäufer jederzeit feststellen kann, auf welcher Stufe sich seine Käufer gerade befinden.

Erfolgreicher Verkauf im Synergetischen Paradigma heißt, den Entscheidungsprozeß des Käufers ständig mitzuverfolgen. Die Rolle des Verkäufers dabei ist es, dem Käufer den Weg durch die sechs Schritte dieses Prozesses zu erleichtern und dafür zu sorgen, daß er sich auf natürliche Weise entfalten kann. Die sechs Schritte sind:

1. Feststellen und Benennen der unerfüllten Wünsche und der Ängste des Käufers;
2. Ausarbeiten von Alternativlösungen;
3. Überprüfen und Bewerten der Alternativlösungen;
4. Entscheidung für die beste(n) Lösung(en);

5. Umsetzen der Entscheidung;
6. Beurteilen des Ergebnisses.

Gehen wir nun gemeinsam als Käufer einen solchen Prozeß durch. Nehmen wir an, wir wollen ein Auto kaufen.

Bei Schritt 1 versuchen wir, unsere unerfüllten Wünsche oder unsere Ängste zu identifizieren. Wir brauchen ein viertüriges Auto, als Ersatz für unser altes zweitüriges. Wir wollen diesmal ein amerikanisches Auto anschaffen, obwohl wir einige Bedenken wegen der mangelnden Qualität haben. Wir brauchen ein Auto mit einem günstigen Benzinverbrauch. Möglicherweise haben wir schon gewisse Prioritäten gesetzt, bei welchen dieser Anforderungen wir eventuell Kompromisse eingehen würden und bei welchen nicht.

Bei Schritt 2 überlegen wir uns verschiedene Alternativen, die unseren Bedürfnissen entsprechen würden. Das kann bedeuten, daß wir zu verschiedenen Autohändlern fahren und die unterschiedlichen Fahrzeuge in Augenschein nehmen. Oder aber unsere Bedürfnisse sind bereits klarer festgelegt. Dann kann es sein, daß wir gleich zu einem bestimmten Händler gehen und uns dort die verschiedenen Modelle ansehen. Der wesentliche Punkt ist, daß wir uns immer noch auf der zweiten Stufe befinden, auf der wir uns verschiedene Alternativen überlegen. Wenn der Verkäufer uns lediglich zeigt, was er im Angebot hat (Schritt 2), wird er nur auf wenig Kaufwiderstand stoßen.

Bei Schritt 3 prüfen und bewerten wir unsere Alternativen. Das kann für manche Leute ein sehr langwieriger Schritt sein, für andere wiederum ein sehr spontaner. Verkäufer müssen aufmerksam den individuellen Prozeß jedes Käufers verfolgen.

Bei Schritt 4 treffen wir unsere Entscheidung. Manche Leute behaupten nun, so einfach gehe das wohl nicht. Aber denken Sie zurück: Im dritten Schritt haben wir ja bereits eine Menge Vorarbeit für unsere Entscheidung geleistet. Schritt 4 bedeutet, sich zu seiner Entscheidung zu bekennen: »Dazu habe ich mich entschlossen.«

Bei Schritt 5 bestimmen wir, was wir tun müssen, um unsere Entscheidung umzusetzen. In unserem Autobeispiel ist das der

Augenblick, in dem wir den Kaufvertrag unterschreiben, uns um die Finanzierung kümmern, oder was immer sonst noch erforderlich ist.

Bei Schritt 6 beurteilen wir unsere Kaufentscheidung – in der Regel einige Zeit später. Wird das neue Auto unseren Bedürfnissen und Erwartungen gerecht? Üblicherweise beurteilen wir im Laufe des sechsten Schrittes ein anderes wesentliches Element – *wie wir während des ganzen Vorganges vom Verkäufer betreut wurden.*

Der wesentliche Punkt dabei ist, daß Käufer wie die meisten Menschen ihre eigenen Entscheidungen treffen wollen. Wenn wir das Gefühl haben, daß jemand uns zu etwas drängen will, werden wir widerspenstig und ärgerlich. Verkäufer benötigen daher das, was Psychologen den »Respekt für den Wunsch jedes menschlichen Wesens nach Selbstbestimmung« nennen. Käufer wollen Gelegenheit haben, ihre eigenen Entscheidungen ohne Zwang zu treffen. Das herkömmliche Verkaufsmodell weist dem Verkäufer die steuernde Rolle zu. Es ist logisch, daß potentielle Käufer in der Regel zu Abwehrmechanismen Zuflucht nehmen – Kampf, Flucht oder Unterwerfung. Im herkömmlichen Verkaufsmodell wird Widerstand des Käufers als ein Hindernis betrachtet, das man überwinden muß. Diese Versuche der Steuerung durch den Verkäufer rufen nicht nur zusätzlichen Widerstand hervor, sondern stören den Ablauf und fügen der Beziehung zwangsläufig Schaden zu.

Die Rolle des Verkäufers ist es, den Ablauf zu erleichtern. Ihn zu erleichtern bedeutet, den Käufer von Schwierigkeiten und Hindernissen zu entlasten, ihn bei seinem Entscheidungsprozeß zu unterstützen und den Gesamtablauf zu vereinfachen. Die herkömmlichen Verkaufsschritte torpedieren in Wirklichkeit den Kaufprozeß. Sie geben dem Programm des Verkäufers Priorität und verwechseln, worum es eigentlich geht. Die Botschaft für Verkäufer lautet demnach: »Stehen Sie sich nicht selbst im Weg.«

Offensichtlich gibt es kein Drehbuch für den Verkäufer, nach dem er sich während dieses Prozesses richten kann. Und genau das ist von entscheidender Bedeutung. Im Synergetischen Paradigma lautet das Drehbuch, der Regie des Käufers während seines Entscheidungsprozesses zu folgen.

Dem Verkäufer steht auch keine Typenbeschreibung zur Verfügung – es ist nicht nötig zu versuchen, den Käufer einem bestimmten Typus zuzuordnen. Es ist unerheblich, in welches Kästchen er gehört und nach welchen Denkmustern er seine Überlegungen anstellt. Jedes menschliche Wesen hat seine ganz eigenen Bedürfnisse und unterschiedliche Auffassungen darüber, wie diese optimal befriedigt werden können. Im Synergetischen Paradigma ist es wichtiger, sich auf die Kommunikation mit dem Käufer zu konzentrieren als auf seine Persönlichkeitsmerkmale. Außerdem würde eine Stereotypisierung des Käufers zu vorgefaßten Einstellungen führen, die wiederum die Beziehung einengen würden. Ihr Verhalten würde durch eine solche Klassifizierung verdorben und verzerrt werden.

Eine Teilnehmerin an einem unserer Schulungsseminare hat das folgende Beispiel beigesteuert. Sie hatte einen Termin mit dem stellvertretenden Verkaufsdirektor eines Kundenunternehmens vereinbart. Es war ihr erstes Zusammentreffen mit ihm, und sie wurde in ein schönes, großes Büro geführt, das nach »Macht« roch. Alles strahlte die Signale einer »dynamischen, ergebnisorientierten« Persönlichkeit aus. Und weil sie gerade eine entsprechende Verkaufsschulung absolviert hatte, stellte sie sich darauf ein, gleich auf den Punkt zu kommen. Sie begann darüber zu sprechen, welche Vorteile ihr Produkt für das Unternehmen hätte, aber ihr Gegenüber wechselte ständig das Thema. Nach einer großen Anstrengung gab sie endlich auf und ließ nun den Kunden den Verlauf des Gesprächs vorgeben.

Als sie das Büro wieder verließ, beglückwünschte sie ihren Kunden zu seinem Büro, und er antwortete ihr, daß es nicht seines sei. Er erzählte ihr, daß sein eigenes Büro solch ein Saustall sei, daß er sich für die Besprechung das Büro seines Chefs ausgeliehen habe. Wie sie später herausfand, war sein Vorgesetzter ein Perfektionist. In Wirklichkeit hatte seine Frau das Büro eingerichtet. Nach unserem Seminar schwor sie sich, sich in Zukunft auf das zu konzentrieren, was ihre Kunden sagen, anstatt zu versuchen, deren Persönlichkeit zu interpretieren.

Die sechs Schritte des Entscheidungsprozesses beim Käufer finden auf alle Ebenen des Verkaufs Anwendung. Ein Käufer kann all diese Phasen während einer einzigen Begegnung mit dem Verkäufer durchlaufen. Oder aber er benötigt viele Monate oder sogar Jahre für diesen Prozeß, etwa bei großen, komplexen Geschäften. In anderen Fällen wiederum können andere Beteiligte, die die Kaufentscheidung beeinflussen, auf bestimmten Stufen des Prozesses einbezogen sein. In einer dauerhaften Partnerschaft zwischen Käufer und Verkäufer spielt sich der Prozeß immer wieder von neuem ab. Worauf es ankommt, ist, daß ein Käufer bei jeder Art von Entscheidung diese sechs Schritte durchläuft.

Noch einmal, Erfolg im neuen Verkaufsparadigma erfordert das nötige Feingefühl, die Menschen ihre eigenen Entscheidungen treffen zu lassen. Das bedeutet aber, sich vom verkäufergesteuerten Ablauf zu verabschieden und statt dessen den Entscheidungsprozeß für den Käufer zu erleichtern. Das führt zu besseren Ergebnissen und effektiveren Entscheidungen für beide Seiten, den Käufer und den Verkäufer.

Steuerung und Druck rufen Widerstand hervor

Je mehr ich mich bemühe, dich dazu zu bringen, das zu tun, was ich will, desto geringer sind meine Chancen auf Erfolg. Käufer wollen ihre Entscheidungen frei treffen. Druck erzeugt Widerstand. Widerstand wiederum führt zu mehr Druck und so weiter. Je mehr Verkaufsdruck wir ausüben, desto mehr Käuferwiderstand rufen wir hervor.

Können Sie sich an das Kinderspielzeug mit unterschiedlich geformten Löchern und Blöcken, die in die Löcher passen, erinnern? Es gab ein rundes Loch, ein quadratisches, ein rechteckiges, ein dreieckiges, ein sternförmiges, ein kreuzförmiges, ein sechseckiges und so fort. Ihr Produkt und Ihre Dienstleistungen an die Bedürfnisse des Käufers anzupassen hat viel Ähnlichkeit damit, die Blöcke in das richtige Loch einzufügen. Wenn es paßt, geht es glatt hinein. Paßt es nicht, so kann kein Aufwand und keine Anstrengung es zum Passen bringen. Beobachten Sie ein Kind, das versucht, den dreieckigen Block in das sternförmige Loch zu stecken. Oder einen Verkäufer, der sein Produkt einem Kunden aufzwingen will, wenn es dessen Bedürfnissen nicht entspricht. Die Reaktionen sind ziemlich ähnlich – eine Menge Frustration. Nur: das Kind lernt normalerweise schneller!

Um zu den Verkäufern zurückzukehren, die ihre Kunden unter Druck setzen: es ist immer und immer wieder dasselbe. Übe Druck aus, kein Ergebnis; übe noch mehr Druck aus, noch immer kein Ergebnis. Käufer und andere Menschen können nämlich in die Position gedrängt werden, etwas zu verteidigen, von dem sie gar nicht besonders überzeugt sind, nur um sich gegen den Druck, der auf sie ausgeübt wird, zu wehren.

Nehmen wir zum Beispiel an, daß John und Cindy beim Mittagessen sitzen und über ein umstrittenes Thema wie freien Waffenbesitz diskutieren. John ist dafür und amüsiert sich über eine Bemerkung, die ein Senator aus der Gegend in einem Interview gemacht hat. Er fragt Cindy, was sie dazu meint, und sie antwortet, daß sie nicht viel davon verstehe, daß sie aber gefühlsmäßig gegen freien Waffenbesitz sei, weil viele Todesfälle durch Waffen verursacht würden. John sagt: »Das ist ein lächerliches Argument, nicht Waffen töten, sondern Menschen«. Cindy fühlt sich in die Defensive gedrängt und verteidigt ihren Standpunkt. John weiß auf jede ihrer Antworten einen Einwand. Je mehr er sie unter Druck setzt, desto starrer wird ihre Haltung. Als sie mit dem Mittagessen fertig sind, ist sie vollständig von ihrer Meinung über freien Waffenbesitz überzeugt.

Ein tüchtiger Verkäufer ist nicht notwendigerweise einer, der Widerstand überwindet, sondern einer, der ihn gar nicht erst aufkommen läßt.

Verkäufer müssen eine Atmosphäre schaffen, die der Entscheidungsfindung förderlich ist

Der Entscheidungsprozeß kann zu Veränderungen führen. Das bedeutet, etwas, das bequem und vertraut ist, für etwas Unbekanntes aufzugeben. Fast jede Veränderung im Leben löst Gefühle der Unsicherheit und des Zweifels aus. Verkäufer müssen eine Beziehung mit den Käufern aufbauen, in der über solche Gefühle diskutiert werden kann – eine Atmosphäre, die Veränderung begünstigt.

Kurt Lewin, ein Psychologe, der untersucht hat, wie Menschen mit Veränderungen umgehen, hat gesagt: »Bevor eine Innovation [Veränderung] akzeptiert wird, muß es zu einem Aufweichen der gegenwärtigen Einstellung kommen. Dieses Auftauen wird erleichtert, wenn der sich Ändernde Gelegenheit hat, seine Loyalität und seine Treue gegenüber dem alten Standpunkt sowie seine Befürchtungen und Zweifel gegenüber einer Änderung seiner Haltung offen zum Ausdruck zu bringen.«

Veränderung beinhaltet beides: Treue gegenüber dem alten Weg und Furcht und Zweifel gegenüber dem neuen. Kunden und Auftraggeber müssen Gelegenheit bekommen, offen über ihre Sorgen zu sprechen. Entsprechend muß der Verkäufer die Kunst des unvoreingenommenen Zuhörens beherrschen. Nur dann wird sich der Kunde wohl fühlen, während er diese Fragen ausspricht. Im herkömmlichen Verkaufsmodell werden solche Überlegungen als »Einwände, die entkräftet werden müssen«, betrachtet. Das vermittelt dem Kunden den Eindruck, daß entweder seine Gefühle gegenüber der Veränderung »falsch« sind oder daß der Verkäufer alle Antworten auf die Frage, was der Kunde tun soll, bereits parat hat. Das unterdrückt den Fluß offener, ehrlicher Kommunikation, die zum Aufbau einer synergetischen Partnerschaft nötig ist.

Im herkömmlichen Modell reden Verkäufer viel und stellen ihre Fachkenntnis unter Beweis. Verkäufer wurden darauf trainiert zu glauben, daß die Entkräftung von Einwänden des Käufers ein unabdingbarer Bestandteil des Verkaufs sei. Es fällt ihnen schwer zu begreifen, welche Bedeutung einfaches Zuhören hat. Die Bedenken des Käufers müssen ernst genommen und nicht »überwunden« werden.

Oft verlieren diese Gefühle des Zweifels, sobald sie ausgesprochen und ernst genommen werden, ihren Einfluß auf den Umdenkprozeß. Wenn sie aber gar nicht ausgesprochen oder einfach abgestritten werden, haben sie die Macht, die Beziehung zu torpedieren. Das folgende Beispiel zeigt, wie ein Verkäufer mit solchen Zweifeln im herkömmlichen Modell umgehen würde. Der Dialog findet bei einem Autohändler statt.

Käuferin: Jim, danke, daß Sie mir Ihre Zeit geschenkt haben, aber ich glaube, ich werde lieber noch eine Zeitlang bei meinem alten Auto bleiben. Es ist im Augenblick doch eine große Summe für mich.

Verkäufer: Okay, Marsha, es ist Ihre Entscheidung. Aber bedenken Sie, daß unser Sonderangebot morgen ausläuft und Sie nie wieder solch ein vorteilhaftes Angebot bekommen werden.

Käuferin: Also, ich weiß nicht recht. Ich bin gerade umgezogen und muß jetzt eine höhere Miete zahlen. Eine Menge Rechnungen sind noch nicht bezahlt.

Verkäufer: Machen Sie sich darüber keine Sorgen. Sie haben mir erzählt, daß Sie in Kürze befördert werden. Dann werden Sie fein heraus sein.

Käuferin: Das stimmt, aber auf so etwas kann man sich nicht verlassen. Außerdem macht dieser Wagen einen extravaganten Eindruck. Mein altes Auto ist noch ganz in Ordnung.

Verkäufer: Sehen Sie mal, Marsha, dieses Auto hat schon viele Kilometer auf dem Tacho. Es wird nicht mehr lange dauern, bis die Reparaturen Sie auffressen. Außerdem haben Sie ein Anrecht auf ein bißchen Spaß im Leben. Dieses neue Auto ist genau das, was Sie brauchen.

Käuferin: Nein, eigentlich brauche ich es nicht.

Verkäufer: Ich mache Ihnen einen Vorschlag. Wenn Sie das Auto heute noch nehmen, baue ich Ihnen noch gratis einen CD-Spieler ein.

Käuferin: Jim, ich will keinen CD-Spieler, und ich will kein neues Auto. Mein altes genügt mir vollauf.

Jim hatte auf jeden Einwand von Marsha eine Antwort parat. So verhalten wir uns, wenn wir den Käufer als Hürde für unseren Sieg im Schachspiel betrachten. Wir müssen dem Käufer beweisen, warum er sich unbedingt ein Auto kaufen soll. Sehen wir uns jetzt dieselbe Situation noch einmal an. Diesmal wird Jim aber auf Marshas Treue zu ihrem alten Auto und ihre Bedenken gegenüber einer Veränderung eingehen. Er wird eine Atmosphäre schaffen, die ihr erlaubt, ihre Anliegen offen auszusprechen.

Käuferin: Jim, danke, daß Sie mir Ihre Zeit geschenkt haben, aber ich glaube, ich werde lieber noch eine Zeitlang bei meinem alten Auto bleiben. Es ist im Augenblick doch eine große Summe für mich.

Verkäufer: Das klingt, als ob Sie zögerten, diese finanzielle Verpflichtung einzugehen. Besonders, da Ihr altes Auto eigentlich noch ganz gut läuft.

Käuferin: Ja, das stimmt. Ich bin gerade umgezogen, und meine Miete ist jetzt höher. Deshalb sollte ich mich vielleicht etwas zurückhalten.

Verkäufer: Okay, Sie meinen also, Sie sollten im Moment etwas vorsichtiger sein.

Käuferin: Ja, genau. Auf der anderen Seite sage ich mir, daß ich mir ein neues Auto wirklich verdient habe. Ich habe hart gearbeitet, und demnächst steht ziemlich sicher eine Beförderung ins Haus. Außerdem hat mein altes Auto schon so viele Kilometer auf dem Tacho. Wer weiß, welche Reparaturkosten da auf mich zukommen.

Verkäufer: Wenn ich Sie recht verstehe, sind Sie optimistisch, was Ihre baldige Beförderung betrifft. Trotzdem haben Sie kein gutes Gefühl dabei, gleichzeitig eine schönere Wohnung zu beziehen und ein neues Auto anzuschaffen. Und Ihr altes Auto mögen Sie zwar sehr, machen sich aber andererseits Sorgen wegen möglicher Reparaturen. Kann ich Ihnen irgendwie weiterhelfen?

Käuferin: Nun, wissen Sie was? Sie können. Könnten wir die Finanzierungsmöglichkeiten noch einmal durchgehen? Ich habe da noch ein paar Fragen.

Beachten Sie, wieviel glatter der Ablauf im zweiten Beispiel vor sich geht. In diesem Szenario hilft Jim Marsha, ihre Bedenken hinsichtlich des Kaufes zum Ausdruck zu bringen, indem er sich einfach ihre Bedenken anhört und nicht gegen sie »verkauft«.

Diese Haltung hat einen wesentlichen Einfluß auf die Qualität der Beziehung zwischen Verkäufer und Käufer.

Indem Sie Ihr Verständnis für das, was der Käufer bei einer Veränderung durchmachen muß, zum Ausdruck bringen, schaffen Sie ein Klima, das eine solche Veränderung begünstigt.

Verkäufer müssen sich als Berater verstehen

Ein Berater ist jemand, der, üblicherweise ohne Machtposition und lediglich mit Einfluß ausgestattet, der auf seinem Wissen und seiner fachlichen Kompetenz beruht, Personen oder Unternehmen dabei hilft, neue Lösungen zu »kaufen«. Der wesentliche Faktor ist aber, wie dieses Wissen und diese fachliche Kompetenz vermittelt werden. Der Hauptunterschied zwischen einem klugen Berater und einem neunmalklugen Vertreter ist, wie die Informationen vermittelt werden.

Ein Leitsatz aus unseren Seminaren lautet: *Wenn Sie ein Produkt oder eine Dienstleistung anzubieten haben, die für mich oder mein Unternehmen von Nutzen sind, müssen Sie mich in verantwortungsbewußter Art und Weise informieren, damit ich diese Informationen auch annehmen kann.*

Egal, welche Produkte oder Dienstleistungen Sie verkaufen, Sie agieren als Berater Ihrer Kunden. Sie sind eine Person, die über Wissen und fachliche Kompetenz verfügt, die für Ihre Kunden von Vorteil sein könnten. Sehen wir uns einmal an, wie erfolgreiche Berater vorgehen. Zuerst vergewissern sie sich, daß der Klient sie tatsächlich engagiert hat, bevor sie ihre Fachkenntnis anbieten. Dann überzeugen sie sich davon, daß ihrem Klienten ein Problem oder ein unerfülltes Bedürfnis bewußt geworden ist, bevor sie ihre Fachkenntnis anbieten. Gleichzeitig vergewissern sie sich, daß sie selbst dieses Problem oder unerfüllte Bedürfnis wirklich verstanden haben.

Wenn das alles zutrifft, überlassen sie dem Kunden die Führung im Entscheidungsprozeß. Sie hören seinen Einwänden gegenüber der Veränderung aufmerksam zu und akzeptieren sie.

Sie vergewissern sich, daß sie über die richtigen Zahlen und Fakten verfügen oder zumindest wissen, wie man diese beschaffen kann. Und schließlich überlassen sie es dem Kunden, zu kaufen oder das Fachwissen anzunehmen. Sie drangsalieren den Kunden nicht und üben keinen Druck auf ihn aus.

Wie ein Arzt, der zu einer Operation rät, ohne zuvor den Gesundheitszustand des Patienten eingehend untersucht zu haben, macht sich auch ein Verkäufer, der ein Produkt oder eine Dienstleistung empfiehlt, ohne die Situation des Kunden genau zu kennen, der Fahrlässigkeit schuldig.

Erfolgreiche Verkäufer im neuen Synergetischen Paradigma sehen sich selbst als Berater. Sie wissen, daß ihr Verkaufserfolg von der Fähigkeit abhängt, ihr Fachwissen auf verantwortungsbewußte Art und Weise zu vermitteln, die ihren Kunden nützt.

Verkäufer müssen einen Gesamtwert schaffen

Käufer kaufen nicht, weil etwas billig, sondern weil es *preiswert* ist. Wenn Ihr Käufer Ihnen mitteilt, daß er bei der Konkurrenz gekauft hat, weil der Preis niedriger war, so sagt er Ihnen damit auch, daß er in den für ihn wesentlichen Punkten nicht genügend Unterschiede zwischen den Angeboten erkennen konnte, um den Preisunterschied zu rechtfertigen. Die Entscheidung zum Kauf wird immer von der Wahrnehmung des Käufers bestimmt, der abwägt, was ihm der Kauf bringt und was er dafür hergeben muß (Geld, in den meisten Fällen). Mit anderen Worten, ein Käufer wird nur solch ein Produkt oder solch eine Dienstleistung kaufen, die einen höheren Wert für ihn haben, als er dafür zahlen muß: das Produkt oder die Dienstleistung, die ihm einen Wertzuwachs bringen, beziehungsweise die in einer Konkurrenzsituation den höchsten Wertzuwachs versprechen.

Tief verborgen in dem großartigen kleinen Buch *The New Psychology of Persuasion and Motivation in Selling (Die neue Psychologie von Überzeugung und Motivation im Verkauf)*, das 1965 erschienen ist, findet sich eine Formel, die die Autoren

(Whitney, Hubin und Murphy) entwickelt haben, um »Wert« auszudrücken. Sie behaupten, daß wirtschaftlicher Wert durch die folgende Formel dargestellt werden könne:

$$\text{Wirtschaftlicher Wert} = \frac{\text{Qualität + Nutzen + Service}}{\text{Preis}}$$

Beachten Sie, daß »wirtschaftlicher Wert« nur dann erhöht werden kann, wenn der Zähler (Qualität + Nutzen (was mache ich damit?) + Service) vergrößert oder der Nenner (Preis) verkleinert wird. Der Schlüssel zur Anwendung dieser Formel besteht darin, daß die Ausdrücke *Qualität, Nutzen* und *Service* aus der Sicht des Käufers und nicht aus Ihrer eigenen bewertet werden müssen. Was Sie oder Ihr Unternehmen für wichtig halten, kann für den Käufer völlig unbedeutend sein. Es ist daher unverzichtbar, Fragen zu stellen und zuzuhören, um jene Kriterien herauszufinden, an denen der Käufer jene Eigenschaften – Qualität, Nutzen und Service – mißt.

Wichtig in diesem Zusammenhang ist, daß Sie nicht unbedingt mithalten müssen, wenn Ihr Konkurrent anfängt, die Preise zu senken. Wenn es Ihnen gelingt, den Zähler in der Wahrnehmung des Käufers zu erhöhen, können Sie die Kennzahl des wirtschaftlichen Werts verbessern, ohne den Nenner zu verkleinern.

Zusammenfassung des Kapitels

1. Die drei Hauptarten von Beziehung zwischen Verkäufern und Käufern sind
   - das einmalige Geschäft;
   - vielfältige Wechselbeziehungen, um eine Kaufentscheidung herbeizuführen;
   - die laufende, lang anhaltende Partnerschaft.
2. Partnerschaft ist die Grundlage des Synergetischen Paradigmas. Sie bildet den Hintergrund, vor dem alle Arten von Beziehung zwischen Verkäufern und Käufern gedeihen.
3. Partnerschaft ist ein Zustand, keine Handlung. Es gibt vier Grundeigenschaften, die eine Partnerschaft kennzeichnen:

- Partnerschaften beruhen ihrer Natur gemäß auf Wechselseitigkeit.
- Partnerschaft kommt dann zustande, wenn man sich den Bedürfnissen des Partners verpflichtet fühlt und wenn es einem Freude bereitet, dem anderen behilflich zu sein, ihm einen Dienst zu erweisen und ihn zu unterstützen.
- Partnerschaft bedeutet, nach etwas zu streben, das mehr ist als die Summe der Individuen, die an ihr teilhaben.
- Partnerschaften haben eine Zukunft und gehen über einen einfachen Handel oder ein einmaliges Geschäft hinaus.

4. Die fünf Handlungsprinzipien des Synergetischen Paradigmas lauten:
   - Vergessen Sie jedes System, das mit »Verkaufsschritten« operiert.
   - Steuerung und Druck führen zu Widerstand und behindern den reibungslosen Ablauf des Kaufprozesses.
   - Verkäufer müssen eine Atmosphäre schaffen, die eine Veränderung begünstigt.
   - Verkäufer müssen sich selbst als Berater betrachten.
   - Verkäufer müssen Werte schaffen.
5. Die sechs Schritte des Entscheidungsprozesses, die der Käufer durchläuft, lauten:
   - Feststellen und Benennen der unerfüllten Wünsche und der Ängste des Käufers;
   - Ausarbeiten von Alternativlösungen;
   - Überprüfen und Bewerten der Alternativlösungen;
   - Entscheidung für die beste Lösung;
   - Umsetzen der Entscheidung;
   - Beurteilen des Ergebnisses.
6. Je mehr man versucht, das Verhalten eines anderen Menschen zu steuern, desto weniger Einfluß hat man in dieser Beziehung.
7. Damit jemand seine Eigenschaften, sein Verhalten und seine Überzeugungen ändert, muß man ihm Gelegenheit geben, seine Treue zum bisherigen Zustand und seine Befürchtungen und Zweifel gegenüber der neuen Lösung zum Ausdruck zu bringen.

8. Ein Berater ist jemand, der, üblicherweise ohne Machtposition, allein aufgrund seines Einflusses Personen oder Unternehmen dabei hilft, neue Lösungen zu »kaufen«.
9. Wirtschaftlicher Wert, die Grundlage aller Kaufentscheidungen, wird durch die folgende Formel ausgedrückt:

$$\text{Wirtschaftlicher Wert} = \frac{\text{Qualität} + \text{Nutzen} + \text{Service}}{\text{Preis}}$$

Viertes Kapitel

Wie man Käufern und anderen Menschen besser zuhört

> Auf jemanden einzugehen bedeutet, vorübergehend seine eigenen Ansichten und Werte beiseite zu legen, um ohne Vorurteil in die Welt des anderen einzutreten.
>
> *Carl Rogers*

Um die fünf Handlungsprinzipien des Verkaufs im Synergetischen Paradigma erfolgreich umzusetzen, muß man lernen zuzuhören. Sie wissen wahrscheinlich aus eigener Erfahrung, daß die meisten Menschen ein starkes Bedürfnis nach jemandem haben, der ihnen zuhört. Das ist ein grundlegendes Element menschlichen Verhaltens. Wenn Menschen das Gefühl haben, daß man ihnen zuhört, reagieren sie positiv auf den Zuhörer. Daraus ergeben sich neue Chancen für ihre Beziehung.

Unser Konzept des Zuhörens umfaßt mehr als bloß eine physische Tätigkeit. Es beinhaltet, die Botschaft zu interpretieren und in ihrer Gesamtheit zu verstehen, ohne unsere eigenen vorgefaßten Ideen oder Meinungen einzubringen. Diese Form des Zuhörens ist ein aktiver geistiger Vorgang, der Erfahrung erfordert und immer weiter geübt werden will. Man muß mehr als die gesprochenen Worte verstehen und bis zum Kern einer Sache vordringen, indem man auch das Unausgesprochene erahnt.

Viele innovative Führungspersönlichkeiten im Bereich der interpersonellen Kommunikation predigen seit Jahrzehnten die Bedeutung des Zuhörens. Der Mitautor Tom Gordon war einer der ersten, die die Bedeutung des Zuhörens für die Beziehung zwischen Verkäufer und Käufer erkannten. 1959 sagte er in einer Rede vor einem landesweiten Kongreß amerikanischer Verkaufs- und Marketingmanager:

> Dieser Ansatz [des Zuhörens] bewirkt, daß einige der grundlegenden Bedürfnisse des Kunden befriedigt werden – sein Bedürfnis, daß ihm jemand zuhört; das Bedürfnis, verstanden, akzeptiert und respektiert zu werden; und das ganz starke Bedürfnis, selbstbestimmt, eigenständig und eigenverantwortlich zu agieren ... Könnte es sein, daß dieser neue Verkaufsansatz dazu führt, daß Verkäufer in Zukunft weniger auf das »Verkaufsangebot« Wert legen und mehr auf den »Verkaufsvorteil«?

Im Synergetischen Paradigma ist Zuhören eine Fähigkeit, die eingesetzt wird, um die Wahrnehmung des Käufers von der Welt zu verstehen und zu akzeptieren. Es dient nur einem einzigen Zweck – nämlich die Wahrnehmung des Käufers von der Welt zu verstehen und zu akzeptieren. Das bedeutet einen entscheidenden Wandel gegenüber der Zuhörerrolle im herkömmlichen Paradigma. Dort wird Verkäufern das Zuhören nur zu dem Zweck beigebracht, die richtigen Informationen zu erhalten, um Munition für ihre eigene Präsentationsmaschinerie zu sammeln. Mit anderen Worten, unter Zuhören wird dort die Formulierung der richtigen Fragen verstanden, um die Bedürfnisse des Käufers insoweit zu bestimmen, als sie später für die eigene Präsentation relevant sind. In zahlreichen Verkaufsseminaren wird das als »Sondieren« bezeichnet. Im Synergetischen Paradigma ist Zuhören keine Fertigkeit, die auf den Käufer angewandt wird; Zuhören ist ein Weg, um den Käufer verstehen zu lernen.

Die Ansichten, Bedürfnisse und Anliegen des Käufers wirklich verstehen und akzeptieren zu können heißt, Verständnis für seine Skepsis, seine Zweifel, seine Befürchtungen und seine Unsicherheit während der Entscheidung aufzubringen. Dazu gehört, sich in ihn hineinzuversetzen und neben vielem anderen auch seine Enttäuschung und Frustration zu verstehen, wenn etwas nicht so klappt wie versprochen. Darüber hinaus bedeutet es, seine Verstörung nachzuempfinden, wenn seine Entscheidung in Frage gestellt wird. Die eigenen Meinungen, Urteile oder auch Ausreden müssen beiseite geschoben werden, will man den anderen Standpunkt wirklich umfassend verstehen.

Sie müssen ein Klima schaffen, in dem sich der Käufer sicher fühlt, auch seine Bedenken auszusprechen, um so zur bestmöglichen Entscheidung zu gelangen. Während Sie aufhören, zu beurteilen und zu bewerten, müssen Sie gleichzeitig vermeiden, auf einen »Einwand« defensiv oder auf ein »Kaufsignal« aggressiv zu reagieren. Der Käufer muß das Gefühl haben, daß Sie seine Haltung achten und seine Ansichten und Bedenken verstehen.

Warum sind wir nicht bessere Zuhörer?

Es gibt vier Hauptgründe, warum wir anderen nicht besser zuhören können:

1. Wir haben nicht gelernt zuzuhören.
2. Wir glauben, daß Verkaufen Reden bedeutet.
3. Zuhören erfordert angestrengte Konzentration.
4. Unsere Paradigmen verzerren das, was wir hören.

Wir haben nicht gelernt zuzuhören

Schon bevor wir zur Schule gehen, üben unsere Eltern mit uns die Fähigkeiten, zu schreiben, zu lesen und zu sprechen. Während unserer ganzen Erziehung absolvieren wir eine Klasse nach der anderen, um diese Grundfertigkeiten zu verbessern. Kurse über Zuhören aber werden in der Regel nur als Teil einer höheren Ausbildung in Kommunikation oder Psychologie angeboten. Das ist ein Jammer angesichts der heute verfügbaren Forschungsergebnisse über die Bedeutung, die das Zuhören für den Aufbau von funktionierenden Beziehungen hat.

Überdies wachsen die wenigsten Menschen in einem familiären Umfeld auf, in dem es einen guten Zuhörer als Vorbild gibt. Unser ganzes Leben hindurch haben wir positive Reaktionen erhalten, wenn wir die richtigen Dinge gesagt haben oder durch etwas, das wir gesagt haben, unsere Klugheit unter Beweis gestellt haben. Aber selten haben wir Komplimente dafür erhalten, daß wir gute Zuhörer sind. Wenn Teilnehmer daher im Rahmen von Seminaren an Rollenspielen teilnehmen, haben sie Schwierigkeiten, das gewohnte Verhalten aufzugeben und einfach zuzuhören. Die Fähigkeit, ein aufmerksamer Zuhörer zu sein, ist bereits Bestandteil einer neuen Wissenschaft. Erst in den späten 50er und frühen 60er Jahren begannen sich Forscher mit der Bedeutung des Zuhörens und den Merkmalen eines wirkungsvollen Zuhörens zu beschäftigen. Selbst jetzt wird dieser wesentliche Bestandteil unserer Beziehung zu anderen noch häufig übersehen.

Wir glauben, daß Verkaufen Reden bedeutet

Verkaufsschulungen werden typischerweise darauf aufgebaut, was man sagt und wie man es sagt. Der Schwerpunkt liegt auf einer geschliffenen Präsentation – der logischen Methode, Hindernisse zu überwinden – und auf einem starken Abschluß.

Teilnehmer an unseren Seminaren über Synergetischen Verkauf haben anfangs gewisse Schwierigkeiten, von diesem Konzept loszukommen. Das wird besonders in einer zweistufigen Übung deutlich, die entwickelt wurde, um dieses Problem auf den Punkt zu bringen. Im ersten Rollenspiel wird der Teilnehmer gebeten, einem Freund, der sich eine bessere körperliche Kondition wünscht, einfach zuzuhören. Der Zuhörer hat kein Konzept und nichts zu verkaufen. Der Ausgang der Unterhaltung wird nicht vorgegeben. Deshalb gelingt es ihm recht gut, die neue Technik des Zuhörens anzuwenden. Im zweiten Schritt der Übung bitten wir den Teilnehmer, wiederum seinem Freund zuzuhören, der sich eine bessere Kondition wünscht. Aber dieses Mal geben wir dem Zuhörer ein Ziel vor, einen vorgegebenen Ausgang der Unterhaltung, etwa daß der Freund vom Kauf eines Heimtrainers überzeugt (ihm dieser verkauft) werden soll. Das Ergebnis ist verblüffend. Sofort ist es vorbei mit dem Zuhören, und der »Verkäufer« übernimmt die Regie in der Unterhaltung, um den Freund zum vorgegebenen Ausgang zu führen. Und Sie sollten den Widerstand des Freundes erleben. Es ist eine hervorragende Demonstration des zentralen Verkaufsprinzips im Synergetischen Paradigma; gleichzeitig entlarvt es die herkömmliche Überzeugung, daß »Verkaufen« die Kunst des Überredens voraussetzt.

Zuhören erfordert angestrengte Konzentration

Die meisten Menschen haben Schwierigkeiten, sich zu konzentrieren. Im Gegenteil, man ist stolz darauf, viele Dinge gleichzeitig zu tun, was aber Konzentration unmöglich macht. Vielleicht ist Ihnen bewußt, daß der durchschnittliche Mensch vier- bis fünfmal schneller denken als sprechen kann. Das bedeutet, daß wir über die geistige Kapazität verfügen, an mehr als eine Sache gleichzeitig zu denken. Genau das tun viele Leute, während ein anderer spricht. Wir tun dabei alles mögliche – wir überlegen uns, was wir als nächstes sagen werden, wir denken an die morgige Besprechung mit dem Chef, wir beurteilen die Kleidung des Redners oder das, was er gerade sagt, und entscheiden gleichzeitig, ob wir uns seiner Meinung anschließen oder nicht.

Fatalerweise hören Verkäufer oftmals mit einer Strategie im Hinterkopf zu. Sie hören selektiv nur solche Informationen, die sie hören wollen, um den Verkauf zu tätigen. Wenn die Kaufsignale, auf die sie warten, nicht kommen, stellen sie Sondierungsfragen, um die Information, die sie brauchen, zu erhalten. Die ganze Zeit über ist ihr Geist auf die eigene Strategie fixiert. Und so versäumen sie eine Gelegenheit nach der anderen, um zu verstehen, an welchem Punkt des Entscheidungsprozesses sich der Käufer gerade befindet.

Verkäufer konzentrieren sich oft auch auf das, was sie als nächstes sagen müssen, um das Gespräch zu steuern. Oder sie bereiten innerlich eine Entgegnung auf das vor, was der Käufer sagt. Sie denken darüber nach, mit welchen Fragen sie ihm die Informationen, die sie für den erfolgreichen Einsatz ihrer Strategie benötigen, entlocken könnten. Die Beziehung zwischen Verkäufer und Käufer ist für sie wie ein Schachspiel. Fast immer planen sie bereits den nächsten Zug oder verändern ihre Strategie, während der Käufer spricht.

Damit nicht genug, beurteilen und bewerten Menschen auch immer, was ein anderer gerade sagt. Wir hören eine Aussage und stufen sie sofort als richtig oder falsch ein. Denken Sie einen Moment nach: Wie häufig kommt es vor, daß Sie bei Ihren Gesprächen mit anderen Menschen deren Aussagen zustimmen oder widersprechen, anstatt einfach das, wovon der andere überzeugt ist, zu verstehen und zu akzeptieren?

Unsere Paradigmen verzerren das, was wir hören

Unsere Vergangenheit formt unsere Paradigmen, die die Filter sind, durch die wir das Leben erfahren. Wir bringen in jedes Gespräch unsere bisherigen Erfahrungen ein. Sogar wenn wir jemandem zum ersten Mal begegnen, denken wir dabei an ähnliche Situationen, die wir früher erlebt haben. Das setzt unserem Zuhören ein vorbestimmtes System von Filtern auf, das oftmals die Nachricht des anderen verzerrt. Das Echo aus unserer Vergangenheit überlagert alles, was in der Gegenwart gesprochen wird.

Das folgende Beispiel, das von einem Teilnehmer an unseren Seminaren stammt, verdeutlicht dieses Problem:

> Vor kurzem half ich einer Freundin bei ihrem Umzug in ein neues Haus. Während wir in der Garage standen, sagte sie zu mir: »Ich rufe jetzt Bill [ihren Stiefvater] an und bitte ihn zu kommen, um uns beim Aufstellen der Regale zu helfen.« Das war eine völlig unschuldige Aussage, die die Tatsache zum Ausdruck brachte, daß Bill ein begabter Heimwerker ist, der schon öfter verschiedene handwerkliche Arbeiten für sie erledigt hat. Mir aber hat man mein ganzes Leben lang zu verstehen gegeben, daß ich kein guter Handwerker sei, was auch stimmt. Ehrlich gesagt, bin ich etwas neidisch auf die Leute, die so etwas können. Infolge meiner vorausgegangenen Erfah-

rung in diesem Punkt verstand ich sie falsch. Als sie sagte: »Ich rufe jetzt Bill an und bitte ihn zu kommen, um uns beim Aufstellen der Regale zu helfen«, hörte sich das für mich an wie: »Weil du so etwas nicht zustande bringst, rufe ich jetzt lieber Bill an, damit er herkommt und das für uns erledigt.« Und ich war beleidigt, weil sie mich kritisiert hatte! Meine Filter verzerrten den ganzen Sinn ihrer Aussage.

Ein anderes Beispiel aus der Geschäftswelt. Vor kurzem beklagte sich eine junge Frau in einem unserer Seminare über den Ton, in dem ihre Vorgesetzte mit ihr sprach. Als sie gefragt wurde, was sie denn daran so störe, antwortete sie, ohne zu zögern: »Sie klingt genau, wie meine Mutter zu mir sprach, als ich zwei Jahre alt war!« Und wieder behinderte die Tatsache, daß der Tonfall ihrer Vorgesetzten sie an die eigene Mutter erinnerte, ihre Fähigkeit, auf das zu hören, was wirklich gesagt wurde.

In jede Wechselbeziehung mit einem Käufer spielen alle vergangenen Erfahrungen mit Käufern hinein und belasten den Kommunikationsprozeß. Die eigenen Ansichten über das Geschlecht des Käufers, seine Rasse, die Kleidung, die er trägt, und sogar sein Titel beeinflussen die Wahrnehmung dessen, was er sagt. Das Geheimnis liegt also darin, sich bewußtzumachen, wie das eigene vorgegebene System von Filtern die gegenwärtige Situation beeinflußt. Dieses Wissen hilft einem, sich aus seiner Kontrolle zu befreien.

Die Fähigkeiten eines guten Zuhörers

Techniken des guten Zuhörens lassen sich vielleicht am einfachsten darstellen, indem man sie in drei Komponenten untergliedert: Aufmerksamkeit, passives Zuhören und aktives Zuhören.

Aufmerksamkeit

Aufmerksamkeit umfaßt die nonverbale Kommunikation, die dem Gesprächspartner zeigt, daß einem an dem, was er sagt, etwas liegt. Das beinhaltet in erster Linie den direkten Augenkontakt und eine offene Körperhaltung. Obwohl diese Körpersprachetechniken recht einfach sind, haben sie großen Einfluß auf die Person, die spricht. Jeder von uns kennt die Frustration, wenn man zu jemandem spricht, der gleichzeitig an irgend etwas auf seinem Schreibtisch weiterarbeitet, andere Leute im Büro beobachtet oder irgendeinen Bericht liest. Oftmals versäumt es der Zuhörer, der Unterhaltung wirklich aufmerksam zu folgen, was den Kommunikationsablauf erheblich stört.

Passives Zuhören

Unter passivem Zuhören versteht man die Fähigkeit, zu schweigen, Ermunterungen auszusprechen und Stichworte zu geben, die zum Weitersprechen animieren. Schauen wir uns jeden dieser Punkte im einzelnen an.

SCHWEIGEN ist von entscheidender Bedeutung: Während einer spricht, kann nicht gleichzeitig der andere reden. Schweigen an sich kann bereits ein sehr wirkungsvolles Instrument sein, weil es (1) dem Sprecher Aufmerksamkeit signalisiert, (2) wertende oder verteidigende Antworten verhindert und (3) auf den Sprecher sanften Druck zum Weitersprechen ausübt.

Der beste Zeitpunkt zum Schweigen ist entweder dann, wenn der andere einen beständigen Strom von Gedanken und Empfindungen mitteilt oder wenn der andere tief in Gedanken versunken ist oder von starken Gefühlen bewegt wird. Wenn ein Mensch beispielsweise innehält, um über einen bestimmten Punkt zu reflektieren, verhält sich ein guter Zuhörer still und »sitzt« die Pause durch, statt den Gedankenfluß des anderen zu unterbrechen.

Ermunterung ist eine hervorragende Methode, um eine Unterhaltung voranzutreiben. Dazu gehören Handlungen wie zustimmendes Kopfnicken, ein Vorneigen des Körpers oder Ausdrücke wie »aha«, »ich verstehe«, »ja«, »mm-hmm«, »wirklich« oder »was sagt man dazu«. Solche Ermunterungen vermitteln dem Gegenüber das Gefühl, daß man ihm nicht nur zuhört, sondern daß man das Gesagte auch ernst nimmt. Genauso wichtig ist es, das Gesagte in keiner Weise zu bewerten. Deshalb sollten Entgegnungen wie »Das ist gut«, »ausgezeichnet« und »Sie haben recht« vermieden werden.

Stichworte sind Antworten des Zuhörers, die den Kunden ermutigen, offen über seine Bedürfnisse, Wünsche und Sorgen zu sprechen. Gute Stichworte sind etwa Ausdrücke wie:

»Erzählen Sie mir mehr darüber.«
»Erklären Sie mir näher, was Sie damit meinen.«
»Es würde mich interessieren zu erfahren, was Sie zu diesem Punkt sagen.«
»Ich hätte gerne gewußt, wie Sie zu ... stehen.«

Stichworte lassen dem Gespräch seinen natürlichen Verlauf. Es handelt sich dabei *nicht* um Suggestivfragen. Fragen, die auf eine bestimmte Antwort abzielen, führen die Unterhaltung weg von den Bedürfnissen des Käufers und hin zu den Bedürfnissen des Verkäufers. So werden etwa Fragen, die mit »Glauben Sie nicht, daß ...« oder »Würden Sie nicht gerne ...« beginnen, vom Käufer oft als manipulativ empfunden, und schon ist der Kommunikationsfluß gestört.

Aktives Zuhören

Durch passives Zuhören allein werden Sie allerdings nur teilweise an Ihre neuen Ziele gelangen. Es gibt eine weitere Ebene des Zuhörens, die sicherstellt, daß Sie genau verstehen, was der Käufer von Ihnen will. Das nennt man »aktives Zuhören«. Um diese Technik zu verstehen, werden wir bei der Grundlage jeglicher menschlichen Kommunikation beginnen – der Dynamik, die entsteht, wenn ein Mensch versucht, einem anderen eine Nachricht zu übermitteln. Der Kreis steht für den Käufer, der das Bedürfnis verspürt, eine Nachricht zu senden.

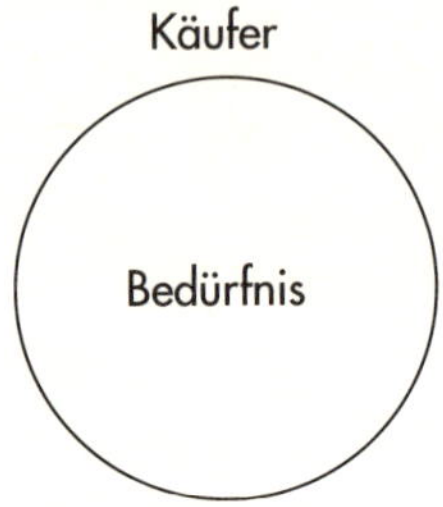

Der Käufer möchte eine Nachricht aussenden; dabei geht in ihm etwas vor. Er will eine Empfindung oder Gefühle mitteilen, die er gerade verspürt. Im folgenden Beispiel ist der Käufer verärgert über verspätete Lieferungen.

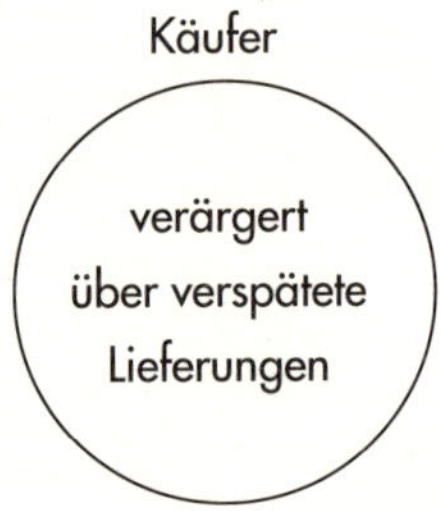

Oftmals bringt der Käufer nicht offen zum Ausdruck, was ihn stört, sondern wählt eine Form der Nachricht, die seinen Gefühlen und/oder Bedürfnissen entspricht. Das ist der Verschlüsselungsprozeß.

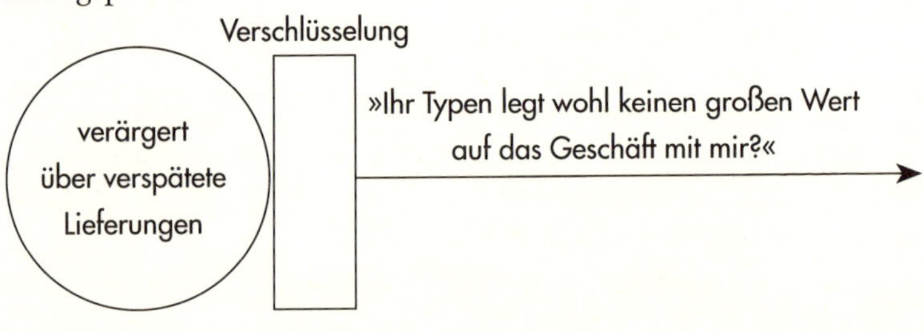

Es ist wichtig, immer daran zu denken, daß alle verschlüsselten Nachrichten aus zwei Teilen bestehen – dem verbalen (den Worten) und dem nonverbalen (Tonfall, Mimik, Körperhaltung). Die meisten Nachrichten enthalten außerdem zwei Arten von Information: einerseits die Gedanken der Person, ihre Vorstellungen, ihr Wissen oder bestimmte Daten (die Tatsachen), und andererseits die Emotionen, Einstellungen, Empfindungen und Werte (die Gefühle), die mit den Tatsachen verbunden sind. Ein aufmerksamer Zuhörer muß sich in beide Elemente hineinfühlen, um wirkliches Verständnis entwickeln zu können.

Wurde eine Nachricht übermittelt, muß der Empfänger sie entschlüsseln, um zu verstehen, worum es geht.

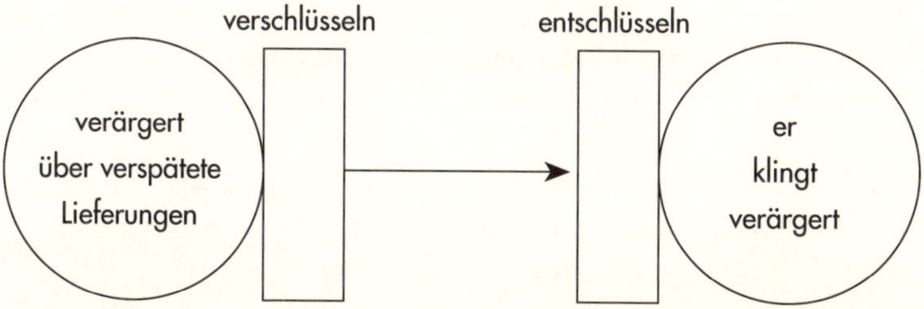

In unserem Fall würde wohl jeder richtigerweise die Nachricht des Käufers so »entschlüsseln«: »Er klingt verärgert.« Aber wenn der Zuhörer diesen seinen Eindruck nicht an den Käufer weitergibt, kann der Käufer nicht sicher sein, ob er wirklich verstanden worden ist. Ein aktiver Zuhörer wird deshalb »den Kreis der Kommunikation schließen« und dem Käufer ein entsprechendes Feedback geben. Ein aktiver Zuhörer teilt seine Wahrnehmung von dem, was gesagt wurde, dem anderen immer mit.

Nun hat der Käufer die Möglichkeit, noch deutlicher zum Ausdruck zu bringen, was ihm wirklich Sorgen bereitet. Hinzu kommt, daß der Absender einer Nachricht, sobald er ein Feedback bekommt – er also hört, welchen Eindruck er beim anderen hinterlassen hat –, das, was er eben gerade gesagt hat, besser reflektieren kann. Normalerweise führt das zu einer rascheren Enthüllung des eigentlichen Problems. Haben Sie erst einmal verstanden, was wirklich los ist, können Sie damit beginnen, das

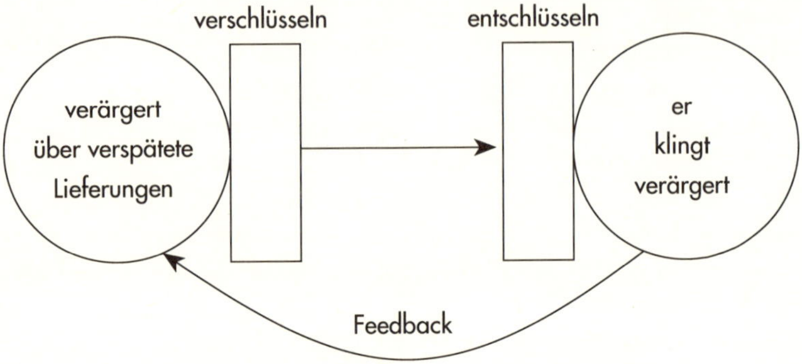

»Sie scheinen über uns verärgert zu sein«

Problem zu lösen oder die Frage näher zu erörtern. In unserem Beispiel könnte der Käufer jetzt etwa sagen: »Darauf können Sie wetten. Ihr Lieferverzug verursacht mir Riesenprobleme in meiner Produktion.«

Aktives Zuhören hat noch weitere Vorzüge. Weil es dabei zu keinerlei Beurteilung oder Bewertung des Gesprächspartners kommt, fühlt der sich angenommen – er fühlt sich sicher und wird Ihnen mehr Vertrauen entgegenbringen. Das ermöglicht ihm, seine wirklichen Gefühle beziehungsweise das wirkliche Problem zu artikulieren. Durch aktives Zuhören zeigen Sie Ihren Willen zuzuhören und Ihr Interesse für seine Bedürfnisse; im Gegenzug wird Ihr Gesprächspartner Ihnen dieselbe Chance geben und Ihnen ebenfalls zuhören. Zusätzlich erlaubt Ihnen die Fähigkeit zum aktiven Zuhören, auch das »Unausgesprochene« zu hören. So können Sie die Person des anderen besser verstehen. Sie werden in der Lage sein, die Bedeutung einer Nachricht über das gesprochene Wort hinaus zu begreifen.

Aktives Zuhören kann auch mißbraucht werden, was auf beiden Seiten Frustration bewirkt. Die folgenden Ratschläge sollen Ihnen helfen, damit aktives Zuhören in Ihrem Sinne funktioniert. Aktives Zuhören ist besonders dann wirksam, wenn

1. der andere deutlich verärgert oder besorgt ist;
2. Sie einen Hinweis erhalten, daß Ihr Gesprächspartner mit Ihnen über seine Besorgnis sprechen möchte;

3. Sie aufrichtige Hochachtung für Ihr Gegenüber empfinden und dafür, daß er dieses Problem anspricht; das bedeutet nicht, daß Sie Gefallen an dem Problem finden müssen oder es Ihnen Vergnügen bereitet, sich damit auseinanderzusetzen; es darf Ihnen nur nichts ausmachen, dem zuzuhören;
4. die richtige Zeit und der richtige Ort dafür ist; Sie sollten beispielweise nicht anfangen, einer brennenden Angelegenheit Ihr Ohr zu leihen, wenn Ihnen nur fünf Minuten Zeit zur Verfügung stehen.

Aktives Zuhören sollten Sie nicht anwenden, wenn

1. eine der obengenannten Voraussetzungen nicht zutrifft, besonders der erste Punkt; aktives Zuhören kann irritierend und zeitraubend sein, wenn Sie es ständig anwenden – oder es kann sogar dazu führen, daß Ihr Gesprächspartner bemerkt, daß Sie ihm gegenüber eine bestimmte Technik anwenden, statt einfach Sie selbst zu sein;
2. Ihr Gesprächspartner dringend Fakten, Informationen oder andere Formen konkreter Hilfe von Ihnen benötigt; wenn jemand Sie fragt, wo die Toilette ist, sollten Sie nicht antworten: »Das klingt für mich, als ob Sie großen Druck im Unterleib verspüren!« Das gleiche gilt, wenn Käufer lediglich Informationen über Ihre Produkte, die Preise, das Unternehmen und ähnliches anfordern: Geben Sie ihnen am besten einfach die Informationen, die sie benötigen, um eine Kaufentscheidung zu treffen.

Verhaltensweisen, die man sich aneignen sollte

Erster Punkt: Beginnen Sie nicht jede Antwort beim aktiven Zuhören mit derselben Einleitung. So etwas wirkt nicht nur monoton; es kann auch den Eindruck erwecken, daß man nur eine mechanische Technik einsetzt, aber keine echte Anteilnahme zeigt. Die folgenden Phrasen können Sie verwenden, wenn Sie sich ziemlich sicher sind, das zuvor Gesagte auch wirklich verstanden zu haben:

»Sie empfinden ...«
»Wenn ich Sie richtig verstehe, ...«
»Aus Ihrer Sicht ...«
»Es kommt Ihnen so vor, als ...«
»Von Ihrem Standpunkt aus betrachtet ...«
»Verstehe ich Sie richtig, daß ...«
»Ihrer Meinung nach ...«
»Ich habe Sie so verstanden, daß ...«
»Ihrer Meinung nach also ...«

Wenn Sie vorsichtig sein wollen und nicht ganz sicher sind, alles verstanden zu haben, können Sie das ebenfalls zum Ausdruck bringen:

»Ich glaube, Sie so verstanden zu haben, ...«
»Ich frage mich, ob ...«
»Es scheint, als ob Sie ...«
»Ich bin nicht sicher, ob ich Sie so richtig verstanden habe, aber ...«
»Korrigieren Sie mich, wenn ich etwas Falsches sage, aber ...«
»Ist es möglich, daß ...«
»Wollen mal sehen, ob ich Sie recht verstanden habe; Sie ...«

Als zweites sollten Sie wissen, daß nicht jede Bemerkung aktives Zuhören erfordert. Manchmal ist passives Zuhören angebrachter: Schweigen, Ermunterung und Stichworte. Wenn Ihr Gesprächspartner beispielsweise seine Gefühle sehr deutlich zum Ausdruck gebracht hat, kann ein ermunterndes »Aha« passender sein als eine fast wörtliche Wiederholung der Aussage.

Um die Fähigkeit des aktiven Zuhörens zu beherrschen, muß man seine eigenen Vorstellungen über Bord werfen und die Welt mit den Augen des anderen betrachten. Das größte Hindernis beim Zuhören stellen Ihre eigenen Überzeugungen und Filter dar. In der Graphik vom Kommunikationsprozeß, in der das aktive Zuhören dargestellt wurde, gibt es die Kästchen *verschlüsseln* und *entschlüsseln*. Es handelt sich um eine graphische Wiedergabe unseres Filtersystems, unserer Paradigmen. Während wir anderen zuhören, können unsere Filter die eigentliche Nachricht verzerren.

Das ist auch der Grund, warum der Paradigmenwechsel im Verkauf so bedeutsam ist. Wenn Sie im herkömmlichen, auf Gegensatz fußenden Modell von Gesprächssteuerung und -führung leben, sind Sie permanent damit beschäftigt, in Ihrem Kopf die nötigen Strategien und Taktiken zu entwickeln, um den Verkauf abzuschließen.

Aktives Zuhören gibt den Menschen Gelegenheit, sich verstanden zu fühlen. Daher fühlen sie sich wohl in der Diskussion, und schließlich kommt der wesentliche Punkt ans Tageslicht. Das nachfolgende Beispiel zeigt, wie man in einer Verkaufssituation, in der die meisten von uns in die Defensive geraten würden, ernsthaft zuhören und den Standpunkt eines Käufers verstehen kann.

Käufer: Jim, danke, daß Sie gekommen sind. Ich muß Ihnen sagen, daß ich wirklich verärgert über Sie und Ihren Kundendienst bin. Wir werden hier noch verrückt, und ich kann mich von allen wegen der Probleme mit Ihrer Anlage anbrüllen lassen.

Verkäufer: Bob, tut mir leid, was Sie da durchmachen müssen. Klingt so, als ob die Anlage Ihnen und Ihren Leuten eine Menge Kopfschmerzen bereitet hat.

Käufer: In der Tat, und hinzu kommt, daß sich die Leute aus Ihrem Kundendienst einfach nicht melden. Unsere laufende Produktion scheint sie überhaupt nicht zu interessieren.

Verkäufer: Sie haben also den Eindruck, daß man auf Ihre Probleme nicht eingeht. Bob, würden Sie mir das näher erklären?

Käufer: Unsere Probleme interessieren sie *überhaupt nicht*. Gestern wurden wir mit neuen Aufträgen überflutet, die bereits auf Ihrer Anlage produziert werden sollten. Also mußten wir beginnen, Aufträge umzuschichten, bevor sie überhaupt in Produktion gingen. Ganz zu schweigen von einem Alptraum an Papierkram. Unsere Leute waren überzeugt, daß irgend etwas mit eurer Anlage nicht stimmte, weil sie so langsam lief. Als Sam bei Ihren Leuten anrief, damit jemand es sich ansehen sollte, erhielt er die Antwort, daß frühestens heute jemand zu uns kommen könne. Sam war verärgert und ist zu meinem

Vorgesetzten gelaufen. Sie können sich vorstellen, was der mit mir gemacht hat. Er war ohnehin von allem Anfang an nicht begeistert von eurer Anlage. Jedesmal, wenn es zu einer Situation wie der gestrigen kommt, bestärkt ihn das in seiner Ansicht.

Verkäufer: Kein Wunder, daß Sie sich Sorgen machen; Sie haben Ihren Kopf hingehalten, um die neue Anlage zu kaufen. Und jedesmal, wenn ein Problem auftaucht, empfinden Sie das als Schwächung Ihrer eigenen beruflichen Glaubwürdigkeit.

Käufer: Ganz recht, Jim. Und was gedenken Sie zu tun, damit Ihre Leute vom Kundendienst endlich tun, wofür sie da sind?

Verkäufer: Das klingt, als ob Sie von uns Antworten erwarten. Ich glaube, wir sollten uns auf die folgenden Punkte konzentrieren. Zum ersten habe ich den Eindruck, als ob weitere Einschulungsmaßnahmen nötig wären. Das eigentliche Problem ist aufgetaucht, als Sam und seine Mannschaft die Anlage mit einer höheren Geschwindigkeit fahren wollten. Wenn wir einmal davon ausgehen, daß die Anlage an sich funktioniert, müssen wir genauer analysieren, was passiert ist. Zum zweiten habe ich Ihre Unzufriedenheit mit der Schnelligkeit unserer Reaktion vernommen. Ich glaube, wir sollten Sam und unsere Kundendienstleute noch einmal zusammenbringen, damit wir unsere jeweiligen Erfordernisse klar definieren können. Auf diese Art und Weise können wir eine Vorgehensweise erarbeiten, die für beide Seiten akzeptabel ist. Und das dritte Problem ist die reservierte Haltung Ihres Chefs. Offensichtlich haben wir nicht seine volle Rückendeckung und Unterstützung. Ich würde gerne auch auf seine Vorbehalte eingehen und ihn für eine Zusammenarbeit gewinnen. Das würde Ihnen für die Zukunft eine Menge Streß ersparen. Klingt das für Sie nach einer vernünftigen Sicht der Dinge?

Käufer: Na sicher. Packen wir's am besten gleich an.

In dieser Situation hätte jede defensive Reaktion den Gesprächsfluß gebremst und verhindert, daß Jim und Bob zum eigentlichen Problem vorstoßen. Stellen Sie sich vor, wie anders diese Unterhaltung abgelaufen wäre, hätte Jim auf die einleitende Äußerung von Bob mit einer der typischen Verkäuferantworten reagiert:

Käufer: Jim, danke, daß Sie gekommen sind. Ich muß Ihnen sagen, daß ich wirklich verärgert über Sie und Ihren Kundendienst bin. Wir werden hier noch verrückt, und ich kann mich von allen wegen der Probleme mit Ihrer Anlage anbrüllen lassen.

Verkäufer: Nun, das überrascht mich nicht. Ich habe Ihnen gleich gesagt, daß Ihre Leute mehr Einschulung benötigen.

Oder:

Verkäufer: Machen Sie sich keine Sorgen, Bob. Erzählen Sie mir, was los ist, und ich kümmere mich gleich darum.

Oder:

Verkäufer: Bob, das tut mir wirklich leid. Sie sind der dritte, der sich heute bei mir beschwert. Ich verstehe nicht, was mit unseren Leuten los ist.

In unserem ursprünglichen Szenario wurde in allen vier Antworten des Verkäufers aktives Zuhören angewandt. Dadurch wurde sichergestellt, daß Bob das Gefühl hatte, daß man ihm zuhörte und er verstanden wurde. In der letzten Antwort ergreift Jim sogar die Gelegenheit, um das ganze Gespräch zusammenzufassen. So kann er sichergehen, daß sie sich auf derselben Wellenlänge befinden. Anschließend beginnt er, mögliche Lösungen vorzuschlagen.

Das Ergebnis war, daß es Jim gelang, die Situation zu klären. Gleichzeitig zeigte er Bob, daß er ihn ernst nahm und sein Problem in jeder Hinsicht verstand. Alle Fragen wurden auf den Tisch gelegt, einschließlich der sensibelsten: Bobs Problem mit seinem Vorgesetzten.

Typischerweise ist der erste Punkt, der angesprochen wird, nicht das eigentliche Problem. Der Zuhörer muß sich mit Beurteilungen, Bewertungen und Lösungen so lange zurückhalten, bis der Sprecher Gelegenheit hatte, alle seine Gefühle herauszulassen, und alle Probleme auf dem Tisch sind. Beachten Sie bei unserem Beispiel, daß das Gespräch mit dem Betriebsfehler der neuen Anlage beginnt, anschließend zum mangelhaften Service der

Kundendienstabteilung übergeht und schließlich bei Bobs Sorge um seine Glaubwürdigkeit gegenüber seinem Chef anlangt. Das letztere ist für ihn mit Sicherheit das Hauptproblem. Zu dieser höheren Ebene der Offenheit wird der Sprecher nur dann bereit sein, wenn er das Gefühl hat, daß Sie auf seiner Seite stehen und das Problem von seinem Standpunkt aus betrachten. Dann, und nur dann, kann eine gemeinsame Problemlösung erfolgen. Nichts dergleichen passiert, wenn die üblichen Verkäuferphrasen gedroschen werden.

Zusammenfassung des Kapitels

1. Richtiges Zuhören ist eine unentbehrliche Voraussetzung, um synergetische Beziehungen zu anderen aufzubauen.
2. Die vier Hauptgründe, warum wir nicht gut zuhören, sind:
   - wir haben nicht gelernt zuzuhören;
   - wir glauben, daß Verkaufen Reden bedeutet;
   - Zuhören erfordert aufmerksame Konzentration;
   - unsere Paradigmen verzerren das, was wir hören.
3. Die drei Fähigkeiten eines guten Zuhörers sind
   - Aufmerksamkeit – nonverbales Zuhören;
   - passives Zuhören – dazu gehören Schweigen, Ermunterung und Stichworte;
   - aktives Zuhören – durch Wiedergabe Ihrer Wahrnehmung der Nachricht.
4. Aktives Zuhören heißt, eine Nachricht zurückzusenden, die Ihr Verständnis der Tatsachen und der Gefühle des Versenders zum Ausdruck bringt.
5. Aktives Zuhören ist eine wirkungsvolle Methode, um Beziehungen zu anderen aufzubauen, weil es dem Gesprächspartner das Gefühl gibt, daß Sie seine Aussage vernommen und verstanden haben.

Fünftes Kapitel

Bessere Verkaufsergebnisse durch Zuhören

Es ist mir gleich, wieviel Du weißt, solange ich nicht weiß, wieviel Dir an mir liegt.

Anonymer Zen-Meister

Einem Gesprächspartner wirklich zuzuhören heißt, die eigene Antwort optimal vorzubereiten. Richtiges Zuhören gibt einem nicht nur Gelegenheit, viel über den anderen und seine Welt zu erfahren; es demonstriert auch die eigene Bereitschaft, den Standpunkt des anderen zu verstehen und zu akzeptieren. So wird ein bestimmtes Rollenverhalten für die Beziehung vorgegeben. Auch der Gesprächspartner ist dann normalerweise eher gewillt, im Gegenzug auch Ihre Ansicht zu verstehen und zu akzeptieren. Auf der anderen Seite konzentriert sich jemand, der sich nicht verstanden und akzeptiert fühlt, vor allem darauf, sich gegen den anderen durchzusetzen und seine Position zu verteidigen, oder aber er beschließt, sich zurückzuziehen. Er hat das Gefühl, daß er Ihnen im Grunde genommen gleichgültig ist. Das Ergebnis wird sein, daß der Gesprächspartner nicht in der Lage ist oder keinen Wert darauf legt, Ihnen zuzuhören.

Es gibt drei wichtige Gelegenheiten in der Beziehung zwischen Verkäufern und Käufern, bei denen gutes Zuhören besonders wichtig ist: wenn der Käufer unerfüllte Bedürfnisse und Befürchtungen äußert, wenn der Käufer Widerstand gegenüber Veränderungen artikuliert und wenn der Käufer Beschwerden und/oder andere Probleme zur Sprache bringt.

Zuhören, wenn der Käufer unerfüllte Bedürfnisse oder Befürchtungen äußert

Dieser Schritt legt den Grundstein für das weitere Verhältnis. An diesem Punkt entscheidet sich, ob die Beziehung positiv oder negativ verlaufen wird. Zu Beginn artikuliert ein Käufer jene Faktoren, die seine spätere Kaufentscheidung beeinflussen werden. Viele dieser Faktoren werden wiederum – oftmals unbewußt – durch seine Paradigmen oder seine Überzeugungen beeinflußt. Auf den ersten Blick vermitteln Käufer daher häufig den Eindruck, als seien sie ferngesteuert – sie bewegen sich beinahe wie auf Schienen. Ihre Paradigmen geben die Grenzen ihrer Entscheidungen vor. Sie werden nur das akzeptieren, was innerhalb dieser Grenzen annehmbar erscheint.

Im herkömmlichen Verkaufsmodell sondiert der Verkäufer die Bedürfnisse des Käufers. Er stellt Fragen, die ausschließlich dazu dienen, dem Käufer Informationen zu entlocken, um sich für die eigene Präsentation »vorzubereiten«. Aus dieser Ausgangslage ist es unmöglich, irgendwelche Fragen zu stellen, die nicht auch vom Käufer als »Sondierung« empfunden werden, die lediglich den Interessen des Verkäufers dient, der den Käufer zu einem vorgegebenen Ausgang des Gesprächs hinführen will – dem Kauf des Produktes oder der Dienstleistung, die der Verkäufer anbietet. Sobald ein Käufer aber während dieses Vorgangs das Gefühl bekommt, geführt, gesteuert oder manipuliert zu werden, tendiert er dazu, sich zu verschließen und dem Verkäufer Widerstand entgegenzusetzen.

In Schritt 1 des Entscheidungsprozesses, den der Käufer im Synergetischen Paradigma durchläuft, ermutigt der Verkäufer den Käufer zum Sprechen. Er hört ihm zu, um seine Ansichten und individuellen Bedürfnisse und Ängste, die mit dieser Entscheidung zusammenhängen, zu verstehen. Das bedeutet zuzuhören, ohne einen Ablauf oder einen vorbestimmten Gesprächsausgang vorzugeben. Nur auf diese Weise kann ein Verkäufer die Beraterrolle in der Beziehung übernehmen.

Natürlich bringt der Verkäufer Fachwissen und Erfahrung in

die Beziehung ein. Aber solange der Käufer nicht danach verlangt, sind sie unerwünscht. Erst wenn er die Bedürfnisse oder Probleme des Käufers wirklich verstanden hat, kann ein Verkäufer entscheiden, ob sein Produkt oder seine Dienstleistung tatsächlich die beste Lösung für den Käufer darstellt.

Ein professioneller Verkäufer bringt weit mehr Vorzüge als neues Fachwissen und qualitativ hochwertige Produkte oder Dienstleistungen in die Partnerschaft mit dem Käufer ein. So kann er etwa eine neue Sichtweise beisteuern – einen frischen Wind, der dem Käufer helfen kann, eine bessere Entscheidung zu treffen.

Darüber hinaus gibt der Verkäufer dem Käufer Gelegenheit, die eigenen Ziele besser zu verstehen und zu definieren. Dadurch kann er die verschiedenen Handlungsalternativen klarer erkennen, was ihm wiederum dabei hilft, eine solide und zufriedenstellende Entscheidung zu treffen.

Schließlich regt der Verkäufer den Käufer an, über jene Faktoren, die seine endgültige Entscheidung bestimmen werden, nachzudenken. Die Herausforderungen und die Komplexität des modernen Wirtschaftslebens erfordern neuartige Lösungen für uralte Probleme. Ihre Käufer werden dazu neigen, auf dieselben Lösungen (dieselben Entscheidungen) zurückzugreifen, die sie seit jeher angewandt haben. Trotzdem werden sie andere Ergebnisse erwarten. Ein Verkäufer kann hier derjenige in der Beziehung sein, der den anderen zu einer neuen Sichtweise anregt und dadurch einen Paradigmenwechsel ermöglicht.

Die folgenden Fallstricke sollten Sie während dieses ersten Schrittes, den der Käufer auf dem Weg zu einer Kaufentscheidung durchläuft, unbedingt meiden.

Das Gespräch durch Suggestivfragen steuern

Das bedeutet, Fragen auf eine Art und Weise zu stellen, die eine bestimmte Antwort erheischt oder den Käufer in eine bestimmte Richtung lenkt. Die folgenden Beispiele zeigen den Verkäufer eines Reisebüros im Gespräch mit dem Sachbearbeiter für Geschäftsreisen in einem Großunternehmen.

»Würden Sie es begrüßen, monatliche Abrechnungen zu erhalten, auf denen alle Reisespesen nach Person oder nach Abteilung getrennt aufgelistet sind?« Der Verkäufer, der diese Frage stellt, zielt auf ein »Ja« ab. Der Käufer weiß das, weil es sich offensichtlich um einen Service handelt, den das Reisebüro anbietet. Die wirkliche Botschaft hinter dieser Frage lautet: »Wir erstellen für unsere Kunden monatliche Reisekostenabrechnungen nach Person oder nach Abteilung. Dadurch haben Sie Ihre Reiseausgaben besser im Griff.« Also sagen Sie es einfach geradeheraus.

»Sind Sie nicht auch der Ansicht, daß unsere 0130-Servicenummer Ihren Leuten weiterhelfen würde, wenn sie einmal unterwegs ein Problem haben sollten?« Wiederum zielt der Verkäufer auf eine Zustimmung, ein »Ja« ab. In herkömmlichen Verkäuferseminaren wird immer hervorgehoben, wie wichtig es sei, Zustimmung zu erhalten. Das trifft jedoch dann nicht zu, wenn der Käufer den Eindruck erhält, daß Sie das Gespräch steuern. Der Käufer will Ihnen nicht notwendigerweise zustimmen. Er möchte, daß Sie seinen Standpunkt verstehen.

»Was, glauben Sie, würde Ihr Vorgesetzter von unserem neuen Angebot einer Niedrigstpreisgarantie halten?« Die Situation ist eindeutig, oder etwa nicht? Der Käufer fühlt sich geführt, manipuliert und vielleicht sogar beleidigt durch solche allzu simplen Fragestellungen. Und trotzdem werden sie in Verkaufsgesprächen regelmäßig verwendet, weil der Verkäufer glaubt, er müsse den Verlauf des Gesprächs steuern.

Den Käufer durch »Warum«-Fragen zur Verteidigung seiner Haltung zwingen

Oft versteifen sich Menschen noch in ihrer Haltung, wenn man sie dazu auffordert, ihre Position oder ihre Überzeugung zu verteidigen. Dadurch sind sie weniger offen für andere Alternativen. Nehmen wir beispielsweise an, der Käufer sagt: »Ich arbeite einfach lieber mit einem kleineren Reisebüro zusammen.«

Achten Sie nun auf den Unterschied zwischen den Antworten Nr. 1 und Nr. 2 des Verkäufers.

Antwort Nr. 1: »Warum glauben Sie, daß ein kleineres Reisebüro für Sie besser wäre?«

Antwort Nr. 2: »Sie glauben also, daß ein kleineres Reisebüro besser wäre.«

Im ersten Fall befinden sich der Verkäufer und der Käufer im Widerspruch zueinander, wobei der Käufer seine Position verteidigt. Im zweiten Fall ist der Verkäufer auf der Seite des Käufers, um dessen Haltung besser verstehen zu können. Antwort Nr. 1 zwingt den Käufer, seine Aussage zu rechtfertigen, so, als ob sie falsch wäre. Antwort Nr. 2 hingegen signalisiert Akzeptanz und Verständnis, die eine weitere Erörterung des Themas zulassen. Der Käufer könnte nun auf Nr. 1 antworten: »Weil ich dort einen besseren Service bekomme.« Und auf Nr. 2: »Ja, dort scheint der Service besser zu sein.« Obwohl Sie in beiden Fällen dieselbe Information erhalten haben, ergeben sich subtile, aber wesentliche Konsequenzen für die weitere Beziehung.

In den meisten Fällen jedoch wird die zweite Antwort (ein Beispiel für aktives Zuhören) den Käufer ermutigen, weiterzureden. Beispielsweise könnte der Käufer folgendermaßen antworten: »Ja, dort scheint der Service besser zu sein. Zum Beispiel erkennen mich die drei Sachbearbeiterinnen in unserer Agentur bereits an der Stimme, wenn ich anrufe.« Und schon haben wir einen weiteren Punkt entdeckt, der für unseren Käufer wesentlich ist.

Die Aussagen des Käufers beurteilen und bewerten

Durch ein solches Verhalten erzeugt der Verkäufer eher ein Klima des Disputs als der Zusammenarbeit. Sobald ein Verkäufer anfängt, zuzustimmen oder zu widersprechen, wird der Käufer genau dasselbe tun, sobald der Verkäufer etwas sagt. Es ist wichtig zu erkennen, daß das Ziel von Schritt 1 einfach darin besteht, die Sichtweise des Käufers zu verstehen, ohne die eigenen Ansichten darüber, was zu geschehen habe, einzubringen.

In unserem Beispiel sagt der Käufer: »Ich arbeite einfach lieber mit einem kleineren Reisebüro zusammen.«

Eine wertende Antwort darauf könnten lauten: »Aber ein kleineres Reisebüro kann Ihnen nicht denselben gleichbleibenden Service bieten wie wir.« Diese Antwort besagt: »Sie haben unrecht, weil Sie denken, was Sie denken.« Das wiederum bestärkt die typische, vom Gegensatz geprägte Beziehung zwischen Verkäufer und Käufer. Es bleibt beim Schachspiel zwischen beiden Seiten. Es besteht keine Absicht, einfach die Botschaft des Käufers zu erfahren und zu verstehen.

Auf »Kaufsignale« wird sofort mit Verkaufsroutine reagiert

Der natürliche Impuls für die meisten Verkäufer ist, mit dem Verkauf zu beginnen, sobald der Käufer einen Bedarf zum Ausdruck bringt, den sie decken können. Sie hören nicht mehr zu und beginnen zu verkaufen. Das belastet den Gesprächsverlauf. Der Käufer zieht es vor, seine Bedürfnisse nicht weiter zu artikulieren, damit der Verkäufer aufhört zu verkaufen.

Ein »Kaufsignal« könnte in unserem Reisebürobeispiel ein Satz sein wie: »Wirklich wesentlich für mich ist die Verläßlichkeit der Monatsabrechnungen. Bei den heutigen steigenden Reisekosten ist es wichtig, die Ausgaben im Griff zu haben.«

Die meisten Verkäufer würden an diesem Punkt sofort anfangen, darüber zu reden, wie unvergleichlich ihre Monatsabrechnungen sind und wie zufrieden die anderen Kunden damit sind. Das Ziel muß aber heißen, das, was der Käufer sagt, zu verstehen und die Gültigkeit des Gesagten ohne Wenn und Aber anzuerkennen.

Das könnte sich etwa so anhören: »Die Verfügbarkeit und Genauigkeit der Monatsabrechnung ist also wichtig für Sie. Welche anderen Kriterien sind für Sie bei der Auswahl Ihres Reisebüros ausschlaggebend?« Durch das Zuhören in Schritt 1 wird der Käufer ermutigt, sich zu öffnen. Gemeinsam schaffen Sie eine starke Grundlage für eine Partnerschaft, die auf offener und ehrlicher Kommunikation beruht und nicht auf Steuerung und Manipulation. Lassen Sie den Käufer zuerst seine Bedürfnisse abladen.

Das folgende »Drehbuch« gibt einen Teil eines Verkaufsgesprächs in Schritt 1 wieder, *unerfüllte Bedürfnisse und Ängste herausfinden und benennen.* In diesem Dialog werden Sie die Techniken des Zuhörens wiederfinden, die im vierten Kapitel behandelt wurden. Achten Sie dabei besonders auf zwei Dinge:

1. die Art der Fragen, die gestellt werden; achten Sie darauf, wie der Verkäufer eine unterstützende Rolle übernimmt, wie offene Fragen statt Sondierungsfragen gestellt werden, insbesondere solche, die den Käufer ermutigen, sich mit seiner eigenen Problematik eingehender auseinanderzusetzen;
2. die Antworten, die aktives Zuhören anzeigen, und wie sie dem Käufer den Eindruck vermitteln, daß der Verkäufer verstanden und akzeptiert hat, was er gesagt hat (vielleicht lesen Sie zuvor noch einmal den Abschnitt über aktives Zuhören im vierten Kapitel).

Wir befinden uns im Büro des Käufers. Es handelt sich um den neuen stellvertretenden Direktor für Vertrieb und Marketing seines Unternehmens. Der Verkäufer vertritt eine Beratungsfirma, die Schulungsseminare für Verkäufer durchführt. Wir steigen mitten in die laufende Unterhaltung ein.

Verkäufer (1): Mit anderen Worten, nach den ersten sechs Monaten in Ihrem Job haben Sie es sich für das erste Jahr zum Ziel gesetzt, daß Ihre Leute aktiver am Markt auftreten und beim Verkaufsabschluß geschickter agieren.

Käufer: Stimmt. Die Notwendigkeit einer solchen Veränderung hat uns auch eine kürzlich durchgeführte Umfrage bestätigt. Wir haben unsere früheren und unsere gegenwärtigen Kunden um eine Bewertung unseres Verkäuferstabes gebeten. Das Ergebnis lautete, daß unsere Leute in ihrer Rolle als Verkäufer professioneller auftreten sollten. Der allgemeine Eindruck ist, daß unsere Verkäufer als bloße Auftragsempfänger agieren, ihre Funktion also nicht wirklich ausfüllen.

Verkäufer (2): Also wünschen sich auch Ihre Käufer von Ihren Leuten etwas anderes, Zusätzliches.

Käufer: Ja. Ich tippe darauf, daß sie sie stärker in den gesamten Kaufprozeß eingebunden sehen wollen. Unsere Branche ist etwas kompliziert. Unsere Kunden brauchen mehr als jemanden, der nur die Bestellung entgegennimmt. Sie wollen einen sachkundigen Gesprächspartner, der auch dafür sorgt, daß der Auftrag innerhalb unseres Unternehmens nach Plan ausgeführt wird.

Verkäufer (3): Das klingt, als seien Sie ziemlich davon überzeugt, daß das derzeit nicht der Fall ist.

Käufer: Und ob. Die Umfrage hat nur meinen eigenen Eindruck bestätigt. Aber ich bin mir nicht sicher, ob Schulungsmaßnahmen die richtige Lösung darstellen.

Verkäufer (4): Sie scheinen einige Bedenken zu haben, was Verkaufsschulungen anbelangt.

Käufer: Nun, das ist die eine Seite. Ich komme gerade aus einem Unternehmen, das ein Vermögen für Verkaufsschulungen ausgegeben hat. Von Ergebnissen war nichts zu spüren. Aber was ich eigentlich gemeint habe, ist, daß bei uns ein Klima der Stagnation herrscht. Ich glaube nicht, daß Schulungen daran etwas ändern würden. Es scheint an der Unternehmenskultur hier zu liegen. Sie kennen das ja. Wir sind seit Jahren erfolgreich, so, wie wir nun einmal sind. Warum sollten wir daran etwas ändern? ... Es ist interessant, ich habe diesen Punkt noch nie ausgesprochen.

Verkäufer (5): Konzentrieren wir uns mal für einen Moment auf diesen Aspekt der Unternehmenskultur. Es scheint doch, daß Sie dieser Frage großes Gewicht beimessen. Welches sind die Problembereiche, die das Betriebsklima belasten und die Sie für verbesserungswürdig halten?

Käufer: Also, ich habe da zwei Ursachen festgestellt. Die eine ist, daß es bei uns eine ganze Latte an Regelungen und Vorschriften gibt, die über die Jahre von unserer Produktion und unserer Verwaltung entwickelt wurden. Das hat mit der Komplexität unseres Geschäfts zu tun, die ich vorhin bereits erwähnt habe. Diese Bestimmungen machen unseren Kunden und Verkäufern das Leben schwer. Ich habe den Eindruck, daß wir in den anderen Unternehmensbereichen nicht besonders kundenorientiert arbeiten. Und zweitens ist der Vorstand nicht bereit, über diese tieferliegenden Zusammenhänge zu diskutieren. George, der Generaldirektor, ist manchmal sehr direkt und scheint die Mitarbeiter einzuschüchtern. Sie mögen ihn gern, aber die Leute rücken ihm gegenüber nicht mit der Wahrheit heraus. An der Oberfläche läuft alles glatt, aber hinter den Kulissen spielen sich ganz andere Dinge ab.

Verkäufer (6): Wie gut stehen die Chancen, an dieser Situation etwas zu ändern?

Käufer: Nicht sehr gut. Es scheint alles recht gut eingespielt zu sein, und keiner will derjenige sein, der die Dinge offen zur Sprache bringt. Obwohl ... (Schweigen)

Verkäufer (7): Sie zögern?

Käufer: Ja, ich habe gerade gedacht, daß das der Grund dafür sein könnte, warum man mich von außen ins Unternehmen geholt hat. Das wurde sogar damals im Einstellungsgespräch mit George angesprochen. Wenn das stimmt, sollte ich mir die Dinge noch einmal genauer ansehen, bevor ich mich an den Status quo zu sehr gewöhne und meine Fähigkeit, die Dinge mit anderen Augen zu betrachten, verliere. Ich mache Ihnen einen Vorschlag. Konzentrieren wir beide uns auf die Verkäuferschulung, und ich werde über die Veränderung des Betriebsklimas nachdenken. Vielleicht können wir etwas auf die Beine stellen, das zusammenpaßt.

Verkäufer (8): Gut, in Ordnung. Aber zuerst würde ich gerne noch etwas mehr über die mageren Schulungserfolge in Ihrer letzten Firma hören. Für mich klingt das so, als ob Sie dort mit den Ergebnissen ausgesprochen unzufrieden gewesen wären.

Die meisten Verkäufer hätten an dem Thema Verkaufsschulung festgehalten. Dazu hätten sie eine Reihe von Fragen gestellt, um herauszufinden, wie viele Verkäufer davon betroffen wären, welche Schulung sie bislang erhalten haben, und so weiter. Das sind die Dinge, die für die Präsentation des Verkäufers von Bedeutung sind. Gleichzeitig hätten sie die Gelegenheit verpaßt, einige verborgene Probleme des Käufers an die Oberfläche zu bringen. Diese aber ermöglichen dem Verkäufer erst, sich ein vollständiges Bild aus der Perspektive des Käufers zu machen. Nur wenn man von seinen eigenen Vorgaben abrückt und einfach zuhört, ohne den Käufer steuern zu wollen, kann es dazu kommen.

Sehen wir uns nun jede Antwort des Verkäufers daraufhin an, wie er mit der jeweiligen Situation im Gespräch umging. In Nr. 1 und Nr. 2 faßt der Verkäufer das Gespräch kurz zusammen, indem er die Informationen, die er gehört hat, wiederholt. Die Antworten Nr. 3 und Nr. 4 sind ausgezeichnete Beispiele für aktives Zuhören. Und Nr. 5 und Nr. 6 sind offene Fragen. Beachten Sie dabei, daß diese Fragen in keiner Weise darauf abzielen, eine bestimmte Antwort hervorzurufen. Auch führen sie den Käufer in keine vorbestimmte Richtung. In der Antwort Nr. 7 hört der Verkäufer aktiv dem Schweigen zu, das auf die vorhergehende Nachricht gefolgt ist. Auch bei Nr. 8 handelt es sich wiederum um aktives Zuhören.

Achten Sie darauf, wie fließend und reibungslos das Gespräch verläuft, wenn der Verkäufer sich selbst zurücknimmt und einfach zuhört, um die Situation des Käufers verstehen zu können.

Den Widerstand des Käufers gegenüber Veränderungen ernst nehmen

Eine weitere Anwendung der Techniken des Zuhörens besteht darin, auf den Widerstand des Käufers gegen Veränderungen zu reagieren. Im herkömmlichen Modell wird das »Widerspruch überwinden« genannt. Mit anderen Worten, der Käufer setzt einem ein Hindernis entgegen, das man durch die eigene Strategie überwinden muß, um zum Verkaufsabschluß zu gelangen. Wenn der Käufer beispielsweise sagt: »Ich kann mir nicht vorstellen, daß Ihr Produkt in unserem Betrieb viel bewirken wird«, wäre die typische Reaktion des Verkäufers, sofort einen Wust von Forschungsergebnissen und Daten aus der Tasche zu ziehen, die alle das Gegenteil beweisen. Ganz so, als ob der Gegenspieler auf der anderen Seite des Schachbretts einen überraschenden Zug gemacht hätte und man jetzt eine Gegenstrategie entwickeln müßte. Wie wir schon gesehen haben, führt dieser auf Gegensatz beruhende Ansatz ins Leere. Betrachten Sie eine solche Aussage lieber als Botschaft Ihres Partners, der Sie um Unterstützung bittet.

Im dritten Kapitel haben wir den Psychologen Kurt Lewin zitiert, der in seinen Arbeiten den Prozeß der Veränderung von Einstellungen beschreibt. Lewin hat darin gezeigt, daß Menschen, um ihre Überzeugungen zu ändern, eine Gelegenheit erhalten müssen, ihre Treue und Loyalität zu ihren alten Ansichten zu bekunden und gleichzeitig ihre Befürchtungen und Zweifel hinsichtlich einer Änderung dieser Haltung zum Ausdruck zu bringen.

Der Kauf- und Verkaufsprozeß führt in der Regel zu einer Veränderung. Also ist es ganz natürlich, daß ein Käufer seine Loyalität gegenüber dem Alten und Befürchtungen und Zweifel über das Neue äußern wird. Das ist nichts, worüber man sich besonders aufregen müßte. In der Realität aber macht sich der Verkäufer Sorgen, stuft die Bemerkung als Einwand ein und bemüht sich, dem Käufer zu beweisen, daß er unrecht hat. Also verteidigt der Käufer seine Überzeugung und versteift sich in vielen Fällen sogar noch darauf. Der Verkäufer führt immer neue Daten und Fakten an, die beweisen, daß der Käufer unrecht hat. Der wiederum verteidigt die eigene Position und wird noch widerspenstiger. Je mehr Druck der Verkäufer macht, desto mehr Widerstand wird der Käufer entwickeln.

Hört der Verkäufer hingegen dem Käufer aufmerksam zu, schafft er eine Atmosphäre der Sicherheit für den Käufer. Dieser kann nun in Ruhe alle Aspekte seiner bevorstehenden Entscheidung und die möglichen Auswirkungen einer solchen Veränderung erörtern. Werden die Empfindungen gegenüber der Veränderung aber nicht zum Ausdruck gebracht – und es gibt sie immer –, so bleiben sie unter der Oberfläche verborgen und behindern den natürlichen Verlauf des Prozesses. Den Prozeß der Veränderung zu unterstützen bedeutet, dem Käufer Gelegenheit zu geben, seine Treue zu seiner alten Haltung und seine Befürchtungen und Zweifel hinsichtlich der neuen zum Ausdruck zu bringen.

Verkäufer können diesen Veränderungsprozeß wesentlich erleichtern, indem sie die folgenden Punkte beachten:

1. Verstehen und akzeptieren Sie die Gefühle des Käufers hinsichtlich des Veränderungsprozesses, indem Sie aktiv zuhören. Sie selbst mögen der Ansicht sein, Sie hätten die Botschaft Ihres Gesprächspartners bereits verstanden. Aber solange Sie Ihr Verständnis nicht dadurch gezeigt haben, daß Sie die Botschaft in Ihren eigenen Worten wiederholen, kann sich Ihr Gegenüber dessen nicht sicher sein.
2. Vermeiden Sie die Mentalität »Bedenken sind auszuräumen«. In vielen Fällen wird allein durch die Tatsache, daß der Käufer seine Bedenken aussprechen konnte, das Problem bereits aus der Welt geschafft. Ist das nicht der Fall, so kann der Verkäufer häufig zusätzliche Informationen bereitstellen, die den Käufer bei der Lösung seines eigenen Problems unterstützen. Ein Verkäufer erleichtert den zur Veränderung notwendigen Prozeß am besten dadurch, daß er sich vor Augen hält, daß seine Aufgabe nicht darin besteht, den *Widerstand gegenüber der Veränderung* zu überwinden, sondern Werte zu vermitteln, die bei seinem Gesprächspartner die *Motivation zur Veränderung* erhöhen.
3. Das ursprüngliche Bedenken, das der Käufer äußert, ist möglicherweise nicht der eigentliche Punkt. Die meisten Menschen nehmen sich nicht genügend Zeit, um über das wahre Problem, das ihren Bedenken gegenüber einer Veränderung zugrunde liegt, nachzudenken. Ein guter Zuhörer schafft eine Atmosphäre, in der Menschen sich gerne aussprechen. Das gibt ihnen Gelegenheit, selbst die wirklichen Hintergründe zu entdecken. Sind diese aber erst bekannt, können Verkäufer und Käufer zusammenarbeiten, um diese Befürchtungen zu zerstreuen.

Die folgenden Beispiele unterstreichen die Wichtigkeit dieser drei Punkte. In der ersten Gesprächssituation reagiert der Verkäufer auf den Widerstand der Käuferin gegenüber einer Veränderung auf eine ziemlich typische Art und Weise:

Käuferin: Jim, unsere Leute sind mit dem gegenwärtigen Verkaufsschulungsprogramm sehr zufrieden. Unsere Geschäftsleitung wiederum schätzt die Tatsache, daß unsere Verkäufer jeweils nur für einen Tag ausfallen.

Verkäufer: Nun gut, Nancy. Ich verstehe das. Aber unsere Forschungsergebnisse zeigen, daß es zumindest drei Tage Schulung im Seminarraum erfordert, damit Verkäufer diese Fähigkeiten theoretisch und in der praktischen Anwendung erlernen. Und Ihre Geschäftsleitung wäre sicher noch zufriedener, wenn Sie mit besser geschulten Leuten mehr Geschäft machen würden. Stimmt doch? Wie man die Verkäufer soweit bringt, sollte sie Ihnen überlassen.

Käuferin: Auch wenn ich mich Ihrer Ansicht anschließen würde, Jim, gäbe es einfach keine Chance, eine solche Veränderung jetzt gleich durchzusetzen. Ich bezweifle vielmehr, daß mein Vorgesetzter überhaupt dazu bereit ist, über Veränderungen bei unseren Verkaufsschulungen zu diskutieren.

Verkäufer: Also, wie wäre es dann mit dem folgenden Vorschlag? Wir könnten ein spezielles Pilotprogramm zu einem reduzierten Preis anbieten. Danach lassen wir die Teilnehmer die beiden Kurse miteinander vergleichen. So könnten wir aus erster Hand Reaktionen sammeln, die Ihnen helfen, den Kurs gegenüber dem Unternehmen zu verkaufen.

Käuferin: Nein, so etwas kann ich nicht machen. Wir haben zur Zeit überhaupt kein Budget für Pilotprogramme vorgesehen.

Verkäufer: Wie wäre es dann, wenn wir für einen Vormittag eine Präsentation ansetzen würden? Sie sorgen dafür, daß die richtigen Leute daran teilnehmen, und ich gebe einen Überblick über die neuen Seminare.

Käuferin: Jim, es geht jetzt einfach nicht. Wir werden von allen Seiten mit Arbeit überhäuft. Trotzdem vielen Dank. Ich werde Ihr Angebot für die Zukunft im Auge behalten.

Wie Sie sehen, widerspricht Jim jedem Einwand von Nancy. Sie reagiert darauf mit verstärktem Widerstand.

Solch ein Verhalten vermittelt nicht Verständnis und Akzeptanz. Wer nicht zuhört, wird kaum Erfolge erzielen. Beachten Sie etwa Jims erste Entgegnung. In unseren Seminaren sagen die Teilnehmer oft: »Ich verstehe, was Sie sagen wollen, aber ...«, oder:

»Ich kann Ihre Bedenken verstehen, aber ...« Sie sind davon überzeugt, daß sie auf diese Weise ihr Verständnis zum Ausdruck gebracht haben. Das stimmt aber nicht. Erstens ist es bei weitem nicht so wirkungsvoll, zu sagen, man hätte den anderen verstanden, als es wirklich zu beweisen, indem man die eigene Interpretation der Aussage wiederholt. Und zweitens entwertet das Wörtchen »aber« den ersten Teil der Nachricht, »Ich verstehe« oder »Ich kann verstehen«. »Aber« bedeutet immer: was jetzt kommt, wird dir zeigen, daß du falsch liegst.

Sehen wir uns dieselbe Situation noch einmal an, wobei diesmal die Techniken des aufmerksamen Zuhörens eingesetzt werden. Denken wir dabei an die eingangs erwähnten Punkte.

Käuferin: Jim, unsere Leute sind mit dem gegenwärtigen Verkaufsschulungsprogramm sehr zufrieden. Unsere Geschäftsleitung wiederum schätzt die Tatsache, daß unsere Verkäufer jeweils nur für einen Tag ausfallen.

Verkäufer: Sie sind also mit der derzeitigen Situation ganz zufrieden.

Käuferin: Nun, ganz zufrieden bin ich nicht. Aber meine Ansprechpartner, also die Verkäufer und die Geschäftsleitung, sind es. Ich persönlich glaube, daß das Schulungsprogramm nicht wirklich die Wirkung erzielt, die es haben sollte.

Verkäufer: Was vermissen Sie denn?

Käuferin: Also, ganz sicher zwei Dinge. Zuerst einmal genügt ein einziger Tag einfach nicht, um Verkäufern die Fähigkeiten zu vermitteln, die sie brauchen. Und zweitens gibt es überhaupt keine Anschlußbetreuung, wenn sie wieder bei der Arbeit sind. Der eine Tag bewirkt wirklich nicht besonders viel.

Verkäufer: Das klingt für mich so, als ob Sie und Ihre Leute an der Front unterschiedliche Erwartungen hätten.

Käuferin: Ja, und ich weiß nicht recht, wie ich da vorgehen soll. Ich meine, für sie ist alles so in Ordnung, wie es jetzt läuft. Es ist nur so, daß ich noch viel mehr Entwicklungspotential sehe. Mit all der Arbeit, die wir hier um die Ohren haben, kann ich mir nicht vorstellen, daß eine Veränderung ernsthaft erwogen werden könnte.

Verkäufer: Sie fürchten sich davor, Veränderungen vorzuschlagen.

Käuferin: Wahrscheinlich. Ich habe in letzter Zeit ziemlich viel über diese Frage nachgedacht.

Verkäufer: Darüber, hier Veränderungen vorzuschlagen?

Käuferin: Ja, ich habe erkannt, daß ich vielleicht allzu unentschlossen gewesen bin. Ich sollte die Veränderungen, die ich für notwendig halte, endlich vorantreiben. Bei unserem Gespräch ist mir bewußt geworden, daß es wirklich an der Zeit ist, einige meiner Vorschläge an den Mann zu bringen. Geben Sie mir etwas Zeit, um darüber nachzudenken. Rufen Sie mich nächste Woche an, um einen neuen Termin zu vereinbaren. Sobald ich eine Entscheidung über die Veränderungen, die ich durchführen möchte, getroffen habe, würde ich mich gerne nochmals mit Ihnen darüber unterhalten, wie Ihre Schulungen da hineinpassen könnten.

In der zweiten Situation hat das Zuhören des Verkäufers ermöglicht, daß das Gespräch in eine völlig andere Richtung fließen konnte. Nicht dahin, wo der Verkäufer glaubte, daß es hinmüsse, sondern zu den konkreten Problemen der Käuferin. Weil der Verkäufer zeigt, daß er die Welt der Käuferin versteht, ist es ihm gelungen, den Grundstein zu einer echten Partnerschaft zu legen. Er hat den anfänglichen Widerstand der Käuferin gegen eine Veränderung erleichtert, anstatt zu versuchen, diese Bedenken zu entkräften oder »auszuräumen«. Beachten Sie auch, wie das Zuhören der Verkäuferin jene Atmosphäre geschaffen hat, die es der Käuferin ermöglicht, aus sich herauszugehen und auf die eigentlichen Fragen zu sprechen zu kommen.

Dieses Beispiel zeigt, wie eine völlig neue Ebene der Kommunikation und der Partnerschaft erreicht werden kann. Eine solche Beziehung, die auf der Fähigkeit gründet, aufmerksam zuzuhören, erleichtert letztlich den Prozeß der Veränderung.

Den Beschwerden und/oder anderen Problemen des Käufers zuhören

Es bedarf keiner Erwähnung, daß Verkäufer lieber mit zufriedenen Kunden arbeiten; nicht nur, daß es ganz allgemein angenehmer und erfreulicher ist, mit Menschen zu arbeiten, die positiv eingestellt, begeistert und zufrieden sind; solch eine Grundstimmung führt auch zu erfolgreichen Verkaufsgesprächen. Kunden, die ärgerlich, besorgt oder zornig sind, sind nicht in der Lage, ihre Aufmerksamkeit auf das angebotene Produkt oder die Dienstleistung zu konzentrieren. Also ist es in der Regel im Interesse der Partnerschaft, wenn der Verkäufer versucht, Hilfe, Rat oder eine andere Form von Unterstützung anzubieten. Ein Verkaufsgespräch kann so lange keinen erfolgreichen Verlauf nehmen, wie der Kunde seine Probleme nicht zufriedenstellend gelöst hat.

Eine solche Situation kann – aus einer Reihe von Gründen – unter Umständen erst im Laufe eines Verkaufsgesprächs auftreten. Sie kann aber auch schon vorliegen, wenn der Verkäufer zum ersten Mal erscheint. Wichtig dabei ist, Anhaltspunkte für die Verärgerung des Kunden zu erkennen und darauf zu reagieren. Ein solcher Anhaltspunkt dafür, daß der Kunde verärgert ist, kann eine diesbezügliche klare Aussage sein. Bemerkungen wie »Heute morgen wäre ich wohl besser im Bett geblieben«, »Alles, was schiefgehen kann, geht heute schief« und »Ich habe ein Hühnchen mit Ihnen zu rupfen« sagen sogar einem unaufmerksamen Zuhörer, daß etwas nicht in Ordnung ist. Aber viel öfter sind diese Anhaltspunkte subtiler, zumeist sogar unausgesprochen. Der Käufer kann mittels seiner Stimmlage, seiner Mimik oder seiner Gestik verärgert wirken; der Käufer scheint Ihnen aus dem Weg zu gehen oder hat kommentarlos das Geschäftsvolumen mit Ihnen drastisch reduziert.

Verkäufer müssen ihre Sinne schärfen und solchen Signalen höchste Aufmerksamkeit zollen. Nur so können sie so früh wie möglich eine verständnisvolle Aussprache anbieten. Diese ist besonders wichtig, wenn der Kunde Unzufriedenheit mit der Person des Verkäufers oder seinen Produkten und Dienstleistungen erkennen läßt. Werden diese Frühwarnsignale übersehen oder ignoriert, so könnte es bereits zu spät sein, wenn die Unzufriedenheit des Kunden schließlich offen zutage tritt.

Sobald es darum geht, einem anderen Menschen, der verärgert oder in Schwierigkeiten ist, zu helfen, scheinen manche Menschen geradezu eine Gabe zu besitzen, zuzuhören und verständnisvoll zu reagieren. Bei den meisten von uns ist diese Gabe allerdings nicht sehr ausgeprägt oder sogar inexistent. Das ist der Grund, warum die geschickte Anwendung wirkungsvoller Zuhörertechniken von unschätzbarem Wert ist.

Für die meisten Leute ist dies leider nicht die natürliche Reaktion; allzu oft werden Hilfsangebote gemacht, die sich als wenig hilfreich erweisen, sogar dann, wenn sie gut gemeint waren. Diese wenig hilfreichen Versuche kann man am besten als »Kommunikationsblockaden« bezeichnen. Genau das sind sie nämlich häufig: sie bauen eine Barriere vor der Person auf, die sich in Schwierigkeiten befindet, und behindern die weitere Kommunikation.

Natürlich reagiert nicht jeder Mensch ablehnend auf solche blockadeträchtigen Hilfsangebote. Sie bergen jedoch immer ein ziemlich hohes Risiko, sich wenig segensreich auf die weitere Beziehung auszuwirken. Im folgenden werden die acht Hauptarten dieser Blockaden dargestellt. Es gibt selbstverständlich unendlich viele Variationen, aber die hier gezeigten Beispiele sind typisch.

Alle der folgenden Musterdialoge basieren auf derselben Situation: Ein Verkäufer besucht zum ersten Mal einen Kunden, der bislang von seinem Vorgänger betreut wurde. Wie sich herausstellt, hat der Kunde mit dem früheren Verkäufer ausgesprochen schlechte Erfahrungen gemacht: verspätete Lieferungen, geplatzte Termine, Verwechslung von Bestellungen und so fort. All das kommt in einer langen Tirade gegen den früheren Verkäufer, das Unternehmen und seine Produkte zum Ausdruck.

Blockadegruppe 1: abstreiten, beschönigen, ablenken

»Aber so schlimm ist das alles doch nicht.«
»Ich bin davon überzeugt, daß hier nur irgendwo ein kleines Mißverständnis vorliegt.«

»Gut, das war in der Vergangenheit. Jetzt haben wir die Chance, es besser zu machen.«

Hinter all diesen Antworten mag die Absicht stehen, zu helfen. Aber in Wirklichkeit gehen sie einer Auseinandersetzung mit dem Problem aus dem Weg. Der Verkäufer will nicht, daß der Käufer verärgert ist, also versucht er, das Problem unter den Teppich zu kehren. Das kann dazu führen, daß sich der Kunde unverstanden fühlt. Es besteht die Möglichkeit, daß er irritiert und frustriert auf den Verkäufer reagiert und sich unwillig zeigt, mehr über das Problem mitzuteilen.

Blockadegruppe 2: aufmuntern, beschwichtigen, trösten

»Ich bin sicher, daß so etwas nicht mehr vorkommen wird.«
»Sehen Sie es mal von der heiteren Seite. Nun kennen wir die Probleme, bei denen wir anfangen müssen.«
»Machen Sie sich darüber keine Sorgen mehr. Ich verspreche Ihnen, daß das nicht wieder vorkommt.«

Im Gegensatz zu einer weitverbreiteten Ansicht gehen Versuche, jemanden aufzumuntern, normalerweise gründlich daneben. Menschen, die verärgert sind, wollen zuerst einmal angehört werden. Sie wollen auch ihren Gefühlen Luft machen – einfach, um sie loszuwerden. Diese Gruppe von Blockaden hat die Tendenz, die Gefühle des anderen herabzuwürdigen. Sie laufen alle auf den Vorschlag hinaus, sie beiseite zu schieben und zu vergessen. Ein bedrängter Kunde wird das wahrscheinlich von sich weisen und sich abgestoßen fühlen.

Blockadegruppe 3: mitfühlende Entrüstung, Ich-auch-Verhalten, Geschichtenerzählen

»Oje, das ist aber wirklich schlimm.«
»So etwas ähnliches ist mir auch einmal passiert. Das war vor zwei Jahren, und ...«

»Das hätte Ihnen wirklich nicht passieren dürfen. Unsere Firma hätte das schon längst von sich aus lösen sollen.«

Fast niemand fühlt sich durch einen ehrlich gemeinten und warmherzigen Ausdruck des Mitgefühls wie »Es tut mir leid, das zu hören« abgestoßen. Aber sobald der Zuhörer sich zu sehr in den Vordergrund schiebt und mit dem Erzählen von »Kriegsgeschichten« beginnt, um zu beweisen, wie sehr er sich mit dem Problem identifizieren kann, fühlt sich der Käufer möglicherweise ausgeschlossen. Der Person, die in Schwierigkeiten steckt, wird die Möglichkeit genommen, ihren Gefühlen Ausdruck zu verleihen; im Gegenteil, die Rollen sind nun so weit vertauscht, daß der verärgerte Mensch selbst zuhören muß.

Ein anderes Problem mit unehrlichem oder übertriebenem Mitgefühl besteht darin, daß der aufgebrachten Person häufig das Gefühl vermittelt wird, minderwertig oder der Situation nicht gewachsen zu sein. So etwas kann zu Irritationen und Entrüstung führen: »Ich brauche Ihr Mitleid nicht.«

Blockadegruppe 4: beraten, belehren, Anweisungen erteilen

»Also, ich an Ihrer Stelle würde in diesem Fall ...«
»Sie hätten Nancy Smith vom Kundendienstbüro anrufen sollen.«
»Sollten Sie jemals wieder Lieferschwierigkeiten haben, rufen Sie diese Nummer an.«

Rat zu erteilen ist wahrscheinlich die beliebteste Form von »Hilfe« und die am meisten mißbrauchte. Obwohl viele Menschen in einer schwierigen Situation Rat wünschen und ihn sogar erbitten, gibt es ebenso viele, die davon nichts hören wollen. Das gilt besonders, wenn es sich um ungebetene Ratschläge handelt. Und selbst wenn um einen Rat gebeten wurde, wird dieser oftmals auf wertende und kritische Art erteilt; das gibt der verärgerten Person ein noch stärkeres Gefühl der Frustration. Das Erteilen von Anweisungen schließlich beinhaltet das Risiko, im Gesprächspartner feindliche Gefühle hervorzurufen; es kann in ihm den Eindruck hinterlassen, er werde für unfähig gehalten, die Dinge selbst in die Hand zu nehmen.

Blockadegruppe 5: die Sache in die Hand nehmen, den edlen Retter spielen, die Schuld auf sich nehmen

»Lassen Sie mich in der Zentrale anrufen und versuchen, als Kompensation für die Probleme, die Sie durchgemacht haben, einen Rabatt für Sie herauszuholen.«
»Wir hätten Ihre Lage besser im Auge behalten sollen. Wie kann ich das wiedergutmachen?«
»Ich kümmere mich jetzt um diese Probleme. Denken Sie einfach nicht mehr daran.«

Im Gegensatz zu einer weitverbreiteten Ansicht wollen viele Menschen gar nicht gerettet werden. Sie können sich dem unerwünschten Wohltäter gegenüber hilflos, peinlich berührt oder verärgert fühlen. Ein Verkäufer will oftmals die Verantwortung für die Probleme seines Kunden übernehmen, aus Furcht, dieser könne seine Käufe einfrieren, wenn es nicht zu einer raschen Lösung kommt. Solch ein Verhalten kann nicht nur die Verärgerung des Kunden nach sich ziehen. Es kann zu echten Verlusten in Mark und Pfennig für den Verkäufer führen, der angeboten hat, sich um das Problem zu kümmern, oder unnötige Wiedergutmachungen zugesagt hat.

Die Aufgabe des Verkäufers besteht nicht darin, das Problem selbst in die Hand zu nehmen. Er soll lediglich, wenn irgend möglich, geeignete Lösungen dafür vorschlagen.

Blockadegruppe 6: analysieren, sondieren, Detektiv spielen

»Das ist Ihnen möglicherweise deshalb passiert, weil ...«
»Wann, warum, wo, wer, was?«
»Was ist dann passiert, als Sie sich beschwert haben?«

Allzu oft wird eine Analyse oder eine Befragung als Verhör, als Verletzung der Privatsphäre oder als versteckte Kritik aufgefaßt. Das gilt besonders für »Warum«-Fragen. Diese Gruppe von Blockaden ist verwandt mit Gruppe 5. Beide vermitteln den Eindruck, daß der Kunde in Wirklichkeit mit dem Problem nicht fertig wird und es deshalb besser dem Verkäufer überlassen sollte.

Blockadegruppe 7: kritisieren, moralisieren, warnen

»Möglicherweise haben Sie das dadurch ausgelöst, daß Sie zu zögerlich vorgegangen sind.«
»Heutzutage kann man sich wirklich auf niemanden mehr verlassen.«
»Hören Sie, wenn Sie solche Probleme jemals mit mir haben sollten, sollten Sie mir das offen ins Gesicht sagen.«

Häufig steht ein Verkäufer, der diese Art von Blockade verwendet, der verärgerten Person sehr kritisch gegenüber. Als Reaktion darauf kommen negative Gefühle zurück. So wird jede Möglichkeit zur Lösung des Problems ausgeschlossen. Der Einsatz dieser Blockadegruppe zeigt deutlich, daß Ihre eigenen Werturteile Sie am Zuhören hindern.

Blockadegruppe 8: streiten, verteidigen, zum Gegenangriff übergehen

»Mann, das ist aber nicht dieselbe Geschichte, die man uns im Büro erzählt hat.«
»Nun, hier habe ich eine Aktennotiz, aus der hervorgeht, daß versucht wurde, die Angelegenheit mit Ihren Leuten zu klären.«
»He, greifen Sie mich nicht an; es war schließlich nicht mein Fehler.«

Diese letzte Gruppe von Blockaden kommt in der Regel dann vor, wenn der Käufer über den Zuhörer selbst verärgert ist. Der Kunde hat vielleicht eine Stinkwut auf den Verkäufer im Bauch. Aber statt verständnisvoll zu reagieren, fühlt sich der Verkäufer seinerseits beleidigt, zornig und ungerecht beschuldigt. Anstatt zuzuhören und zu helfen, geht er in die Defensive und zum Gegenangriff über. Jetzt ist nämlich auch er erbost. Das Ergebnis? Mißstimmung auf beiden Seiten, und keiner hört dem anderen zu.

Solche Kommunikationsblockaden sind Botschaften, die die Gedanken, Ansichten, Meinungen oder Ratschläge des Verkäufers zum Problem des Kunden und dessen Lösungsmöglichkeiten zum Ausdruck bringen. Sie sagen dem Kunden aber nicht, daß der Verkäufer den Käufer verstanden hat. Die einzige Möglichkeit, ihn das wissen zu lassen, besteht darin, Ihre eigenen Ansichten beiseite zu lassen und durch aktives Zuhören zu antworten.

Kundenreklamationen

Wenn Kunden die Geschäftsbeziehung zu einem Unternehmen abbrechen, sind zumeist nicht fehlerhafte Produkte oder mangelhafte Dienstleistungen dafür verantwortlich. Einer der Hauptgründe liegt im falschen Umgang mit Reklamationen. An die folgenden drei Dinge sollten Sie immer denken, wenn ein Kunde reklamiert:

1. Die Geschichte wird fast immer stark übertrieben sein, wenn sie Ihnen zum ersten Mal zu Ohren kommt.
2. Das fehlerhafte Produkt oder die mangelhafte Dienstleistung ist zumeist nicht der wesentliche Punkt, den der Kunde auf dem Herzen hat. Was er wirklich sucht, ist jemand, der seiner Beschwerde zuhört.
3. Der Kunde hat möglicherweise Ihre Antwort bereits unrichtig vorweggenommen. Er erwartet, daß Sie ihm widersprechen, mit ihm streiten werden und so weiter. Deshalb hat er einen

Schutzwall errichtet. Machen Sie sich auf ein Sperrfeuer ablehnender Antworten gefaßt, wobei es beinahe gleichgültig ist, was Sie sagen.

Es gibt gute Gründe, warum Kunden bei der Mitteilung ihrer Reklamationen so häufig auf der Hut und/oder verärgert sind. Vielleicht hat der Kunde einen schlechten Tag, und es sind bereits andere Dinge schiefgelaufen, die überhaupt nichts mit Ihrem Produkt oder Ihrer Dienstleistung zu tun haben. Sobald dann auch nur ein unbedeutendes Problem mit Ihrem Unternehmen auftaucht, richtet der Kunde seinen ganzen Zorn auf Sie. Oder aber er hatte schon früher einmal dasselbe oder ein ähnliches Problem mit Ihrem Unternehmen. Und jetzt hat er den Eindruck, man hätte ihn damals nicht ernst genommen. Also wird er sich schon deshalb in Rage reden, um dieses Mal sicherzustellen, daß seine Botschaft wirklich ankommt.

Die folgende Überlegung sollten Sie immer im Hinterkopf behalten: Ein zorniger Kunde, der mit einem Problem zu Ihnen kommt, gehört zu den besten Dingen, die Ihnen überhaupt passieren können. Das mag auf den ersten Blick geradezu lächerlich klingen, aber denken Sie einmal darüber nach.

Erstens ist allein schon die Tatsache, daß der Kunde seinen Zorn oder seine Frustration bei Ihnen abladen möchte, ein Zeichen seiner Zuversicht, daß Sie etwas daran zu ändern vermögen. Würde er ernsthaft glauben, daß Sie ihm bei der Bewältigung seines Problems nicht helfen könnten oder würden, so würde er sich gar nicht erst bei Ihnen beschweren. Obwohl seine Worte vielleicht dunkel klingen mögen, befindet er sich in Wirklichkeit in einer hoffnungsvollen und ziemlich positiven Geistesverfassung.

Zweitens, hätte der Kunde kein Vertrauen zu Ihnen und würde er die Reklamation für sich behalten, wäre die Wahrscheinlichkeit ziemlich groß, daß er sich einfach »verabschieden« und seine Aufträge bei einem Ihrer Konkurrenten plazieren würde. Außerdem zeigen Forschungsergebnisse, daß er Ihr Unternehmen gegenüber nicht weniger als zwanzig anderen Leuten schlechtmachen würde.

Sobald Sie von einem Kunden eine Beschwerde über die Produkte oder Dienstleistungen Ihres Unternehmens hören, sollte in Ihrem Kopf ein rotes Lämpchen aufleuchten mit der Aufschrift »Halt, hinsehen und zuhören«.

Halt: Lassen Sie alles stehen und liegen, was Sie gerade tun.
Hinsehen: Sehen Sie sich Ihren Kunden genau an.
Zuhören: Hören Sie ihm aufmerksam zu, um Ihr Verständnis für das, was er sagt, zu beweisen.

Wenn Sie Ihre Fähigkeiten zum aktiven Zuhören gezielt einsetzen, vermitteln Sie dem Kunden das Gefühl, daß Sie alles ernst nehmen, was er sagt. Psychologen haben herausgefunden, daß Menschen, wenn sie das Gefühl haben, daß ihre stärksten Gefühle und Überzeugungen verstanden werden, es nicht mehr für nötig erachten, sich ständig zu wiederholen. Das würden sie aber sehr wohl tun, wenn sie sich nicht gleich beim ersten Mal Gehör verschaffen konnten. Durch Ihr Verständnis für die Haltung des Kunden sind Sie besser in der Lage, ihm bei der Hilfe nach einer passenden Lösung seines Problems behilflich zu sein.

Sehen wir uns drei mögliche Szenarios an, wie solche Lösungen für das Problem des Kunden aussehen könnten.

Szenario 1: Nachdem er Dampf abgelassen hat und auf Verständnis gestoßen ist, schlägt der Kunde eine Lösung vor:

> *»So, jetzt fühle ich mich schon besser.«*
> *»Ich bin froh, daß zumindest jemand meine Beschwerde versteht.«*
> *»Also, machen wir weiter. Schließlich machen wir alle Fehler. Achten wir nur darauf, daß das nicht wieder vorkommt.«*
> *»Schicken Sie mir eine neue Lieferung, ich sende Ihnen die fehlerhaften Produkte zurück, und Schwamm drüber.«*

Wenn die Lösung, die der Kunde vorschlägt, für Sie und Ihr Unternehmen akzeptabel ist, reicht es, wenn Sie zustimmen und dafür sorgen, daß es so gemacht wird.

Szenario 2: Der Kunde schlägt keine eigene Lösung vor und gibt den Ball an Sie weiter. Wenn es in Ihrem Unternehmen eine standardisierte Verfahrensweise für solche Fälle gibt, schlagen Sie diese Lösung vor und hoffen, daß der Kunde dem zustimmt.

Szenario 3: Die vom Kunden vorgeschlagene Lösung ist für Sie nicht annehmbar. Ihr Gegenvorschlag ist aber für den Kunden nicht zufriedenstellend. Ein Konflikt zeichnet sich ab. Einen speziellen Ansatz zur Problemlösung und Konfliktbereinigung, bei dem beide Seiten gewinnen oder zumindest keiner verliert, finden Sie im neunten Kapitel.

Sonstige Probleme

Es gibt auch Situationen, in denen sich der Käufer über etwas anderes als Sie oder Ihr Unternehmen ärgert. Solch ein Problem kann dennoch seine Fähigkeit beeinträchtigen, sein Augenmerk auf das Geschäft mit Ihnen zu richten. Zeigt der Gesprächspartner Anzeichen eines solchen Zustandes, sollte sich in Ihrem Kopf sofort ein rotes Fähnchen aufrichten. Wechseln Sie auf der Stelle das Thema, und geben Sie dem Käufer die Möglichkeit abzuladen, was ihn bedrückt. Vielleicht gelingt es ihm bei dieser Gelegenheit sogar, sein Problem zu lösen. Solche Probleme können persönlicher Natur sein, wie etwa ein Krankheitsfall in der Familie, ein Sohn, der zur Bundeswehr muß, die Scheidung eines guten Freundes oder ein Konflikt zu Hause. Oder es kann sich um Probleme bei der Arbeit handeln, wie etwa der Autounfall eines Kollegen, der kürzliche Herzanfall des Chefs, ein plötzlicher Markteinbruch oder eine neue Gesetzesvorschrift, die seinen Aufgabenbereich betrifft – also jegliches Problem, das ihm Sorgen bereiten und seine Fähigkeit, sich auf Ihr Gespräch zu konzentrieren, beeinträchtigen könnte.

Verkäufer fragen sich oft, ob es klug ist, Käufer zu ermutigen, über ihre persönlichen Angelegenheiten zu sprechen. Sie machen sich Sorgen wegen all der Zeit, die das in Anspruch nehmen könnte. Denn schließlich handelt es sich doch um eine geschäftliche Besprechung. Aber sehen wir uns einmal das folgende Gespräch an und welche Ergebnisse der Verkäufer mit seiner Vorgehensweise erzielt.

Verkäufer: Hallo, Jim, wie geht's Ihnen heute?
Käufer: Nicht besonders! Die Firma hat gerade neue Kündigungen bekanntgegeben, und unsere halbjährliche Managementkonferenz in San Francisco wurde abgesagt. Wer weiß, was als nächstes kommt.
Verkäufer: Jaja, das Leben ist schwer da draußen. Irgend etwas muß sich ändern, oder wir werden alle auf der Straße stehen. Zufälligerweise habe ich hier etwas, das ich Ihnen gerne zeigen würde. Es könnte Ihnen dabei helfen, etwas Geld bei der neuen Anlage, nach der Sie suchen, zu sparen.

Der Käufer ist verstimmt und abgelenkt, aber der Verkäufer will verkaufen. So werden keine Synergien in einer Beziehung erzeugt. Man hat lediglich das eigene Vorhaben im Sinn und sonst gar nichts. Weiter unten werden wir sehen, wie man mit derselben Situation anders umgehen kann.

Wenn der Kunde ein Problem hat, versuchen Sie ihm zuzuhören. Es ist wirklich ganz einfach. Eine Geschäftsbesprechung kommt ohnehin so lange nicht zustande, bis der Käufer sein Problem gelöst hat. Er ist so beschäftigt mit seinen eigenen Gefühlen, daß er jedes Angebot, das Sie ihm machen wollen, abblocken wird. Das ist der richtige Zeitpunkt, um in eine dauerhafte Beziehung zu investieren.

Es ist von großer Wichtigkeit, daß Sie dem Käufer so lange zuhören, bis eine der folgenden vier Bedingungen erfüllt ist:

1. bis er seinen Gefühlen Luft gemacht hat und Ihnen sagt oder nonverbal durch einen tiefen Seufzer oder etwas ähnliches zu verstehen gibt, daß Sie jetzt fortfahren und wieder über das Geschäft sprechen können;
2. bis er selbst zu einer Lösung seines Problems gelangt, was manchmal der Fall ist; nun ist die Ursache seiner unangenehmen Gefühle beseitigt, und er ist wieder in der Lage, eine geschäftliche Besprechung abzuhalten;

3. bis es klar für Sie ist, daß der Käufer dermaßen aufgeregt oder verärgert ist, daß es unmöglich ist, die Besprechung fortzusetzen; in einem solchen Fall ist es angebracht, einen neuen Termin zu vereinbaren;
4. bis Sie sich selbst in einer Situation wiederfinden, in der Ihre eigenen Bedürfnisse zu kurz kommen – wenn Sie nicht genügend Zeit haben oder das Thema für Sie zum Problem wird: etwa, wenn Sie eine andere Verabredung einhalten müssen oder es Ihnen äußerst unangenehm ist, sich seine schmutzige Scheidungsgeschichte anzuhören; dann ist es an der Zeit, sich auf Ihre eigenen Bedürfnisse zu besinnen; hier ist es angemessen, die eigenen Ansprüche durchzusetzen.

Zuhören hilft, den anfänglichen Ausbruch des Kunden zu entschärfen. In manchen Fällen, wie im folgenden Beispiel, kommen durch Zuhören auch tiefergehende Probleme zum Vorschein. So können auch diese besprochen werden.

Sehen wir uns nun eine Situation an, die es erfordert, einem persönlichen Problem des Käufers zuzuhören. Wir kehren dafür zu unserem Beispiel des Käufers zurück, der wegen der Absage der Managerkonferenz verstimmt ist.

Verkäufer: Hallo, Jim, wie geht's Ihnen heute?

Käufer: Nicht besonders! Die Firma hat gerade neue Kündigungen bekanntgegeben, und unsere halbjährliche Managementkonferenz in San Francisco wurde abgesagt. Wer weiß, was als nächstes kommt.

Verkäufer: Das klingt ganz so, als ob die Situation hier wirklich eng würde.

Käufer: Ja, aber ganz so schlimm ist es wohl doch nicht. Im Vergleich zu anderen hält sich unsere Firma ganz gut. Aber die Typen in den oberen Etagen benutzen die schlechte allgemeine Wirtschaftslage als Entschuldigung. Sie streichen einfach all das weg, was sie ohnehin nicht mehr haben wollen, ohne Rücksicht auf Verluste.

Verkäufer: Sie haben also Vorbehalte hinsichtlich dieser Kürzungen.

Käufer: Genau. Ich sage ja nicht, daß wir mit unseren Ausgaben nicht vorsichtig umgehen sollten. Aber diese Konferenz stellt immer eine ausgezeichnete Gelegenheit dar, den Erfolg, den wir im abgelaufenen Halbjahr hatten, anzuerkennen und jene Leute, die sich wirklich abgerackert haben, dafür zu belohnen. Ich glaube, wir sind auf dem falschen Dampfer, wenn wir diese Konferenz abblasen.

Verkäufer: Mit anderen Worten, Sie glauben, daß sie wirklich etwas bringt.

Käufer: Natürlich glaube ich das. Und der andere Aspekt ist, daß die Leute diese Konferenz als Gelegenheit betrachtet haben, die Schwierigkeiten bei der Umsetzung unseres Qualitätsverbesserungsprogramms durchzusprechen. Die Absage der Konferenz wird nun sicherlich als Abwertung des ganzen Programms aufgefaßt werden. So nach dem Motto: Qualität ist schön und gut, solange sie nichts kostet.

Verkäufer: Ich weiß genau, was Sie meinen. Das sieht so aus, als ob man sich auf die Vorgaben der Geschäftsleitung nicht verlassen kann.

Käufer: Ja, Sie haben es erfaßt. (Schweigen) Aber jetzt erst dämmert mir, warum ich wirklich am meisten verärgert bin.

Verkäufer: So?

Käufer: Also, meine Frau wird wirklich enttäuscht sein. Sie sollte mich auf dieser Reise begleiten und hatte vor, etwas Zeit mit unserer Tochter in San José zu verbringen, während ich an der Konferenz teilnehme. Und am Freitag wollten wir übers Wochenende gemeinsam zum Nappa Valley hochfahren und erst am Montag heimfliegen. Mann, ihr das beizubringen wird nicht leicht sein.

Verkäufer: Auf diese Unterhaltung freuen Sie sich nicht besonders.

Käufer: Das stimmt. Aber das ist erst heute abend. Entschuldigen Sie, daß ich Sie so zugeredet habe. Sehen wir uns mal diese Zahlen an, die Sie da mitgebracht haben.

Indem er dem Käufer gestattet, seinen Gefühlen Luft zu machen, kann der Verkäufer nun zum geschäftlichen Teil kommen. Er sitzt nun einem Gesprächspartner gegenüber, der sich vollständig auf die Besprechung konzentriert. Mehr noch, der Verkäufer hat seine Anteilnahme an den Angelegenheiten des Käufers und seine Wertschätzung für ihre Beziehung zum Ausdruck gebracht – über die geschäftliche Seite hinaus. Es stellte sich heraus, daß der Käufer nicht sein Innerstes entblößen wollte, sondern einfach Dampf ablassen mußte. In diesem Fall hat der Verkäufer ein paar Minuten geopfert, die möglicherweise die Beziehung erheblich gefestigt haben.

Zusammenfassung des Kapitels

1. Die drei wichtigsten Anwendungsbereiche für die Techniken des Zuhörens während des Kauf- und Verkaufsprozesses sind,
   - während man auf unerfüllte Bedürfnisse oder Befürchtungen achtet, die dem Käufer in Schritt 1 seines Entscheidungsprozesses auf dem Herzen liegen;
   - während man den Einwänden des Käufers gegen Veränderungen zuhört;
   - während man Beschwerden und/oder Problemen des Käufers zuhört.
2. Fallen, die man in Schritt 1 des Entscheidungsprozesses des Käufers unbedingt vermeiden muß, sind:
   - das Gespräch durch Suggestivfragen zu steuern;
   - den Käufer durch »Warum«-Fragen zu zwingen, seine Haltung zu verteidigen;
   - die Aussage des Käufers zu beurteilen und zu bewerten;
   - bei jedem Kaufsignal sofort mit aktivem Verkauf zu beginnen.
3. Um den Prozeß der Veränderung zu unterstützen, wird ein guter Verkäufer
   - die Empfindungen des Käufers gegenüber diesem Prozeß verstehen und akzeptieren, indem er aktiv zuhört;
   - die Mentalität »Bedenken sind auszuräumen« vermeiden;
   - zuhören, um verborgene zentrale Fragen, die mit der bevorstehenden Veränderung zusammenhängen, zum Vorschein zu bringen.

4. Kommunikationsblockaden behindern den Problemlösungsvorgang und wirken sich negativ auf die Beziehung aus. Wenn solche Blockaden angewandt werden, fühlt sich der Gesprächspartner nicht anerkannt oder verstanden.
5. Wenn man auf eine Kundenreklamation reagiert, ist es wichtig,
   - *aufzuhören* mit dem, was man gerade tut;
   - den Kunden aufmerksam *anzusehen*;
   - aktiv *zuzuhören*, um Ihr Verständnis für die Aussage des Kunden zu zeigen.
6. Dem Problem eines Kunden sein Ohr zu leihen
   - zeigt, daß Sie sich für sein Problem interessieren;
   - führt zu wesentlichen Fragen, die gelöst werden müssen;
   - bildet die Grundlage für eine wirksame Problemlösung.

Sechstes Kapitel

Wie man sich anderen besser mitteilt

Deinem eigenen Selbst sei treu.

Shakespeare

Offene Kommunikation ist zweifellos am einfachsten, wenn man davon ausgehen kann, daß der Gesprächspartner alles, was man tut oder sagt, bereitwillig akzeptieren wird. Schwieriger ist offenes Verhalten, wenn wir Widerspruch, Widerstand, Werturteile oder sogar Kritik von anderen riskieren. Ständig wägen wir die Risiken, die ein bestimmtes Verhalten birgt, gegen die Vorteile ab, die wir daraus ziehen könnten. Kann ich meinem Kunden sagen, was ich wirklich über seine Entscheidung denke? Oder darüber, daß er zu spät zu unserer Verabredung erschienen ist? Kann ich bei einer Verkäuferkonferenz meine Meinung sagen, ohne daß die anderen mich für einen Querulanten halten? Kann ich meinem Chef wirklich offen sagen, was ich von dem neuen Entlohnungsschema halte, ohne daß dies Einfluß auf meine jährliche Personalbeurteilung hätte? Darf ich zu einem Kunden »Nein« sagen, wenn seine Forderung meinen Grundüberzeugungen widerspricht? Kann ich in meiner Firma auch einmal Druck machen, um die Bedürfnisse meiner Kunden durchzusetzen, oder riskiere ich damit, jemanden zu verärgern, mit dem ich tagtäglich zusammenarbeiten muß? Das sind schwierige und manchmal höchst unangenehme Entscheidungen. Trotz allem ist der mögliche Lohn für authentischeres Verhalten enorm – für Sie selbst ebenso wie für Ihr Verhältnis zu anderen.

Der offensichtlichste Vorteil ist natürlich, daß Sie sich selbst mehr mögen werden. Authentisches Verhalten führt zu einem stärkeren Selbstvertrauen und zu mehr Selbstachtung. Sie werden sich in Ihrer eigenen Haut wohler fühlen – nicht nur als Verkäufer, sondern auch als Mensch. Wenn Sie im Umgang mit Menschen offen, ehrlich und ungekünstelt sind, werden Sie sich selbst stärker, sicherer und selbstbewußter fühlen.

Wenn Sie sich authentisch verhalten, bekommen die anderen ein besseres Verständnis davon, wer Sie wirklich sind. Ihre Kunden werden wissen, auf welche Dinge Sie besonderen Wert legen, wenn Sie mit ihnen Geschäfte machen; sie werden über Ihren Standpunkt zu bestimmten Fragen nicht im dunkeln gelassen. Unsicherheit wird durch ein genaues Bild davon ersetzt, wer Sie wirklich sind und wofür Sie stehen.

Das ist für den Aufbau einer Partnerschaft wichtig. Offen und direkt zu sein ermutigt Ihre Kunden und andere Mitmenschen stets dazu, sich Ihnen gegenüber ähnlich zu verhalten. Vertrauen kann entstehen, und im Verkauf ist Vertrauen ein wesentlicher Bestandteil des Erfolges. Vertrauen entsteht, wenn der Verkäufer als natürlich und ungekünstelt empfunden wird, ohne Maske oder Fassade. Nehmen Sie Ihre Maske des professionellen Verkäufers ruhig ab, und lassen Sie Ihr wahres Ich zum Vorschein kommen.

Authentizität, auf Menschen angewandt, kann mitunter ein schwer greifbares Konzept sein. Jeder kann mit Adjektiven wie *echt, natürlich* und *ungekünstelt* etwas anfangen. Aber der Verkauf im neuen, synergetischen Modell berührt tieferliegende Fragen. Authentizität impliziert auch, eigenständig zu denken und sich von dem Autopiloteneffekt zu lösen, der Ihnen durch Ihre bisherige Schulung eingeimpft wurde. Denken Sie immer daran, daß Ihre bisherigen Erfahrungen Ihre persönlichen Paradigmen formen, Ihr System von Überzeugungen. Diese Paradigmen bestimmen Ihr Verhalten. Sie bestimmen, was Sie denken, was Sie sagen und was Sie nicht sagen.

Diese Paradigmen entwickelt man sehr früh im Leben. Viele Menschen werden sich erinnern, daß man ihnen immer gesagt hat: »Rede nicht, wenn du nicht gefragt worden bist«, und: »Kinder soll man sehen, aber nicht hören.« Wir wurden kritisiert für Weinen, Schreien, Rufen und wenn wir andere Kinder schlugen. Und so haben wir die Botschaft verinnerlicht, daß es *in keiner Weise akzeptabel ist, unsere eigene Persönlichkeit auszudrücken.*

Als wir dann schon zur Arbeit gingen, war die Botschaft wieder dieselbe: »Nur ja nicht für Unruhe sorgen«, oder: »Die Nase immer schön unten halten.« Ein Teilnehmer eines unserer neueren Seminare erzählte, daß sein gegenwärtiger Chef zu ihm gesagt hatte: »Entweder so, wie ich es sage, oder du fliegst!« Und viele Verkäufer bekommen zu hören: »Der Kunde hat immer recht.« Die Botschaft ist dieselbe: halte dich an die Regeln, tu, was man dir sagt, stelle keine Fragen, sei professionell, zeige deine Gefühle nicht, und so weiter.

Während unseres ganzen Lebens wurde der Ausdruck unserer eigenen Persönlichkeit gehemmt und unterdrückt. Auch Sie bringen eine solche Vorgeschichte mit, während Sie dieses Kapitel lesen. In unseren Seminaren über Synergetischen Verkauf absolvieren die Teilnehmer eine Übung, die zeigt, wie ihre eigene Konditionierung eine authentische Kommunikation behindert und ihre Fähigkeit beeinträchtigt, mit anderen Menschen umzugehen. In dieser Übung werden die Teilnehmer gebeten, jemanden innerhalb ihres Unternehmens anzugeben, der häufig im Wege steht, wenn ein Kundenwunsch erfüllt werden soll. Als nächstes werden die Teilnehmer gebeten, einen aus ihrer Sicht wahrscheinlichen Gesprächsverlauf zu notieren, der sich ergäbe, wenn sie den Kollegen mit ihrem Problem konfrontieren würden. Schließlich werden sie ersucht, am Rand festzuhalten, was sie zwar denken, dem anderen während des Gesprächs aber nicht sagen. Ein typisches Beispiel einer solchen Übung sieht folgendermaßen aus.

Feststellung des Problems: Ich habe ein Problem mit Mark, dem Kundendienstleiter, weil er mir nicht rechtzeitig die Informationen zur Verfügung stellt, die ich benötige, um die Anfragen meiner Kunden zu beantworten.

Die Niederschrift des Gesprächsverlaufs lautete wie folgt:

1. *Ich:* Mark, ich habe bereits dreimal angerufen, um dieses einfache Layout, das ich für den Kunden XYZ brauche, zu bekommen. Was ist eigentlich los bei euch?
2. *Mark:* Schauen Sie, Tom, ich kann Sie ja verstehen. Aber es tut

mir leid, wir können uns hier vor lauter Arbeit nicht retten. Mit diesem neue Marketingprogramm sind wir völlig ausgelastet.

3. *Ich:* Schön zu hören, daß das Geschäft so gut läuft. Also, haben Sie jetzt die Überarbeitung des Entwurfes, den ich für meinen Kunden benötige?
4. *Mark:* Noch nicht, aber ich rufe Sie heute nachmittag gegen vier Uhr nochmals an.
5. *Ich:* Kann ich mich darauf verlassen?
6. *Mark:* Ja, wenn ich Johnson auftreiben kann. Er muß den Entwurf nochmals überprüfen und ihn genehmigen.
7. *Ich:* Hören Sie, Mark, keine Spielchen bitte. Erwischen Sie diesen Johnson, und schicken Sie mir den neuen Entwurf noch heute rüber. In Ordnung?
8. *Mark:* In Ordnung.

An den Rand schrieb der Teilnehmer das, was er sich jeweils gedacht, zu Mark aber nicht gesagt hatte:

1. Na, endlich geht er einmal ans Telefon. Anscheinend hat er heute vergessen, seinen Anrufbeantworter einzuschalten.
2. Ihr Typen seid ja ständig überlastet. Ich habe in meinem ganzen Leben noch nie ein solches Durcheinander erlebt. Es ist schwieriger, meiner eigenen Firma Informationen zu entlocken als meinen Kunden.
3. Er will mich schon wieder vertrösten.
4. Was soll das heißen, »wenn Sie Johnson auftreiben können«? Sein Büro ist gleich den Gang runter!
5. Du kapierst es einfach nicht! Ich strample mich hier ab, damit Geschäft hereinkommt. Ich habe einen Kunden, der darum bitten muß, bei uns kaufen zu dürfen. Wir sollten auf seine Wünsche Rücksicht nehmen. Was ist daran bloß so schwierig?

Im Anschluß an diese Übung kommt es im Rahmen unserer Seminare über Synergetischen Verkauf regelmäßig zu interessanten Diskussionen über die Frage »Was hält Sie davon ab, die stummen Kommentare am Rand auszusprechen?«. Die Teilnehmer geben dann Antworten wie: »Es könnte den Gesprächspartner beleidigen«, »Das könnte einen Konflikt heraufbeschwören«, »Ich muß mit diesem Menschen täglich arbeiten«, »Er könnte es mir irgendwie heimzahlen«.

Wegen der möglichen Konsequenzen, die es hätte, den anderen zu verärgern, sagen die Menschen in einem Gespräch nicht das, was sie wirklich denken. Diese Angst hängt mit ihrer Konditionierung aus der Vergangenheit und den daraus entwickelten Paradigmen über den Umgang mit den Mitmenschen zusammen. Das ist ein gutes Beispiel für die Wirkung des Paradigmas, das nur Gewinner und Verlierer zuläßt und das unser Leben so stark beeinflußt. Kaum jemand erkennt, wie er den eigenen Bedürfnissen entsprechend reden und handeln kann und dennoch gleichzeitig dafür sorgen kann, daß der Gesprächspartner bei diesem Prozeß nicht als Verlierer dasteht. Selbst die Angst, daß eine ehrliche Aussage einen Konflikt hervorrufen könnte, hat ihren Ursprung in unseren bisherigen Erfahrungen, die besagen, daß immer einer gewinnen und ein anderer verlieren muß, sobald zwei Menschen in einen Konflikt geraten. Deshalb tendieren wir dazu, Konflikte um jeden Preis zu vermeiden.

Aus dieser Seminarübung können wir einiges über unausgesprochene Kommunikation lernen. Zunächst läuft das Nichtaussprechen dem Wunsch, den Kunden zufriedenzustellen, entgegen. Sobald wir die Teilnehmer unseres Kurses auffordern, die Hand zu heben, falls die Zufriedenheit der Kunden für sie ganz oben steht, wird jeder einzelne von ihnen das ohne zu zögern tun. Aber wer ist denn langfristig der Verlierer, wenn interne Probleme wie das oben geschilderte nicht gelöst werden? Der Kunde.

Unsere Teilnehmer sind jedesmal ganz überrascht, wenn ihnen bewußt wird, daß ihnen mehr am freundlichen Umgang miteinander und dem Vermeiden unangenehmer Gespräche gelegen ist als am Dienst an ihren Kunden. Dann gehen sie in die Defensive und machen ein Dutzend Vorschläge, wie man das Problem auf andere Art und Weise lösen könnte. Appelliere an ihn, das Problem dem Kunden zuliebe aus der Welt zu schaffen, übergehe ihn, gehe zu deinem Vorgesetzten, und so fort. Jeder hat seine eigene Strategie entwickelt, um mit Schwierigkeiten innerhalb der

Firma umzugehen. Alle diese Strategien haben ihren Ursprung in der Mentalität, die besagt, daß immer der eine gewinnen, der andere aber verlieren muß – eine Mentalität, die unser Verhältnis zu anderen durchdringt und lähmt. Nur selten kommt in diesen Diskussionen der Vorschlag: »Sage ihm deine Meinung.«

Es ist wichtig, daß Verkäufern die Bedeutung von alldem bewußt wird. Wenn etwas schiefläuft oder nicht erledigt wird, geben wir anderen die Schuld, statt unserer Pflicht nachzukommen, das Problem offen zu besprechen. Sehen Sie sich einmal an, wie Sie und die Menschen in Ihrer Umgebung sich gegenseitig die Schuld zuschieben und sich dennoch nie etwas ändert. Die gleichen Probleme und Situationen treten immer und immer wieder auf. Der Grund liegt darin, daß die Gespräche, die den Kern der Dinge berühren würden, nicht geführt werden.

Eine zweite Lehre aus diesem Beispiel ist, daß wir in unserer Kommunikation mit anderen nicht die Wahrheit sagen. Die Seminarteilnehmer fühlen sich jedesmal auf den Schlips getreten, wenn sie das zu hören bekommen. Jeder möchte von sich selbst glauben, daß er die Wahrheit sagt. Aber in Wirklichkeit sagt man normalerweise nur das, was gerade akzeptabel erscheint. Und was »akzeptabel« ist, wird durch das beschränkte Denken des herkömmlichen Paradigmas bestimmt, das nur Gewinner und Verlierer zuläßt.

Die tatsächliche Folgerung aus alldem ist unter anderem, daß man sich respektlos verhält. In Wirklichkeit lassen Sie Ihren Gesprächspartner wissen, daß er das Risiko nicht lohnt oder daß Sie ihm nicht zutrauen, mit dem, was Sie zu sagen haben, richtig umzugehen. Mit der Zeit wird es immer schwieriger, ein produktiveres Verhältnis zum anderen aufzubauen, da diese unausgesprochenen Gedanken in Ihrem Kopf anwachsen und die Kommunikation zwischen Ihnen beiden blockieren. In Wahrheit ist es die unausgesprochene Kommunikation zwischen zwei Menschen, die die Qualität ihrer Beziehung zueinander beeinflußt – weit mehr als das, was gesagt wird. Denken Sie einen Moment über diesen Punkt nach und über die Folgen, die das für Ihre Beziehungen zu anderen hat.

Sie bringen Ihre wirklichen Bedürfnisse nicht zum Ausdruck,

also können diese auch nicht befriedigt werden. Sie bleiben als Verlierer zurück. Verlierer aber grollen den Gewinnern. Und dieser Groll gegenüber dem anderen äußert sich zumeist auf irgendeine Weise.

Authentisch zu sein ist ein Charakterzug, der die Beziehungen zu anderen verbessert und Ihre eigene Selbstachtung erhöht. Trotzdem liegt darin ein interessantes Paradoxon. Wenn Sie die Leute fragen, worauf sie in einer Beziehung besonderen Wert legen, werden sie Ihnen antworten: Aufrichtigkeit und Ehrlichkeit. Dazu fallen ihnen positive Äußerungen ein wie »Man weiß immer, woran man bei ihm ist« oder »Bei Sally gibt es keine Hintertüren« oder »Jim ist ein gerader Bursche«. Aber sobald man sie auffordert, selbst offen zu sein, zögern die Menschen – sie haben Angst vor dem, was die anderen dann denken könnten.

Die dritte Lektion aus unserem Beispiel ist, daß es Ihre Beziehungen zu anderen verbessern wird, wenn Sie hinter Ihrer Maske hervorkommen und sich als wirklicher Mensch mit wirklichen Problemen und Gefühlen geben. Psychologen nennen das »kongruent sein«. Ihre innersten Gedanken und Gefühle passen zu dem, was Sie zeigen oder auf Ihre Umwelt ausstrahlen – am Beispiel der oben beschriebenen Übung hieße das, die unausgesprochenen Kommentare auszusprechen.

Verkäufer, die ihre Maske des Verkaufsprofis ablegen und in ihrer Kommunikation kongruenter werden, ebnen dem Käufer den Weg, es ihnen nachzutun. Das Ergebnis sind ehrlichere Kommunikation in beide Richtungen und bessere Kaufentscheidungen. Das wiederum führt zu einer höheren Kundenzufriedenheit.

Es erfordert Mut zum Risiko, um das Unausgesprochene mitzuteilen und sich Käufern gegenüber authentischer zu verhalten. Aber dieses Risiko kann wesentlich verringert werden, wenn man lernt, wie man selbstentschlüsselnde Nachrichten aussendet.

Zu sagen, was man denkt, ist eine vorzügliche und anregende Art der Kommunikation. Dennoch läßt ihre bisherige Programmierung den meisten Leuten nur zwei Alternativen offen, nämlich entweder unterwürfig oder aggressiv zu sein. Typischerweise fallen das Verhalten und die Kommunikation der meisten Leute in eine dieser beiden Kategorien.

Unterwürfiges Verhalten bedeutet, nicht seine ehrlichen Gefühle, Bedürfnisse oder Werte mitzuteilen; oder sie auf eine solch zurückhaltende Weise auszudrücken, daß die anderen Menschen sie ignorieren. Unterwürfige Menschen gehen sehr weit, um Konflikte mit anderen zu vermeiden. Sie ordnen ihre Bedürfnisse denen der anderen unter und werden auf diese Weise oft zornig, frustriert und verbittert.

Weil unterwürfige Menschen oft übersehen oder ignoriert werden, verstärkt sich ihre Überzeugung, daß sie nicht wichtig seien. So etwas wird leicht zu einer selbsterfüllenden Prophezeiung.

Unter den unterwürfigen Menschen weit verbreitet ist das »Netter-Kerl«- oder »Liebes-Mädel«-Syndrom. Wegen ihrer Konditionierung im herkömmlichen Paradigma, das nur Gewinner und Verlierer zuläßt, stellen solche Leute ihre eigenen Bedürfnisse hintan. Nette Kerle und liebe Mädels sind davon überzeugt, daß die einzige Alternative zu »nett« »nicht nett« lautet. Sie beschränken ihre möglichen Verhaltensweisen auf unterwürfig oder aggressiv.

Beispiele für unterwürfiges Verhalten sind in der Verkaufsbranche weit verbreitet. Ein Grund dafür ist, daß die meisten von uns nicht als typischer Rambo angesehen werden wollen. Also schlagen sie ins andere Extrem um. In Wirklichkeit aber signalisiert ein Verkäufer, der unterwürfig auftritt, seinem Kunden: »Ich bin nicht wichtig, und was ich zu sagen habe, ist daher auch nicht von Bedeutung.«

Aggressives Verhalten auf der anderen Seite bedeutet zwar, daß die eigenen Bedürfnisse befriedigt werden, allerdings häufig auf Kosten anderer. Aggressive Menschen bringen ihre Bedürfnisse und Ansichten offen zum Ausdruck. Allerdings geschieht das auf eine Art und Weise, die den anderen erniedrigt. Einfach ausgedrückt, sind aggressive Menschen insensibel gegenüber den Bedürfnissen ihrer Mitmenschen. Aber nicht jedes aggressive Verhalten ist offensichtlich. Manche Menschen befriedigen ihre Bedürfnisse auf Kosten der anderen mittels Manipulation, Sabotage oder auch durch stillen, hartnäckigen Widerstand.

Die meisten Menschen sehen Unterwürfigkeit und Aggressivität als ihre einzigen Alternativen an. Ihre Konditionierung beschränkt sie auf ein Entweder-oder-Denken. Deshalb tendieren viele Leute so lange zu einem unterwürfigen Verhalten, bis ihr Unmut überkocht, in welchem Moment sie auf aggressives Verhalten umschalten. Ebenso sind manche Leute so lange aggressiv, bis sie von Schuldgefühlen übermannt werden, worauf sie dann in Passivität verfallen. Unter solchen Vorzeichen ist in der Vergangenheit verkauft worden. Man kann es sich nicht leisten, schwach zu sein (der Verlierer), also muß man stark sein (der Gewinner). Das sind die Konsequenzen des herkömmlichen Paradigmas.

Aber es gibt eine dritte Möglichkeit. Eine Möglichkeit, die wesentlich ist für die Entstehung von synergetischen Beziehungen – nämlich freundliche Bestimmtheit. Menschen, die sich so verhalten, wissen, was sie wollen, und sind in der Lage, diese Wünsche deutlich zum Ausdruck zu bringen. Allerdings tun sie das auf eine Art und Weise, die die Rechte anderer nicht verletzt. Sie sind offen und authentisch, und ihr Verhalten befindet sich in Übereinstimmung mit ihren inneren Gefühlen.

Die beste Art, freundlich, aber bestimmt mit anderen zu kommunizieren, ist der Einsatz von »Ich-Botschaften«. Darunter versteht man kongruente Botschaften, die widerspiegeln, was Sie wirklich denken und fühlen und wie wichtig Ihnen diese Gedanken und Gefühle sind. Es handelt sich um eine klare, verständliche und eindeutige Botschaft, die sich nicht hinter der Maske einer indirekten oder unbestimmten Sprache verbirgt.

Sehen wir uns einmal die verschiedenen Arten solcher Ich-Botschaften an.

Erklärende Ich-Botschaft

Diese Art, sich mitzuteilen, erklärt anderen Ihre Überzeugungen, Ideen, Vorlieben, Abneigungen, Gefühle, Gedanken und Reaktionen. Beispiele hiefür sind etwa:

»Ich glaube, daß eine Vorführung unserer Geräte die einzige Möglichkeit ist, ihre Vorzüge wirklich erkennen zu können.«
»Ich möchte, daß Sie an dieser Besprechung teilnehmen. Ihr Beitrag wäre wichtig.«
»Ich schlage vor, daß Sie sich auch das Modell 2403 näher ansehen. Es würde Ihre Anforderungen durchaus erfüllen und kostet weniger.«

Vorbeugende Ich-Botschaft

Eine weitere wichtige Art, sich zu offenbaren, besteht darin, anderen mitzuteilen, was Sie in der Zukunft zu tun beabsichtigen oder was Sie für die Zukunft voraussehen. Eine solche Botschaft erhöht beträchtlich die Chancen, daß die anderen ihr eigenes Verhalten an die von Ihnen vorgegebene Richtung anpassen werden. Eine solche Botschaft beschreibt klar und deutlich, wie Sie sich die weitere Entwicklung vorstellen. Eine vorbeugende Ich-Botschaft lautet in etwa so: »Ich würde gerne ..., weil ...« Zum Beispiel:

»Ich würde unsere Besprechung gerne pünktlich um zwei Uhr beginnen, so daß wir um drei fertig sind. Ich habe nämlich heute einen sehr vollen Terminkalender.«

»Ich müßte Ihren Lieferbedarf noch heute wissen, weil wir einen realistischen Lieferplan ausarbeiten wollen.«

»Ich benötige bis Donnerstag die Tagesordnung für die Konferenz, weil ich auch unsere anderen Abteilungen noch entsprechend informieren muß.«

Erwidernde Ich-Botschaft

Eine solche Botschaft stellt eine wirksame Methode dar, nein zu sagen, wenn uns der andere um etwas bittet, das wir nicht tun können. Kunden können Ihre Zeit, Ihre Energie und Ihre Kraft über Gebühr beanspruchen. Oftmals erfaßt uns Sorge, wenn solche Wünsche an uns herangetragen werden, weil wir uns vor den Folgen einer Ablehnung fürchten. Wir fühlen uns unter Druck gesetzt und sind möglicherweise ehrlich verwirrt, weil wir nicht wissen, ob wir ja oder nein sagen sollen. Sagen wir »Ja« statt eines ehrlichen »Nein«, haben wir unsere Bedürfnisse nicht zum Ausdruck gebracht. Wir fühlen uns niedergeschlagen und nehmen dem Kunden übel, daß er seinen Wunsch überhaupt geäußert hat. Das sind die Situationen, in denen der Aufbau einer synergetischen Partnerschaft zur Herausforderung werden kann.

Viele Verkäufer fühlen sich nicht in der Lage, zu einer Kundenanfrage »Nein« zu sagen. Einige der Hauptgründe dafür sind:

»Ich könnte den Kunden verlieren.« Verkäufer wollen natürlich verkaufen und ihre Kunde bei der Stange halten, also ist es nur verständlich, daß sie alles vermeiden wollen, was den Kunden verärgern könnte.

»Ich möchte ein netter Mensch sein.« Eine der ersten Lektionen, die wir schon als Kinder lernen und als Erwachsene vielfach bestätigt erhalten, ist die Vorstellung, daß wir zu anderen Leuten nett sein sollten – selbstlos, freigebig, großzügig. Jemanden im Stich zu lassen, der uns zu brauchen scheint oder sich uns gegenüber großzügig verhalten hat, führt zu Schuldgefühlen und zu inneren Spannungen.

»Ich werde dafür entsprechend belohnt werden.« Oft handeln Verkäufer in dem Glauben, daß der Kunde, wenn sie ihm jetzt einen Gefallen tun, sich später verpflichtet fühlt, bei ihnen zu bestellen.

»Der Kunde hat immer recht.« Ich bin immer wieder verblüfft, wie viele Verkäufer tatsächlich davon überzeugt sind, daß Verkaufen Kompromißbereitschaft und Opfermut erfordert und daß im Zweifel der Kunde recht hat. Selbstaufopferung ist fester Bestandteil des herkömmlichen Paradigmas.

Erwidernde Ich-Botschaften sind deshalb so wirkungsvoll, weil sie zwei wesentliche Elemente beinhalten. Das erste ist »Ihre Entscheidung«. Darunter versteht man eine Äußerung, mit der die Anfrage abgelehnt wird, wie etwa: »Nein, das möchte ich nicht«, »Ich habe mich entschlossen, das nicht so zu machen«, oder »Lieber nicht«. Wichtig ist dabei, daß Sie nicht »Das kann ich nicht« oder »Dazu sehe ich mich nicht in der Lage« oder ähnliche Sätze sagen, die den Eindruck erwecken, daß Sie Ihr eigenes Handeln nicht unter Kontrolle haben. Wie bereits erwähnt, bedeutet freundliches, aber bestimmtes Verhalten, die persönliche Verantwortung zu übernehmen und frei zu wählen, was man tun möchte. Eine Antwort, die Bestimmtheit ausdrückt, wie: »Das möchte ich nicht«, läßt keinen Zweifel daran, daß Sie selbst es sind, der diese Entscheidung getroffen hat. Eine Antwort wie »Das kann ich einfach nicht tun« provoziert unweigerlich die Entgegnung: »Warum nicht?« Damit sind Sie in einer defensiven Position und müssen jetzt erst Ihre eigene Entscheidung rechtfertigen oder sich weitere Entschuldigungen einfallen lassen.

Einer solchen offenen Antwort müssen aber Ihre überzeugenden Gründe folgen. Viele können eine ablehnende Antwort viel leichter akzeptieren, wenn sie in der Lage sind, Ihre Beweggründe gut zu verstehen. Verständliche Begründungen beseitigen auch jeden Zweifel darüber, ob Sie womöglich launenhaft oder unkooperativ sind. Oder, schlimmer noch, ob Ihnen nichts am Kunden liegt. Je konkreter diese Gründe sind, um so besser. Eine unbestimmte Begründung wie »Ich bin zu beschäftigt« ist nicht so überzeugend wie »Ich habe schon drei Besprechungen in meinem Terminkalender stehen, und die möchte ich nicht absagen«. Sobald die Leute Gründe zu hören bekommen, die auch bei ihnen selbst auftreten könnten, werden sie viel mehr Verständnis dafür aufbringen.

Sehen wir uns einige Beispiele für solche erwidernde Ich-Botschaften an:

> »Danke für die Einladung zum Mittagessen, Jerry, aber heute geht es leider nicht. Ich habe in einer Stunde eine wichtige Besprechung, und ich muß mich noch darauf vorbereiten.«

»Nein, Tom, ich möchte meinen Urlaub nicht wegen der Besprechung verschieben. Wir haben die Flüge bereits fix gebucht und eine bestätigte Hotelreservierung.«

»Nein, Sally, ich habe beschlossen, Ihnen unser Angebot heute noch nicht zu faxen. Ich warte noch auf ein paar Zahlen aus unserer Kalkulationsabteilung.«

»Nein, Tom, ich habe mich entschlossen, nächste Woche nicht nach New York zu fliegen. Ich muß mich noch auf unsere landesweite Verkäuferkonferenz vorbereiten.«

Anerkennende Ich-Botschaften

Als eine der schönsten Formen der Selbstoffenbarung bezeugt diese Botschaft Ihre positiven Empfindungen gegenüber Ihren Kunden, Kollegen und anderen. Wenn sich jemand besonders rücksichtsvoll verhält oder im richtigen Augenblick ein gutes Wort findet, sollten Sie Ihre Dankbarkeit dafür zum Ausdruck bringen.

Die anerkennende Ich-Botschaft ist eine aufrichtige, bedingungslose Bekundung von Gefühlen. Sie hat nichts von einer berechnenden, manipulativen Schmeichelei an sich und wird ohne Hintergedanken geäußert. Nichts stößt den Gesprächspartner mehr ab als unaufrichtiges, stereotypes Süßholzraspeln. Andererseits leistet ein ehrlich gemeinter Ausdruck der Verbundenheit einen wichtigen Beitrag zu einer rundum starken Beziehung, die beiderseits von gutem Willen geprägt ist.

Unsere Seminarteilnehmer erwidern darauf regelmäßig, daß sie keinen schwächlichen oder unprofessionellen Eindruck hinterlassen wollen. Hier geht es jedoch um ein wirksames Instrument zum Aufbau jener Art von Beziehung, die im Verkauf von heute unabdingbar ist. Sie vermitteln auf ausdrucksvolle Weise, wer Sie sind und was Sie zu schätzen wissen. Und Ihre Botschaft wird vom Gesprächspartner mit Sicherheit angenommen. Es ist bedauerlich, daß positive Botschaften dieser Art in unserem Kulturkreis so selten vorkommen, daß sie geradezu auffällig wirken. Beispiele für anerkennende Ich-Botschaften sind etwa:

»Bob, ich bin Ihnen wirklich dankbar für Ihre Flexibilität, was den Lieferplan anbelangt. Wir hatten einige interne Probleme, die zu etlichen Verspätungen geführt haben.«

»Marilyn, Ihre prompte und professionelle Reaktion finde ich wirklich toll. Das spart mir eine Menge Zeit und Schwierigkeiten.«

»Joan, vielen Dank dafür, daß Sie die Einschulung Ihres Personals so gut organisiert haben. Ich denke, das wird viel dazu beitragen, daß die Inbetriebnahme glatt verläuft.«

Konfrontierende Ich-Botschaft

Diese Form der Selbstmitteilung kommt dann ins Spiel, wenn Sie mit einem Problem zu tun haben, das durch das Verhalten eines Kunden oder einer anderen Person hervorgerufen wurde. Denken Sie immer daran, daß auch Sie Ihre Rechte haben. Nur so können Sie jenes Gleichgewicht herstellen, das die Voraussetzung für eine synergetische Beziehung bildet. Sehen wir den Dingen doch ins Auge: Das alte Sprichwort vom Kunden, der »immer recht hat«, stimmt einfach nicht mehr. Auch wenn die Kunden es vielleicht nicht mit Absicht tun, kommt es doch immer wieder zu Handlungen (oder Unterlassungen), die den Verkäufer in ernsthafte Schwierigkeiten bringen. Die Folge ist, daß Verkäufer sich häufig in ihrem Verhältnis zu bestimmten Kunden benachteiligt fühlen. Die meisten von Ihnen haben schon mit Kunden zu tun gehabt, die Sie vor einer Besprechung warten lassen oder überhaupt nicht erscheinen; die »vergessen«, Ihnen die versprochenen Unterlagen zu schicken, die Sie für Ihr Angebot benötigen; die Ihre Zeit auf exzessive und unangemessene Weise in Anspruch nehmen; oder die Sie respektlos behandeln und sich nicht weiter um Ihre Bedürfnisse kümmern.

Im synergetischen Modell haben Verkäufer drei Möglichkeiten, mit einem Kunden umzugehen, der ihnen Probleme bereitet. Es ist wichtig, darauf hinzuweisen, daß wir hier über ein Kundenverhalten sprechen, das für den Verkäufer ein konkretes Problem darstellt. Ein Verhalten, das es dem Verkäufer nicht mehr erlaubt, seine eigenen Bedürfnisse zu befriedigen.

Der Umgang mit problematischem Verhalten

Erste Variante: die Dinge so hinnehmen, wie sie sind

Seien wir doch realistisch: Es gibt Situationen, in denen man gewillt ist, alles zu ertragen, weil der Einsatz ganz einfach zu hoch ist. Das ist eine legitime Entscheidung: widerwillige, aber unumgängliche Akzeptanz des Verhaltens des Kunden.

Es gibt aber noch eine andere Form der Akzeptanz, die ohne das widerwillige Gefühl auskommt. Das ist ein beinahe philosophisches Hinnehmen der Dinge, wie sie nun einmal sind und wohl immer sein werden. Vielleicht haben Sie schon einmal eine enge persönliche Beziehung erlebt, die Ihnen so viel bedeutet hat, daß Sie sich dazu durchgerungen haben, sich von manchen Schwächen des anderen nicht mehr gestört zu fühlen; Sie haben erkannt, daß der andere einfach so ist, wie er ist, und daß nichts auf der Welt daran etwas ändern kann. Und ist es Ihnen vielleicht auch schon passiert, daß genau dieses Verhalten oder diese Eigenart, die Sie sich entschlossen haben zu akzeptieren, Ihnen mit der Zeit richtig ans Herz gewachsen ist, weil es Bestandteil des gewissen Etwas oder der persönlichen Note dieses Menschen war?

Die folgenden Fragen können Sie sich selbst stellen. Vielleicht verhelfen sie Ihnen zu einer bereitwilligen Akzeptanz des irritierenden Verhaltens eines Kunden:

- Gibt es auf dieser Welt Platz genug für mich, so wie ich bin, und für diesen Kunden, so wie er nun einmal ist?
- Warum geht mir das Verhalten dieses Kunden eigentlich so sehr auf die Nerven? Beleidigt er vielleicht meine Grundüberzeugungen oder meine Wertvorstellungen, ohne daß sein Verhalten mich wirklich schädigt? Ist das alles wirklich so wichtig?

- Kann ich mit der Vorstellung etwas anfangen, daß ich als Verkäufer gezwungen bin, mit jeder Art von menschlichen Wesen umzugehen, und daß mehr, nicht weniger Toleranz mein Leben als Verkäufer angenehmer und erfolgreicher gestalten wird?
- Bin ich vielleicht zu empfindlich, zu defensiv in meiner Rolle als Verkäufer, vielleicht weil ich ein Minderwertigkeitsgefühl habe oder unter einem Statusproblem leide, gerade weil ich im Verkauf tätig bin? Kann ich meinen Stolz und meine Selbstachtung als Verkäufer dadurch verbessern, daß ich nicht bei jedem kleinen Kratzer gleich zu »bluten« anfange?

Wenn Sie auf eine oder mehrere dieser Fragen mit »Ja« antworten können, kann das Hinnehmen eine legitime, gesunde Art sein, mit einigen der Probleme umzugehen, die Ihnen Ihre Kunden bereiten.

Zweite Variante: Ändern Sie sich, falls das Problem zum Teil auch bei Ihnen liegt

In einer Welt, in der allzu viele Menschen, Kulturen und Nationen rasch mit Schuldzuweisungen bei der Hand sind, ist Selbstkritik eine kostbare Tugend, sobald eine unserer Beziehungen zu kriseln beginnt. Die alte Weisheit, daß jedes Ding zwei Seiten hat, erweist sich oft als sehr wahr. Also sollten wir, bevor wir versuchen, den anderen zu ändern, zuerst bei uns selbst ansetzen; vielleicht entdecken Sie während dieses Prozesses, daß es in Wirklichkeit Ihr eigenes Verhalten war, das jenes Verhalten des anderen auslöste, das Ihnen mißfallen hat.

Nehmen wir einmal den Verkäufer, der sich nie genau festlegen will, wann er seinen Kunden besuchen wird. Das vermittelt den Eindruck, daß Zeit für ihn kein großes Problem ist. Ein solcher Verkäufer sagt Dinge wie: »Ich komme dann irgendwann Montag oder Dienstag bei Ihnen vorbei.« Wenn derselbe Verkäufer aber irgendwann einen vollen Terminkalender hat und damit beginnt, seine Verabredungen genauer einzuteilen: wen trifft dann die Schuld, wenn der Kunde zur vereinbarten Zeit nicht immer gerade verfügbar ist?

Authentisch zu sein erfordert eine ehrliche Selbsteinschätzung. Die folgenden Fragen können Sie sich selbst stellen, um herauszufinden, ob Sie an den Unstimmigkeiten mit einigen Ihrer Kunden selbst mitschuldig sind:

- Habe ich etwas an mir, das zu dem Verhalten auffordert, das mir so mißfällt? Wecke ich im anderen Erwartungen, die ich dann nicht erfülle?
- Wenn dem so ist, bin ich gewillt, dieses Verhalten zu ändern, damit ich nicht weiterhin zu diesem Problem beitrage?
- Tue ich genug, um eine gute Beziehung mit der anderen Person aufrechtzuerhalten? Lasse ich dem Kunden den Service angedeihen, den er erwarten darf, oder gehe ich wie selbstverständlich davon aus, daß er weiterhin bei mir kauft? Sind die unangenehmen Dinge, die der Kunde tut, lediglich Reaktionen eines unzufriedenen Kunden, der einfach mehr Aufmerksamkeit erwartet?

Dritte Variante: Versuchen Sie, den Kunden zu ändern

Wenn Sie schließlich das Verhalten des Kunden auf keinen Fall akzeptieren können und nicht willens oder in der Lage sind, sich selbst zu ändern, können Sie noch den Versuch unternehmen, jene Person zu ändern, die Ihnen die Probleme bereitet. Das kann ebensogut Ihre erste Wahl sein; es ist hier lediglich deshalb an dritter Stelle genannt, weil es sehr riskant ist, jemanden ändern zu wollen. In Wirklichkeit geht das nämlich gar nicht. Nur die andere Person selbst kann beschließen, sich zu ändern. Alles, was Sie dazu tun können, ist, die richtige Atmosphäre und eine Gelegenheit für eine solche Veränderung zu schaffen. Das trifft in besonderem Maße auf Verkäufer zu; nur selten üben sie wirkliche Macht über ihre Kunden aus. Sie können lediglich den Versuch unternehmen, ihre Kunden dahingehend zu beeinflussen, daß sie aus Einsicht in die Rechte und Bedürfnisse des Verkäufers ihr Verhalten ändern.

Selbst unter günstigsten Umständen beinhaltet der Versuch, jemanden zu ändern, vorhersehbare Risken. Der andere könnte das Gefühl haben, kritisiert oder beschuldigt zu werden; er kann in die Defensive gehen und sich weigern zuzuhören; Sie könnten eine Gegenreaktion hervorrufen; die Beziehung könnte gespannt werden.

Andererseits kann das Ergebnis auch sehr erfreulich sein. Der Kunde kann es Ihnen hoch anrechnen, daß Sie Ihre Bedenken äußern und bereitwillig bei der Veränderung kooperieren (möglicherweise gleichzeitig mit ein paar Veränderungen auch auf Ihrer Seite), und die Beziehung kann sogar noch enger werden, getragen von mehr gegenseitigem Respekt.

Auch dazu wiederum einige Fragen, die Sie sich selbst stellen können:

- Ist das Verhalten des Kunden so, daß ich es einfach nicht hinnehmen kann? Habe ich ernsthaft über die Gründe nachgedacht, warum ich mit dieser Person so zu kämpfen habe? Inwiefern verletzt mich dieses Verhalten tatsächlich? Oder handelt es sich dabei bloß um eine unterschiedliche Art und einen anderen Stil? Und ist es wirklich so wichtig für mich?
- Kann sich dieser Kunde überhaupt ändern? Kämpfe ich gegen etwas an, das zu tief in seiner Persönlichkeit verwurzelt ist? Oder wird sein Verhalten in Wirklichkeit von jemand anderem gesteuert (etwa von seinem Vorgesetzten)? Wenn ja, sollte ich meinen Widerstand besser gegen jemand anders richten?
- Bin ich willens und in der Lage, mit den zu erwartenden Reaktionen dieser Person gegen mich umzugehen – dem möglichen Zorn, der Verärgerung, der Verteidigungshaltung?
- Wenn ich dieser Person offen entgegentrete, berücksichtige ich dann auch die Möglichkeit, daß ich mich vielleicht selbst ändern muß, weil ich mir meiner eigenen Rolle bei der Entstehung des Problems bewußt werde?

Ob Sie sich nun entschließen, ein bestimmtes Verhalten hinzunehmen, sich selbst zu ändern oder dem anderen entgegenzutreten, wird natürlich von den verschiedensten Überlegungen abhängen. Der wesentliche Punkt ist, daß Sie die Entscheidung bewußt fällen und nicht einfach hoffen, daß sich das Problem irgendwie von selbst lösen wird oder in den Autopiloten zurückfallen und sich so verhalten, wie Sie es immer getan haben, weil Sie »keine Wahl« hatten. Sie haben das Recht auf Selbstachtung, berufliche Integrität und menschliche Würde, genau wie Ihr Kunde und jedermann sonst auch.

Konfrontation mit Ihrem Kunden

Nehmen wir zum Beispiel einmal an, daß das Problem ein Kunde ist, der Sie jedesmal vor einem Termin warten läßt, bis zu dreißig Minuten und länger. Zweimal im letzten Monat hat er die Verabredung mit Ihnen ganz vergessen und war gar nicht im Büro, als Sie ihn besuchen wollten. Nehmen wir weiterhin an, daß diese verspätet begonnenen oder vergessenen Geschäftsbesprechungen Ihnen eine Menge verlorener Anreisezeit verursacht haben und daß Ihnen diese Zeit bei Ihrer anderen Arbeit gefehlt hat. Auf der anderen Seite ist dieser unzuverlässig Kunde ein sehr wichtiger Kunde. Gehen wir schließlich davon aus, daß Sie über die Alternativen nachgedacht haben – Hinnehmen des Kundenverhaltens oder sich selbst ändern – und sich statt dessen dafür entschieden haben, Einfluß auf den Kunden zu nehmen, damit er sich ändert. Sie haben auch schon vorbeugende Ich-Botschaften ausgesandt, die aber nicht funktioniert haben. Sie sind nun schon sehr verärgert und können so nicht weitermachen. Das Problem muß gelöst werden.

Sobald Sie sich entschlossen haben, mit einem Kunden oder einem anderen Menschen auf Konfrontationskurs zu gehen, gibt es drei Ziele, die Sie versuchen sollten zu erreichen. Erstens wollen Sie sich von dem Problem befreien, vor allem durch eine Änderung im Verhalten des Kunden. Zweitens wollen Sie dabei die Selbstachtung und den Stolz des Kunden nicht verletzen. Und drittens wollen Sie die Beziehung aufrechterhalten und sie, wenn möglich, sogar verbessern.

Viele Leute denken, sobald sie sich über jemanden ärgern, nur mehr an das erste Ziel – sich Erleichterung zu verschaffen. Aber der Verkäufer, der eine synergetische Beziehung zu seinem Kunden aufrechterhalten will, muß sich ebenso darum bemühen, jeden nachteiligen Effekt auf den anderen so gering wie möglich zu halten.

Konfrontierende Ich-Botschaften können Kunden dazu bringen, sich zu ändern. Bedenken Sie, daß eine Ich-Botschaft einfach ein ehrlicher, direkter Ausdruck Ihrer Gedanken und Gefühle ist; sie sagt die Wahrheit darüber, was sie in diesem Augenblick gerade empfinden. Die konfrontierende Ich-Botschaft ist eine spezielle Form der Selbstoffenbarung, die drei wichtige Arten von Information enthält: (1) eine Beschreibung dessen, was der Kunde sagt oder tut, und das für Sie ein Problem darstellt, ohne jedoch eine Schuldzuweisung vorzunehmen; (2) die besonderen, unerwünschten Auswirkungen, die dieses Verhalten auf Sie hat; und (3) die Stärke der Empfindungen, die diese unerwünschten Auswirkungen bei Ihnen auslösen.

Damit eine konfrontierende Ich-Botschaft funktioniert, muß der Gesprächspartner klar und deutlich verstehen könnnen, auf welche Art Sie unangenehm berührt werden. Danach kann er beginnen, sein Verhalten aus Rücksichtnahme auf Sie zu ändern. Auch dann, wenn zwei Menschen einander nicht besonders gut kennen oder nur eine sehr punktuelle Beziehung zueinander haben, werden sie üblicherweise Rücksichtnahme zeigen, wenn sie sich mit Ihren Problemen identifizieren können – also sich in Ihre Lage versetzen können. Sehr wahrscheinlich werden sie sich entschließen, für Sie das zu tun, was sie im umgekehrten Fall auch von anderen erwarten würden – nämlich eine Änderung des verletzenden Verhaltens.

Sehen wir uns ein Beispiel einer wirkungsvollen Konfrontation an, die auf einer solchen dreiteiligen Ich-Botschaft beruht. Zuerst lesen Sie sich bitte die drei Elemente nochmals durch, danach die Ich-Botschaft.

In unserem Beispiel kommt der vorhin erwähnte Kunde immer verspätet zu den Terminen. Als Folge dessen kamen Sie gestern zu einer außerordentlich wichtigen Besprechung selbst zu spät. Eine gute konfrontierende Ich-Botschaft könnte so aussehen:

»Bill, wenn Sie sich zu unseren Terminen verspäten, bringt das meinen gesamten Terminplan durcheinander, und ich komme zu anderen Besprechungen zu spät. Gestern ist mir wahrscheinlich eine große Bestellung entgangen, weil sich unsere Besprechung verschoben hat. Ich komme mit diesem Zustand wirklich nicht zurecht.«

Nachfolgend einige Anhaltspunkte, wie Sie Ihre Konfrontationen wirkungsvoll gestalten können.

Teil 1. Verhalten

- Beschreiben Sie das störende Verhalten des anderen so detailliert, daß ganz deutlich wird, was genau Ihnen Probleme bereitet (z.B.: »wenn Sie die Spezifikationen für die neuen Uniformentwürfe nicht rechtzeitig schicken«).
- Beschreiben Sie keine vagen oder allgemeinen Verhaltensweisen (z.B.: »wenn Sie nicht nachhaken«).
- Fügen Sie niemals Wörter hinzu, die Schuldzuweisungen enthalten, kritisieren oder übertreiben (z.B.: »wenn Sie so unentschlossen sind«).
- Versuchen Sie nicht, Gründe zu analysieren. Sie können die Beweggründe oder Absichten des anderen ohnehin nicht wirklich kennen (z.B.: »wenn Sie das Versenden der Entwürfe weiterhin vor sich herschieben«).

Teil 2. Konkrete Effekte

- Beschreiben Sie genau, auf welche Weise Sie das störende Verhalten beeinträchtigt; betonen Sie die praktischen Aspekte – mit denen sich jemand anders leicht identifizieren kann (z.B.: »ich verliere Zeit«, »ich versäume meine Verkaufstermine«, »mir entstehen Zusatzkosten« etc.).
- Seien Sie nicht vage hinsichtlich der Auswirkungen, lassen Sie

sie aber auch nicht aus (z.B.: »das ist ein ganz schönes Problem«, »das bringt mir alles durcheinander« etc.).

Teil 3. Empfindungen über diese Auswirkungen

- Beschreiben Sie Ihre Gefühle wie Mißfallen, Irritation, Angst und Frustration genau so, wie Sie sie wirklich empfinden. Vermitteln Sie Ihrem Gesprächspartner die tatsächliche Stärke dieser Empfindungen. Versuchen Sie, einen Zusammenhang zwischen diesem Gefühl und seiner Ursache herzustellen. Sagen Sie: »Ich mache mir Sorgen, den Abgabetermin zu versäumen«, statt: »Ich mache mir Sorgen.«
- Lassen Sie Ihre Gefühle nicht aus dem Spiel, denn sie geben dem Gesprächspartner zu verstehen, wie schwerwiegend für Sie die Auswirkungen seines Verhaltens sind.
- Übertreiben Sie Ihre Empfindungen nicht durch melodramatisches Benehmen; aber halten Sie auch nicht damit hinterm Berg. Seien Sie authentisch.

Bevor wir weitermachen, sollten wir uns noch mit der Frage des Zorns befassen. Sobald das Verhalten eines anderen für uns zum Problem wird, ist das erste Gefühl oftmals Zorn oder Feindseligkeit. Zorn ist jedoch häufig der Ausdruck eines anderen, tieferliegenden Gefühls. Wenn Sie etwa auf der Autobahn fahren und jemand Sie durch sein Fahrverhalten beinahe in einen Unfall verwickelt, wird Ihre erste Reaktion Zorn sein: »Paß doch auf, du Idiot!« Aber schon einen Augenblick später kommt Ihnen das eigentliche Gefühl zu Bewußtsein, das Sie bewegt – nämlich Angst. »Dieser Beinahe-Unfall hat mir einen ganz schönen Schrecken eingejagt!« Wenn Sie konfrontierende Ich-Botschaften von sich geben, sollten Sie deshalb immer versuchen, zuerst Ihre eigentlichen Gefühle zu eruieren. Nur diese nämlich sollten Sie dem anderen mitteilen.

Die eigentlichen Gefühle liegen nicht nur näher an Ihrem wirklichen Problem. Indem Sie Ausdrücke des Zorns vermeiden, vermeiden Sie gleichzeitig mögliche Verteidigungsreaktionen Ihres Gesprächspartners. Beinahe jeder von uns bringt Verständnis auf für die Furcht, Sorge oder Frustration eines anderen; nicht jedoch für Zorn, besonders wenn er sich gegen einen selbst richtet.

Du-Botschaften funktionieren nicht

Obgleich die Grundidee der Ich-Botschaft vernünftig klingen mag, gelingt es vielen von uns nicht, jemandem auf diese Art und Weise gegenüberzutreten. Statt dessen kommunizieren wir häufig mittels »Du-Botschaften«. Wir sprechen über »Du – dort drüben« statt über »Ich – hier bei mir«. Auf diese Weise versäumen wir, unsere wahren Gefühle zum Ausdruck zu bringen.

Du-Botschaften drücken Urteile, Vermutungen, Etikettierungen sowie Befehle oder Drohungen aus. Weil aber niemand gerne getadelt wird oder sich sagen läßt, was er zu tun hat, erzeugen Du-Botschaften beim anderen in der Regel verletzte Gefühle, Abwehrreaktionen und Widerstand. Kein Kunde schätzt es, wenn man mit dem Finger auf ihn zeigt und ihm sagt: »Sie pressen mich wirklich aus wie eine Zitrone«, »Sie sind rücksichtslos«, »Es scheint Sie überhaupt nicht zu kümmern, wie lange Sie mich warten lassen«, »Entweder Sie besorgen mir diese Unterlagen, oder ich kann die Lieferung nicht garantieren«.

Die vier häufigsten Du-Botschaften sind:

Der Vorwurf

Diese Botschaft tadelt, kritisiert, maßregelt oder moralisiert. Sie legt es darauf an, zu bestrafen, während man gleichzeitig das Problem artikuliert (z.B.: »Halten Sie es für richtig, mich so lange warten zu lassen?«).

Die Etikettierung

Mit einer solchen Botschaft wird der Kunde auf eine durchweg negative Art bewertet, abgestempelt oder klassifiziert (z.B.: »Sie verhalten sich rücksichtslos gegenüber anderen«).

Die Drohung

Diese Art von Botschaft kündigt auf subtile oder offenkundige Weise einige unerfreuliche Konsequenzen an (z.B.: »Ich kann Ihnen nicht mehr den günstigsten Preis machen, wenn ich in Zukunft die Entwürfe nicht früher von Ihnen bekomme«).

Der Befehl

Diese konfrontierende Botschaft erteilt dem Kunden einen direkten Befehl oder legt ihm unumwunden eine Änderung seines Verhaltens nahe, statt es ihm selbst zu überlassen, wie er diese Änderung bewerkstelligen will (z.B.: »Bitte besorgen Sie jetzt diese Spezifikationen und geben Sie sie zur Post«).

Die konfrontierende Ich-Botschaft funktioniert deshalb so gut, weil sie dem Gesprächspartner auf unmißverständliche Weise zu verstehen gibt, wie sehr sein Verhalten Sie stört. Und weil diese Form der Konfrontation ohne Befehle, Anweisungen oder Drohungen auskommt, haben die Kunden das Gefühl, daß sie die Wahl haben, wie sie darauf reagieren sollen. Weil Sie von ihnen nicht direkt eine Änderung fordern, gibt es für sie keinen Grund, Widerstand zu leisten. Im Gegenteil, im Gesprächspartner entsteht ein Gefühl der Verantwortlichkeit, das in den meisten Fällen zu einer Entscheidung führen wird, die Ihnen zugute kommt.

Das folgende Beispiel zeigt, wie das funktioniert. Es stammt von einer Seminarteilnehmerin, die nach Absolvierung unseres Programms die offene Aussprache mit ihrem Vorgesetzten, dem Geschäftsführer eines Hotels, suchte. Dieser rief uns daraufhin an und erzählte uns die Geschichte, weil er darüber erfreut war, daß die neuerlernten Fertigkeiten zur Anwendung kamen und das Schulungsprogramm schon Ergebnisse zeigte. Nach dem Seminar ging Pattie, die als Rezeptionistin arbeitete, in das Büro ihres Chefs, um über ein Problem zu sprechen, das ihr zu schaffen machte. Sie sagte ihm, sie würde nun gerne etwas anwenden, das sie im Kurs gelernt hatte, und er sagte: »Gut, fangen Sie an.« Sie atmete tief durch und sagte: »Wenn Sie jeden Morgen zwischen 8.00 Uhr und 8.30 Uhr durch die Halle gehen, wird das ganze diensthabende Personal nervös. Das ist die hektischste Zeit des Tages, und die Leute haben das Gefühl, daß Sie sie überwachen wollen. Ich mache mir Gedanken darüber, daß Ihre Anwesenheit sich negativ auf unseren Service und unsere Leistung auswirkt.«

Pattie hatte eine echte konfrontierende Ich-Botschaft ausgesprochen. Der Geschäftsführer nahm an, er müsse sich bei seinen Angestellten sehen lassen, um ihnen das Gefühl zu vermitteln, daß er sich um sie kümmerte. Die Zeit seines Besuches in der Halle war für ihn völlig bedeutungslos. Er sagte Pattie, daß er ihren Hinweis zu schätzen wüßte und daß er in Zukunft bei seinen Rundgängen die Spitzenzeiten vermeiden würde. Es stellte sich heraus, daß die Angelegenheit ganz einfach aus der Welt geschafft werden konnte. Und in der Tat sind viele Probleme einfacher gelagert, als man glaubt. Aber das ist nicht immer der Fall. Niemand läßt sich gerne mit seinem eigenen Fehlverhalten konfrontieren oder hört gerne, daß sein Verhalten für jemand anderen ein Problem darstellt. Schuldgefühle und Verlegenheit überkommen bis zu einem gewissen Grad jeden von uns, wenn wir uns unserer eigenen Unzulänglichkeiten bewußt werden. In anderen Fällen wiederum streiten wir jeden Fehler auf unserer Seite heftig ab, oder wir fühlen uns bei unserem Vorgehen völlig im Recht.

Eines aber ist beinahe sicher: Ein Mensch, der getadelt wird, wird sich auf die eine oder andere Art unwohl oder unangenehm berührt fühlen. Du-Botschaften erzeugen natürlich besonders intensive Reaktionen dieser Art. Aber sogar eine konfrontierende Ich-Botschaft wie aus dem Bilderbuch bringt für den Gesprächspartner ein gewisses Unbehagen mit sich. Deshalb ist es mit Konfrontation allein nicht getan. Man muß zusätzlich etwas tun, um mit der unvermeidlichen Reaktion des anderen richtig umzugehen.

Sie werden sich aus dem fünften Kapitel erinnern, wie wichtig es ist, dem Kunden zuzuhören, wenn er ein Problem hat. Sie müssen daher jetzt »umschalten«, nämlich von der Konfrontation auf die Hilfestellung für den Kunden, damit er mit seiner Reaktion auf Ihre Ich-Botschaft zurechtkommt. Die Zuhörerqualitäten, insbesondere das aktive Zuhören, werden Ihnen hier weiterhelfen. Wenn Sie jetzt nicht umschalten und dem Kunden zuhören, sondern statt dessen lediglich Ihre Konfrontations-Botschaft wiederholen oder gar noch verschärfen, wird sich das Problem wahrscheinlich eher verschlimmern.

Der Schlüssel zum Umschalten ist das aktive Zuhören. Diese Umstellung von der Konfrontation zum Zuhören vermittelt eine sehr wichtige Botschaft: »Ich sehe, daß das, was ich gesagt habe, Ihnen zu schaffen macht. Nun möchte ich Ihre Einwände hören und verstehen.« Das Zuhören gibt dem anderen Gelegenheit, Dampf abzulassen, und schafft die richtige Atmosphäre für eine erfolgreiche Lösung des Konflikts. Durch aktives Zuhören zeigen Sie Ihr Interesse für den Gesprächspartner. Oft reicht dies schon aus, um den Widerstand so weit zu verringern, daß Sie nun noch einmal umschalten und Ihre Konfrontations-Botschaft näher erläutern oder ausweiten können. Sie können sogar mehrfach hin- und herschalten – Konfrontation, Zuhören, Konfrontation, Zuhören und so weiter –, bis eine Lösung erreicht wird oder bis die wahren Hintergründe des Konflikts eindeutig benannt sind. An dieser Stelle kann der nun folgende Konfliktlösungsprozeß einsetzen.

Fehlen jedoch jene Zuhörerqualitäten, die notwendig sind, um den Standpunkt des Gesprächspartners anzuhören und gelten zu lassen, so weiten sich zahlreiche Situationen zu offenen Konflikten aus, bei denen jeweils einer gewinnt und einer verliert. Daher ist es so wichtig, die Technik des Umschaltens zu beherrschen.

Ich-Botschaften – erklärende, vorbeugende, erwidernde, anerkennende und konfrontierende – geben Ihnen ein neues Werkzeug in die Hand, das Ihnen dabei hilft, die eigenen Bedürfnisse, Anschauungen und Gefühle besser zum Ausdruck zu bringen.

Niemand kann Ihre Gedanken lesen. Obwohl wir uns der möglichen Risiken einer solchen authentischen Selbstmitteilung bewußt sind, ist der Gewinn, der sich daraus ziehen läßt, überwältigend. Eine völlig neue Art von Beziehung – synergetische Partnerschaften – eröffnet sich uns, wenn wir den Mut zu mehr Ehrlichkeit und Authentizität aufbringen.

Zusammenfassung des Kapitels

1. Wenn Sie in Ihrer Kommunikation mit anderen offen, ehrlich und authentisch auftreten, werden Sie sich stärker, verantwortungsbewußter und selbstbewußter fühlen.
2. Ihre bisherige Konditionierung beschränkt Ihre Fähigkeit, die eigene Persönlichkeit zum Ausdruck zu bringen.
3. Da man fürchtet, den Gesprächspartner zu verärgern und Angst vor den Konsequenzen hat, bringt man oft in einem Gespräch nicht das zum Ausdruck, was man wirklich meint.
4. Wenn Sie Ihre Maske des Verkaufsprofis abnehmen und sich authentischer verhalten, ebnen Sie Ihrem Kunden den Weg, es Ihnen nachzutun.
5. Die wirkungsvollste Art, authentisch mit anderen zu kommunizieren, ist der Einsatz von Ich-Botschaften. Diese können folgende Formen annehmen:
   - erklärend
   - vorbeugend
   - erwidernd
   - anerkennend
   - konfrontierend
6. Wenn man sich dazu entschließt, dem inakzeptablen Verhalten einer anderen Person entgegenzutreten, verfolgt man dabei drei Ziele:
   - das Problem zu beseitigen;
   - die Selbstachtung des anderen zu erhalten;
   - die Beziehung aufrechtzuerhalten.
7. Die drei Teile, aus denen eine konfrontierende Ich-Botschaft besteht, sind

- eine Beschreibung der inakzeptablen Verhaltensweise, die keine Schuldzuweisung enthält;
- die praktischen Auswirkungen, die das kritisierte Verhalten für Sie hat;
- Ihre Gefühle in dieser Situation.

8. Nachdem Sie Ihrem Gesprächspartner entgegengetreten sind, kann es notwendig sein, auf Zuhören umzuschalten, um seinen Standpunkt und seine Einwände zu verstehen.

Siebentes Kapitel

Die Wirkung von authentischer Kommunikation

> Seien Sie fair zu anderen, aber bestehen Sie darauf, daß die anderen auch fair zu Ihnen sind.
>
> *Alan Alda*

LaVonne ist die Verkäuferin aus dem ersten Kapitel, deren Probleme mit ihrem Verkaufsleiter dazu führten, daß ihre Leistung absank. Obwohl sie als Verkäuferin sieben Jahre lang beim selben Arbeitgeber ein gutes Verkaufsergebnis vorweisen konnte, war sie wegen des Drucks und der Gängelung, die sie von ihrem Vorgesetzten erfuhr, beinahe so weit, das Handtuch zu werfen und zu kündigen. Darüber hinaus begann sie, an ihren eigenen Fähigkeiten zu zweifeln und sich für unzulänglich zu halten.

Während des Seminars über Synergetischen Verkauf entschloß sie sich, das Risiko auf sich zu nehmen und ihren Vorgesetzten mit der Angelegenheit zu konfrontieren. Sie war sehr besorgt, daß dieser Schritt die Situation noch weiter verschlechtern könnte. Mit unserer Unterstützung stellte sie sich ihm bei unterschiedlichen Gelegenheiten entgegen und machte ihn freundlich, aber unmißverständlich auf ihr Problem aufmerksam. Diese Gespräche veränderten ihr Verhältnis zueinander. Anstatt wie bisher überkritisch zu sein und sie ständig zu überwachen, unterstützte er sie nun. Sie ihrerseits wurde offener für seine Hilfe. Als ich (Carl Zaiss) sie auf der landesweiten Verkäuferkonferenz wiedersah, war ich überrascht von ihrer positiven Ausstrahlung. Sie wirkte zufrieden und selbstbewußt. Auch ihre Leistung verbesserte sich. Innerhalb von sechs Monaten hatte ihr Umsatz die Zielvorgabe um 16 Prozent übertroffen, und am Jahresende war sie zur besten Verkäuferin in ihrem Gebiet aufgestiegen.

Es liegt nahe, daß dieser Umschwung nicht von selbst kam. Es erforderte viel Mut von LaVonne, vorzutreten und ihrem Vorgesetzten ihre Bedürfnisse mitzuteilen, um die frustrierende Situation zu verändern. Anstatt lediglich auf das, was um sie herum vorging, zu reagieren, nahm sie ihr Leben selbst in die Hand.

Authentische, offene und ehrliche Kommunikation mit anderen ist nicht nur ein wertvolles Instrument beim Aufbau von funktionierenden Beziehungen; sie ist auch persönlich sehr befriedigend. Die Fähigkeit, die Wahrheit auszusprechen, ist das Markenzeichen eines selbstbewußten und kompetenten Verkäufers.

Übung in unausgesprochener Kommunikation

Im vorigen Kapitel haben wir ein Beispiel für eine Übung in unausgesprochener Kommunikation kennengelernt, die einem unserer Seminare entnommen wurde. Die Teilnehmer wurden gebeten, ein Gespräch niederzuschreiben, so wie es aus ihrer Sicht ablaufen würde, am Rand aber jeweils zu notieren, was sie sich gleichzeitig denken, aber nicht aussprechen würden. Auf der Grundlage dieses Beispiels werden wir nun das Gespräch neu schreiben. Dabei können wir erkennen, wie das Gespräch unter Einsatz von Ich-Botschaften verlaufen wäre, die auch das, was zuvor unausgesprochen blieb, zum Ausdruck bringen.

Sie werden sich vielleicht erinnern, daß Tom Schwierigkeiten mit Mark, dem Kollegen vom Verkaufsinnendienst, hatte, weil dieser ihm die benötigten Informationen nie rechtzeitig zur Verfügung stellte.

Mark: Hallo, Mark Johnson am Apparat.

Tom: Hallo, Mark, ich bin's, Tom. Mann, bin ich froh, daß ich Sie endlich erreiche. Es ist so frustrierend, wenn ich immer nur Ihren Anrufbeantworter an der Leitung habe und eine Nachricht hinterlassen muß.

Mark: Das tut mir leid, Tom. Durch das neue Marketing-Programm sind wir hier wirklich mit Arbeit eingedeckt. Ich sitze andauernd in irgendwelchen Besprechungen.

Tom: Ihr seid also ziemlich unter Druck.

Mark: Na ja, das ist ja nichts Neues.

Tom: Ja, mir ist klar, daß das heutzutage schon ein Dauerzustand ist. Hören Sie, Mark, ich habe da ein Problem, das ich lösen muß.

Mark: Worum geht es denn?

Tom: Ich habe schon dreimal angerufen und eine Nachricht für Sie hinterlassen bezüglich des Entwurfes für die XYZ-Bestellung. Als Sie mich nicht zurückgerufen haben, fing ich an, mir echte Sorgen zu machen. Ich habe nämlich morgen früh um zehn Uhr eine Besprechung beim Kunden.

Mark: Tut mir leid, Tom. Aber ich habe Ihnen ja schon gesagt, daß wir in Arbeit versinken. Außerdem kann ich Johnson nicht erreichen, ich brauche aber seine Genehmigung. Ich kümmere mich bis heute nachmittag um vier Uhr darum und schicke Ihnen dann ein Fax.

Tom: Ich höre ständig, wie beschäftigt Ihr seid und daß Johnson schwer erreichbar ist. Das klingt so, als ob Sie die ganze Zeit nur strampeln, um Ihren Kopf über Wasser zu halten.

Mark: Genau so ist es. Ich habe keine Ahnung, wie lange ich das noch durchhalte.

Tom: Vielleicht sollten wir an dem ganzen System etwas ändern, wenn Sie so oft in Besprechungen sind und nicht mehr dazu kommen, Kundenanfragen zu bearbeiten. Immerhin ist das Ihr eigentlicher Job. Ich werde immer ganz frustriert, wenn ich darauf warten muß, daß Sie die Dinge erledigen. Ich werde einmal mit meinem Vorgesetzten sprechen, ob wir nicht etwas Unterstützung für Sie bekommen können. Inzwischen möchte ich Ihnen aber noch einmal sagen, wie unangenehm es für mich ist, wenn Sie meine Anrufe nicht beantworten.

Mark: Gut, Tom, es tut mir leid. In Zukunft werde ich Sie zurückrufen und Ihnen zumindest sagen, daß ich noch nichts Genaues weiß. Und wenn es ein Problem gibt, können wir uns gemeinsam Alternativen überlegen. Ich gehe jetzt und suche Johnson. Sie hören innerhalb der nächsten Stunde von mir.

Tom: Danke, Mark, und ich möchte Ihnen noch sagen, wie sehr ich es zu schätzen weiß, daß Sie bereit sind, sich mit dem Problem auseinanderzusetzen. Ich werde mir überlegen, was ich selbst zu einer Verbesserung beitragen könnte.

Das klingt schon etwas anders als das ursprüngliche Gespräch auf Seite 135 f. Die Seminarteilnehmer sagen uns immer wieder, daß das Neuschreiben der Unterhaltung für sie äußerst lehrreich ist. Wenn sie Ich-Botschaften dazu verwenden, um ihre genauen Empfindungen zu vermitteln, kann der Gesprächspartner gar nicht anders, als selbst auch ehrlicher zu sein. So werden die wirklichen Probleme häufig schon bei der Niederschrift der Gespräche gelöst.

Achten Sie in dem obigen Beispiel darauf, daß Tom erklärende, vorbeugende, konfrontierende und anerkennende Ich-Botschaften einsetzt. Er hört Mark auch genau zu, um zu zeigen, daß er seinen Standpunkt verstehen kann.

Authentische Kommunikation – das sagen, was man denkt – erfordert Mut. Weniger den Mut, die Konsequenzen dafür zu tragen, daß man für sich selbst spricht, sondern vielmehr den Mut, Ihre bisherige Konditionierung zu überwinden.

Dieses Kapitel gibt Ihnen Gelegenheit, aus diesen selbstauferlegten Beschränkungen auszubrechen und mit anderen Menschen authentischer umzugehen. Wir werden Ihnen Beispiele für authentische Kommunikation zeigen, die das Verhältnis zu Ihren Kunden, aber auch zu Ihrem Vorgesetzten und anderen, die für Ihren Verkaufserfolg wesentlich sind, betreffen. Zunächst müssen Sie jedoch ein dreifaches Bekenntnis ablegen:

1. Das erste Bekenntnis ist ein Versprechen, das Sie sich selbst geben – die Wahrheit, so wie Sie sie sehen, zu sagen und sie auf deutlichere Weise als bisher zum Ausdruck zu bringen. Versuchen Sie es. Die Wahrheit zu sagen bewirkt Wunder.
2. Das zweite ist ein Bekenntnis zu Ihrem Produkt und/oder Ihrer Dienstleistung. Wahrscheinlich kommt Ihnen das bekannt vor, aber es muß noch einmal deutlich gesagt werden. Integrität ist ein wesentlicher Bestandteil einer synergetischen

Partnerschaft. Wenn Sie nicht zu Ihrem Produkt oder zu Ihrer Dienstleistung stehen können und nicht fest davon überzeugt sind, daß Ihr Kunde davon profitieren wird, können Sie höchstens ein erfolgreicher »Hausierer« sein; aber Sie werden in die Beziehung nicht die erforderliche Integrität einbringen, auf die es ankommt. Nicht nur werden die Käufer im Umgang mit Ihnen das notwendige Vertrauen vermissen lassen. Auch Sie werden sich während des Prozesses selbst im Weg stehen.

3. Das dritte ist ein Bekenntnis zum Dienst am Kunden. Zusätzlich zu den Vorzügen Ihres Produktes oder Ihrer Dienstleistung bringen Sie noch einen anderen Wert in die Beziehung ein. Dieser Wert ist Ihr Engagement, den Kunden zufriedenzustellen. Das kann bedeuten, gegen das »System« in Ihrem Unternehmen anzukämpfen. Ein Spitzen-Kundenservice erfordert häufig, daß Angestellte intern Risiken auf sich nehmen, um sicherzustellen, daß die Kunden gut bedient werden.

Sich bewußtzumachen, wie Sie zu diesen drei Bekenntnissen stehen, wird Ihnen helfen, die notwendigen Schritte zu unternehmen.

Jaime, eine unserer Seminarteilnehmerinnen, erzählte uns von ihrer Enttäuschung über einen ihrer Kunden, der ihr ein detailliertes Anfrageformular zugesandt hatte, das sie ausfüllen und zurücksenden sollte. Kein persönlicher Kontakt, nur das Formular ausfüllen und zurücksenden. Jaime arbeitet bei einem Reiseveranstalter, und persönlicher Kontakt ist für ihren Erfolg von großer Bedeutung. Während unserer Diskussion über die drei Bekenntnisse, die eine authentische Kommunikation erst ermöglichen, bemerkte sie, daß sie sich sich selbst, ihrem Produkt und dem persönlichen Service für ihre Kunden verpflichtet fühlte. In der nächsten Pause rief sie ihren Kunden an und teilte ihm ihre Unzufriedenheit mit. Das Ergebnis: ein Gesprächstermin in der darauffolgenden Woche, um in einem persönlichen Gespräch die Anforderungen des Kunden zu diskutieren und so dem Kunden ein detaillierteres und maßgeschneidertes Angebot unterbreiten zu können.

Wirkliche Durchbrüche erzielt man dann, wenn man es riskiert, anderen entgegenzutreten. Dann durchbricht man die Schranken seiner bisherigen Konditionierung und kann mit anderen authentisch kommunizieren. So können Hindernisse beseitigt werden, die erfolgreichen Beziehungen im Wege stehen, und es eröffnen sich neue Chancen.

Erkunden wir nun die drei wichtigsten Bereiche, in denen authentische Kommunikation und Ich-Botschaften im Kauf- und Verkaufsprozeß unmittelbar anwendbar sind: wenn das Verhalten des anderen für Sie ein Problem darstellt; wenn Sie eine Beziehung zwischen Verkäufer und Käufer beginnen; und wenn Sie über die Vorzüge Ihres Produktes oder Ihrer Dienstleistung sprechen.

Wenn das Verhalten des Gesprächspartners für Sie ein Problem darstellt

Nähern wir uns dieser Frage in drei Schritten. Zunächst befassen wir uns mit Problemen, die das Verhalten eines Kunden hervorruft. Danach behandeln wir Probleme mit einer anderen Abteilung des Unternehmens. Und schließlich beschäftigen wir uns mit solchen Problemen, die zwischen Ihnen und Ihrem Verkaufsleiter bestehen mögen.

Wenn Sie Probleme mit dem Verhalten eines Kunden haben

Eine Situation, die viele Verkäufer frustriert, ist dann gegeben, wenn der Käufer nicht die erforderlichen Informationen zur Verfügung stellt, die der Verkäufer benötigt, um die Kaufentscheidung auch umsetzen zu können. Beschäftigen wir uns also im folgenden Beispiel mit einem solchen Szenario.

Die Firma Moore Manufacturing beschloß kürzlich, ihr computergestütztes Auftragsbearbeitungssystem zu erweitern. Den Auftrag dazu erhielt Hi-Tech Electronics. Hi-Tech ist bemüht, die Umstellung zügig vorzunehmen. Nancy, die Kundenbetreuerin bei Hi-Tech, ist von Jack, dem Kundendienstleiter von Moore, enttäuscht, weil er ihr nicht die Informationen zur Verfügung gestellt hat, die sie für ihre Leute benötigt, um den Zeitplan für die Umstellung erstellen zu können. Vor zwei Wochen versprach er ihr während einer Projektbesprechung, daß er ihr die Informationen innerhalb einer Woche zukommen lassen würde.

In dieser Situation werden die Bedürfnisse von Nancy nicht erfüllt. Sie ist frustriert und ärgerlich auf Jack, möchte ihn aber andererseits nicht kränken. Für sie ist die Situation insofern besonders schwierig, als der Vertrag noch nicht offiziell unterzeichnet ist. Auf der anderen Seite benötigt sie die Informationen für ihr Projektteam spätestens bis morgen. Andernfalls befürchtet sie, daß Hi-Tech mit seinen vertraglichen Verpflichtungen in Verzug geraten und so den Kunden verprellen könnte. Auf dem Weg zur Arbeit überlegte sie noch einmal die Alternativen, die sich ihr boten: (1) das Verhalten des anderen hinzunehmen, (2) sich selbst zu ändern oder (3) zu versuchen, Jack zu einer Änderung seines Verhaltens zu bewegen.

Sie kam zu dem Schluß, daß sie Jacks Verhalten nicht einfach akzeptieren könne in der Hoffnung, daß sie die Information doch noch vor der entscheidenden Besprechung erhalten würde. Natürlich könnte sie die fehlenden Informationen Jack ankreiden und wäre ihrem Projektteam gegenüber aus dem Schneider. Hi-Tech hätte eine Entschuldigung, falls Moore später über den Verzug verärgert wäre. Aber es stand zu viel auf dem Spiel. Ebenso sah sie keine Möglichkeit, wie sie durch eine Änderung ihres eigenen Verhaltens das Problem lösen könnte. Sie hatte das Gefühl, daß zwischen Jack und ihr ein etwas gespanntes Verhältnis bestand, wußte aber nicht, was der Grund dafür war. Sie überlegte auch kurz, direkt zu Jacks Vorgesetztem, Marvin, zu gehen. Aber es wurde ihr klar, daß dies eine Lösung mit einem Gewinner und einem Verlierer wäre, die zusätzliche Probleme nach sich ziehen würde. Also entschloß sie sich, Jack eine konfrontierende Ich-Botschaft zukommen zu lassen, um das Problem aus der Welt zu schaffen. Sie erinnerte sich, daß man drei Ziele verfolgt, wenn man einem anderen Menschen entgegentritt:

- das Problem zu beseitigen, normalerweise durch eine Veränderung im Verhalten des Kunden;
- die Selbstachtung und den Stolz des anderen nicht zu verletzen;
- die Beziehung aufrechtzuerhalten und sie, wenn möglich, sogar zu verbessern.

Nancy entwickelte eine konfrontierende Ich-Botschaft, die aus drei Teilen bestand: (1) einer Beschreibung der inakzeptablen Verhaltensweise, die keine Schuldzuweisung enthält; (2) den konkreten und praktischen Auswirkungen, die dieses Verhalten für sie hat; und (3) ihren Empfindungen gegenüber diesen Auswirkungen. Sie rief Jack gleich an, als sie ins Büro kam. Das Gespräch verlief folgendermaßen (achten Sie auf die »Umschalt«-Technik, die es ihr ermöglicht, Jack wissen zu lassen, daß sie auch seinen Standpunkt versteht):

Jack: Jack Barnes, guten Morgen.

Nancy: Jack, hier spricht Nancy Taylor von Hi-Tech. Ich habe da ein Problem, über das ich gerne mit Ihnen sprechen möchte. Ich mache mir aber etwas Sorgen, wie Sie darauf reagieren werden.

Jack: Oh, was ist denn los?

Nancy: Also, Jack, ich habe immer noch nicht die Daten erhalten, die ich für die morgige Projektbesprechung brauche und die Sie mir schon für letzte Woche versprochen haben. Ich mache mir ziemliche Sorgen, weil wir ohne diese Unterlagen keinen realistischen Installationsplan erstellen können.

Jack: Tut mir leid, Nancy, aber diese Entscheidung hat bei uns einen ziemlichen Wirbel verursacht. Viele meiner Kollegen lehnen diesen Systemwechsel ab, und zu allem Überfluß ist auch noch mein Assistent auf Urlaub. Es wird einfach noch etwas warten müssen.

Nancy: Das klingt, also ob Sie eine Menge Schwierigkeiten mit dieser Entscheidung hätten, das System zu verbessern.

Jack: Und ob. Wir haben noch nicht einmal den Vertrag unterschrieben, und schon verlangt man von mir, daß ich diesen Systemwechsel in einer ohnehin sehr dichtgedrängten Planung berücksichtige. Irgend etwas bleibt dabei natürlich auf der Strecke.

Nancy: Von Ihrem Standpunkt aus verstehen Sie also die ganze Eile nicht, vor allem angesichts der Tatsache, daß Sie in Ihrer Abteilung die normalen Abläufe aufrechterhalten müssen.

Jack: Stimmt genau, Nancy.

Nancy: Gut, Jack. Ich glaube, ich verstehe jetzt die Probleme, mit denen Sie zu kämpfen haben. Mein Problem hingegen ist, daß ich morgen eine Projektbesprechung habe, um mit der Planung für Ihre Installation zu beginnen. Unsere beiden Unternehmen haben beschlossen, das rasch durchzuziehen. Das ist auch der Grund, warum wir ohne Vertrag in der Hand schon mit der Arbeit beginnen. Ich benötige diese Daten von Ihnen für die morgige Besprechung. Wenn wir das jetzt besser organisieren, wird es Ihnen und mir im weiteren Verlauf eine Menge Kopfschmerzen ersparen.

Jack: Okay. Wenn Sie noch heute vormittag bei mir vorbeikommen, gebe ich Ihnen die Informationen, die Sie für die morgige Besprechung benötigen, mündlich. Ich habe aber einfach nicht die Zeit, den ganzen Fragebogen auszufüllen, den Sie uns geschickt haben. Vieles davon ist im Moment noch gar nicht von Belang.

Nancy: Also ist die Menge von Details, um die wir auf dem Formular gebeten haben, das Problem. In Ordnung. Um halb zwölf bin ich bei Ihnen, und wir können das durchgehen, was ich für die morgige Besprechung brauche.

Jack: Das geht bei mir. Wir sehen uns dann also.

Nancy: Und, Jack, vielleicht könnten wir heute oder ein anderes Mal über einige Ihrer sonstigen Bedenken sprechen. Es sieht so aus, als ob Sie wegen dieser Entscheidung unter großen Druck geraten sind. Sie fragen sich, ob der Zeitplan so zu erfüllen ist. Vielleicht wäre es für uns beide einfacher, wenn ich Ihre Einwände und die Auswirkungen, die der Zeitplan auf Ihre Abteilung hat, kennen würde.

Jack: Von mir aus gerne. Es hat nicht den Anschein, als ob irgend jemand hier das versteht. Es heißt immer bloß: »Machen Sie dieses, machen Sie jenes!« Ich sehe Sie dann.

Indem sie ein »Risiko« auf sich genommen hat und die Situation direkt angegangen ist, hat Nancy nicht nur erreicht, daß sie für ihre Besprechung ausreichend vorbereitet sein wird, sondern sie hat auch Jack für sich »gewonnen«. Zusätzlich hat sie eine andere Information erhalten, die zu einem späteren Zeitpunkt den Fortschritt des Projektes hätte behindern können. Sie hat ihre bestehende Beziehung zu Jack ausgebaut und den Grundstein für eine Partnerschaft gelegt, die eine erfolgreiche Installation sicherstellen dürfte und ihr zu einem zufriedenen und treuen Kunden verhilft. Nichts davon wäre ohne die authentische Kommunikation von Nancy geschehen.

Wenn Sie Probleme mit dem Verhalten eines Kollegen haben

Heutzutage haben neben der eigentlichen Beziehung zwischen Verkäufer und Käufer viele andere Arten von Beziehungen Einfluß auf den Verkaufserfolg. Das trifft auf Großunternehmen ebenso zu wie auf kleine Firmen, etwa Immobilienmakler. Die Großkunden unserer Schulungskurse haben uns wiederholt versichert, daß der größte Pluspunkt des Synergetischen Verkaufs in der Verbesserung des Betriebsklimas zwischen den einzelnen Abteilungen bestehe. Insbesondere die Leute aus der Immobilienbranche sind davon überzeugt, daß diese neuerlernten Techniken auch das Verhältnis zu Banken, Grundbuchbehörden und anderen Stellen, die an einer solchen Transaktion beteiligt sind, verbessern, und das zu einem Zeitpunkt, zu dem Verkäufer und Käufer längst handelseinig geworden sind.

Befassen wir uns nun näher mit solchen Situationen, in denen jemand anders als Ihr Kunde das Problem darstellt. Bleiben wir gleich bei dem Beispiel mit Jack und Nancy. Mittlerweile sind aber zwei Monate vergangen. Jack hat soeben angerufen und Nancy über ein Problem informiert, das mit der Kundendienstabteilung von Hi-Tech aufgetreten ist. Es scheint, als ob man dort immer im letzten Augenblick die Termine für die Einschulung verschiebe. Heute morgen erschien einer der Ausbilder gar am falschen Tag. Jack hat bereits mit Ralph, dem zuständigen Abteilungsleiter, darüber gesprochen, aber das hat auch nichts genützt. Also landet das Problem jetzt auf Nancys Tisch.

Sie läßt sich die ganze Angelegenheit gründlich durch den Kopf gehen. Der erste Reflex wäre, geradewegs ins Büro ihres Vorgesetzten zu marschieren. Dieser könnte ein Wörtchen mit Ralph reden, damit er ihren Kunden besser behandelt. Immerhin ist ihr Kunde verärgert, und »Dienst am Kunden« ist immer eine gute Handhabe, um gegen jemanden vorzugehen. Das würde mit Sicherheit bewirken, daß Jack einen besseren Service erhielte. Oder etwa doch nicht? Sie erinnert sich an die Konsequenzen, die eine solche Lösung, die zu Gewinnern und Verlierern führt, nach sich zieht. Typischerweise empfinden Verlierer einen Groll gegenüber den Gewinnern. Sollte Ralph in einen solchen Groll verfallen, könnte sich dies auf viele verschiedene Arten äußern. Im günstigsten Fall hätte sie von Ralph lediglich Gefügigkeit zu erwarten – widerwillig würde er gerade soviel tun, wie nötig wäre, um Jack zufriedenzustellen. Kein bißchen mehr, und in jedem Fall würde er keine Bereitschaft zeigen, die Kundenzufriedenheit ganz allgemein zu verbessern.

Sie ihrerseits ist aber nicht bereit, die Sache auf sich beruhen zu lassen, wenngleich dies ein gehöriges Risiko in sich birgt. Ein gutes Verhältnis zu Ralphs Abteilung ist für sie von enormer Wichtigkeit. Sie ist abhängig von seiner Kooperation. Ralph ist schon seit langem bei der Firma und hat sich eine große »Hausmacht« aufgebaut. Das hohe technische Niveau der Hi-Tech Produkte erfordert eine intensive Einschulung der Kunden, und Ralph verfügt über ausgezeichnetes und technisch versiertes Personal. Die Geschäftsleitung ist stark technisch ausgerichtet und läßt Ralph in seinem Bereich weitgehend freie Hand. Und schließlich ist zu dem Zeitpunkt, zu dem Ralphs Abteilung mit der Einschulung beginnt, der Auftrag längst unter Dach und Fach. Die Aufgabe des Verkaufs ist damit erfüllt; nun liegt es in der Zuständigkeit von Ralphs Abteilung, das Personal des Kunden einzuschulen. Ralph ist genaugenommen eine jener heiligen Kühe, wie man sie in jedem Unternehmen findet.

Da sich Nancy der Zufriedenheit ihrer Kunden, zu denen auch

Jack gehört, in hohem Maße verpflichtet fühlt, entschließt sie sich, Ralph eine konfrontierende Ich-Botschaft zu senden.

Ralph: Ralph McGuire am Apparat.
Nancy: Guten Morgen, Ralph. Hier spricht Nancy Taylor.
Ralph: Ja, Nancy, was kann ich für Sie tun?
Nancy: Ralph, wenn Sie beim Einschulungsprogramm von Moore in letzter Minute Änderungen vornehmen, verärgern wir Jack. Er hat mich gerade angerufen, und ich muß mich jetzt um die Angelegenheit kümmern. Das ist frustrierend. Ich mache mir auch Sorgen, weil der Terminplan für die Einschulung ohnehin sehr eng ist.
Ralph: In Ordnung, Nancy, ich kümmere mich darum.
Nancy: Ralph, es genügt mir nicht, wenn Sie sagen, Sie kümmern sich darum. Ich hätte gerne gewußt, was bei Moore passiert ist.
Ralph: Schauen Sie, wir werden bei der Installation an der Universität mit Notrufen überhäuft. Und das hat wegen der Firmenpolitik nun einmal Vorrang. Bis dieses Projekt unter Dach und Fach ist, tun wir unser Bestes.
Nancy: Sie meinen also, daß die Probleme mit der Universität eine Menge kurzfristiger Änderungen bei unseren anderen Kunden verursachen.
Ralph: Sie haben es erfaßt!
Nancy: Das gefällt mir überhaupt nicht. Wir haben wegen des Zeitdrucks eine Menge Energie in die Installation bei Moore investiert. Ich kann mich nun nicht einfach damit abfinden, daß ein anderer Kunde dazwischenfunkt und Probleme hervorruft. Das ergibt für mich keinen Sinn, obwohl ich mir gut vorstellen kann, wie Sie hin- und hergerissen werden.
Ralph: Mir macht das nichts aus. So war es bei uns schon immer. Alles hat Priorität, bis etwas noch Wichtigeres dazwischenkommt. Machen Sie sich darüber keine Sorgen. Am Ende geht es immer irgendwie.
Nancy: Von Ihrem Standpunkt aus ist das also ein Zustand, mit dem wir leben und aus dem wir das Beste machen müssen. Und wenn ich zwischen den Zeilen lese, höre ich heraus, daß ich die Sache nicht hochspielen soll: »Nur keine Wellen.«

Ralph: Tun Sie, was Sie tun müssen. Ich habe nur gesagt, daß wir bis zum Abschluß des Universitätsprojektes bei Moore flexibel agieren müssen.

Nancy: Gut, auf diese Art und Weise werden unsere Erfordernisse erfüllt, nicht aber die von Jack. Diese Änderungen in letzter Minute machen ihm einen Haufen Schwierigkeiten. Er ist zur Zeit personell unterbesetzt. Die Leute für Ihre Einschulungstermine freizustellen ist eine ziemlich harte Nuß. Wenn sie dann noch verschoben werden, geht er an die Decke. Und da wir gerade über die Firmenpolitik sprechen, der Generaldirektor von Moore spielt Tennis mit Bob [dem Generaldirektor von Hi-Tech]. Das ist der Grund, warum wir jetzt schon dort arbeiten, obwohl wir noch gar keinen Vertrag haben. Ich möchte nicht, daß das Problem bis ganz nach oben durchdringt und Bob da hineingezogen wird. Ich glaube, daß ich Ihre Probleme schon verstehe. Ich schlage vor, daß wir beide uns mit Jack zusammensetzen und mit ihm über seine Schwierigkeiten sprechen. Vielleicht finden wir gemeinsam eine andere Lösung. Würden Sie gemeinsam mit mir zu Jack gehen?

Ralph: Geht in Ordnung. Vereinbaren Sie einen Termin und geben Sie ihn meiner Sekretärin durch. Aber ich bin nicht davon überzeugt, daß das etwas bringt.

Nancy: Ja, ich merke Ihre Skepsis. Und danke, Ralph, daß Sie sich die Zeit genommen haben, die Sache mit mir durchzugehen. Ich weiß das zu schätzen. Ich würde gerne auch mal von Ihnen hören, was ich meinerseits dazu beitragen könnte, unseren Dienst am Kunden insgesamt zu verbessern.

Es ist verblüffend, wie viele Schwachstellen beim Dienst am Kunden durch Probleme in den unternehmensinternen Beziehungen hervorgerufen werden. Probleme, die leicht gelöst werden können, sobald einzelne Risiken auf sich nehmen, die Beschränkungen der herkömmlichen Unternehmenskultur durchbrechen und sich in der Kommunikation mit anderen authentisch verhalten. Im obigen Beispiel hat Nancy genau das getan, als sie sich bemühte, eine Lösung für ihr Problem zu finden.

Wenn Sie Probleme mit Ihrem Verkaufsleiter haben

Die vielleicht schwierigste Person für eine Konfrontation ist Ihr Vorgesetzter. Für viele Verkäufer ist Angst ein beherrschendes Moment bei dem Umgang mit Autoritätspersonen in ihrem Umfeld. Verkäufer fürchten sich vor Zurückweisung und vor Repressalien. Darüber hinaus haben sie Angst, es könnte sie ihren Job, die nächste Beförderung oder zumindest einen negativen Vermerk bei der nächsten Personalbeurteilung kosten, wenn sie ihren Vorgesetzten verärgern. Andere wiederum machen sich Sorgen, sie könnten für einen Querulanten gehalten werden.

Die Angst vor der Konfrontation mit dem Vorgesetzten ist zutiefst menschlich. Sie beschränkt sich nicht auf ein bestimmtes Unternehmen, eine bestimmte Branche oder ein bestimmtes Land. Die Furcht vor Autoritätspersonen ist das Ergebnis unserer Erziehung in einem Weltbild, das nur Gewinner und Verlierer kennt. Wenn Sie glauben, daß das auf Sie nicht zutrifft, dann sollten Sie einmal kurz innehalten und sich Ihre Gefühle vergegenwärtigen, sobald Sie die Lichter eines Polizeiautos im Rückspiegel sehen. Ob sie nun etwas verbrochen haben oder nicht: die meisten Leute verspüren Angst.

Als Beispiel für die Konfrontation mit einem Verkaufsleiter kehren wir nun zu der Szene mit Howard aus dem ersten Kapitel zurück. Howard, der Verkäufer bei der Autofinanzierungsgesellschaft, fühlt sich durch seine Vorgesetzte vor den Kopf gestoßen. Regelmäßig wird er von ihr in die Kreditabteilung abkommandiert, um dort bei der Aufarbeitung der Rückstände auszuhelfen. Das führt dazu, daß Howard ständig seine Kundentermine verschieben muß. Beachten Sie bei dem folgenden Dialog, wie er umschaltet und auch den Problemen der Filialleiterin aufmerksam zuhört.

Howard (1): Linda, haben Sie einen Augenblick Zeit für mich? Ich habe da ein Problem, über das ich gerne mit Ihnen reden würde.

Linda: Klar, Howard, was gibt es denn?

Howard (2): Danke. Ich bin etwas nervös, weil ich damit anfange. Aber für mich wächst es sich zu einem richtigen Problem aus, das ich gerne aus der Welt schaffen würde. Die Schwierigkeit ist folgende, Linda: Wenn Sie mich von meiner Arbeit als Verkäufer abziehen, um in der Kreditabteilung einzuspringen, bin ich darüber jedesmal sehr ungehalten, weil ich meinen ganzen Terminplan über den Haufen werfen muß. Gestern mußte ich aus diesem Grund sogar einen Termin beim Finanzdirektor der neuen Don Scott's-Niederlassung absagen.

Linda: Ich verstehe schon, daß das für Sie eine Belastung bedeutet, Howard. Aber bei uns hat die Betreuung der bestehenden Händler nun mal Vorrang. Bei dieser Wirtschaftslage können sie nicht riskieren, auch nur einen einzigen Abschluß zu verlieren, weil die Finanzierungsanfragen schleppend bearbeitet werden. Ich fürchte, da ist nichts zu machen.

Howard (3): Sie sagen also, daß Kreditanfragen erste Priorität haben, wegen des Drucks, dem wir in diesem Bereich im Fall einer langsamen Bearbeitung ausgesetzt sind.

Linda: Stimmt genau, Howard. Und überhaupt erwarte ich, daß unsere Leute bereit sind, einzuspringen und auszuhelfen, wenn Mary dort drinnen in Arbeit untergeht. Das verstehe ich unter Teamarbeit.

Howard (4): Sie klingen ziemlich überzeugt in diesem Punkt.

Linda: Das bin ich auch. Ist das für Sie ein Problem?

Howard (5): Schauen Sie, ich habe überhaupt nichts gegen Teamarbeit. Mein Problem ist, daß ich nicht aus meinem eigentlichen Tätigkeitsbereich von einer Minute auf die andere herausgerissen werden möchte und meine Termine abblasen muß. Ich empfinde es als äußerst unerfreulich, auf diese Art und Weise herumgeschubst zu werden. Außerdem stehe ich vor meinen Kunden wie ein Idiot da.

Linda: Nun, das bedaure ich sehr. Es ist nur so, daß Sie die Abteilung eben am besten kennen. Und Sie sind der einzige, auf den ich mich wirklich verlassen kann.

Howard (6): Das verstehe ich schon, Linda. Mary wird mit Finanzierungsanfragen überschwemmt. Und weil Sie den Händlern kürzere Bearbeitungszeiten bieten wollen, müssen Sie auf einen solchen Engpaß umgehend reagieren. Und wenn ich gerade da bin, trifft es eben mich.

Linda: Sie haben den Nagel auf den Kopf getroffen, Howard. Tut mir leid.

Howard (7): Okay, aber damit komme ich nicht klar. Erstens ist das ein Zeichen an die anderen Kollegen, daß der Verkauf nicht so wichtig ist. Zweitens untergräbt es meine Glaubwürdigkeit bei den Händlern. Und schließlich arbeite ich überhaupt nicht gerne in Krisensituationen, wo ich immer nur Feuerwehr spielen muß und mein eigener Job dabei auf der Strecke bleibt. Ich mache mir echte Sorgen, daß Sie und Tom [der regionale Verkaufsleiter] in ein paar Monaten wegen unserer sinkenden Umsatzzahlen über mich herfallen werden. Und ich wette, daß das Team dann nicht bereitsteht, um mir bei meinen Verkaufsgesprächen zu helfen. Auch ich glaube an Teamarbeit. Gleichzeitig glaube ich aber auch daran, daß jeder von uns seine individuelle Verantwortung dem Team gegenüber trägt. Meine lautet, Umsatz zu machen und nicht, den Laufburschen für die Kreditabteilung abzugeben.

Linda: Das scheint ja wirklich ein ernsthaftes Problem für Sie zu sein, stimmt's?

Howard (8): Stimmt. Das geht mir wirklich an die Nieren.

Linda: Okay, haben Sie auch ein paar Ideen?

Howard (9): Ja, die habe ich. Aber vor allem möchte ich den Vorschlag machen, daß wir drei, Sie, Mary und ich, uns einmal zusammensetzen und uns mit dieser Frage befassen. Ich glaube, Mary sollte da einbezogen werden, schließlich betrifft es ihren Bereich. Wenn wir uns gemeinsam Gedanken machen, kommt vielleicht etwas dabei heraus, mit dem jeder leben kann.

Linda: In Ordnung, sprechen Sie also mit Mary, und setzen Sie es für Freitag nach dem Mittagessen an.

Howard (10): Gut, Linda, und vielen Dank auch für Ihre Bereitschaft, nach anderen Lösungen zu suchen. Ich bin froh, daß wir so offen miteinander reden können.

Howard leitet dieses Gespräch sehr wirkungsvoll ein, indem er seine Gefühle zum Ausdruck bringt und dann in (2) eine gute konfrontierende Ich-Botschaft aussendet. Dann schaltet er in den Antworten (3) und (4) um und hört Linda zu, um sicherzustellen, daß sie weiß, daß er sie richtig verstanden hat. In (5) bringt er nochmals sein ursprüngliches Anliegen vor, und in (6) faßt er ihre Position zusammen. Sobald er sich davon überzeugt hat, daß sie sich von ihm vollständig verstanden fühlt, ist es für ihn leichter, ihr in (7) das Problem in seiner vollen Tragweite darzulegen, anstatt sie gleich zu Beginn damit zu überfahren. Er hat ja nun bereits seine Bereitschaft gezeigt, ihr zuzuhören und ihren Standpunkt zu verstehen. In (9) schließlich einigen sich beide auf eine Besprechung mit Mary, um eine Lösung zu finden. In dieser Besprechung wird der sechsstufige Weg zu einer Konfliktlösung ohne Verlierer zur Anwendung kommen, der im nächsten Kapitel vorgestellt wird.

Der Beginn der Beziehung zwischen Verkäufer und Käufer

Die Beziehung zwischen Verkäufer und Käufer kann von jedem der beiden angeknüpft werden. Wenn der Käufer den Prozeß in Gang setzt, fängt das üblicherweise mit einem Satz wie »Ich suche da etwas, das Sie mir vielleicht anbieten können« an. Das kommt vor allem im Bereich des Einzelhandels vor. Der Verkäufer beginnt diesen Prozeß mit einer Botschaft, die zum Ausdruck bringt: »Ich habe da etwas, das Sie vielleicht brauchen könnten.«

Wenn ein Verkäufer den ersten Schritt tut, ist oft eine authentische Ich-Botschaft hilfreich. In einem solchen Fall muß der Verkäufer darauf achten, eine Botschaft zu formulieren, die mit großer Wahrscheinlichkeit das Interesse des Käufers wecken wird. In dem Satz »Ich habe da etwas, das Sie vielleicht brauchen könnten« ist der wichtigste Teil der Nebensatz: »das Sie vielleicht brauchen könnten«. Viele Verkäufer am Markt konzentrieren sich auf das, was sie verkaufen. Der Käufer möchte aber wissen, was er davon hat. Und das wichtigste Wort überhaupt in diesem

Satz ist das *»vielleicht.«* Es drückt aus, daß der Verkäufer nicht sicher ist, ob der Käufer für das Produkt oder die Dienstleistung Verwendung hat, solange sie beide den individuellen Bedarf des Käufers nicht gemeinsam eruiert haben. Auf diese Weise vermeiden Verkäufer die typischen Abwehrreaktionen von Käufern, mit denen diese auf den arroganten Ton der meisten Eröffnungsfloskeln reagieren.

Mit den folgenden starken Eröffnungsbotschaften können Verkäufer die Wahrscheinlichkeit erhöhen, daß der Käufer sich bereit erklärt, mit ihnen in eine Beziehung einzutreten.

1. *Botschaften, die die Möglichkeit signalisieren, Geld zu sparen:*
   »Ich habe hier einige Informationen über unser neues Kreditpaket, das Ihnen bei der Refinanzierung Ihres Hauskaufes vielleicht helfen könnte, Geld zu sparen.«
2. *Botschaften über ein neues Produkt oder eine neue Dienstleistung und deren Vorzüge:*
   »Ich würde Ihnen gerne mehr über unsere neuen Operationskittel erzählen, die Ihre Kosten für Arbeitskleidung vielleicht erheblich verringern könnten.«
3. *Botschaften, die die Möglichkeit vermitteln, daß das Produkt oder die Dienstleistung dem Käufer helfen könnte, die Qualität seiner Arbeit zu verbessern:*
   »Ich würde gerne mit Ihnen über unser Verkaufsschulungsprogramm sprechen und darüber, wie es vielleicht die Leistung Ihrer Leute an der Front verbessern könnte.«
4. *Botschaften, die ausdrücken, daß der Verkäufer neue Informationen für den Käufer hat:*
   »Ich habe hier ein paar neue Informationen über Ihre Anlage, die Ihren Leuten vielleicht eine Menge Zeit bei der Fehlersuche sparen könnte.«
5. *Botschaften, die dem Käufer eine Problemlösung in Aussicht stellen:*
   »Ich habe hier ein neues Reinigungsprodukt, daß vielleicht Ihr Teppichproblem im Rezeptionsbereich lösen könnte.«

Wie Sie sehen, stellt jede der obigen Botschaften dem Käufer einen Vorzug in Aussicht. Indem man diese Botschaft in die Form

»Ich habe hier etwas, das Sie vielleicht brauchen könnten« kleidet, erhöht sich die Wirkung auf den Käufer beträchtlich.

Das Gespräch über den Nutzen Ihres Produktes oder Ihrer Dienstleistung

Die meisten Verkäufer kennen den Unterschied zwischen einer Eigenschaft und einem Nutzen. Dennoch ist es erstaunlich, wieviel Zeit Verkäufer damit verbringen, über die Eigenschaften ihres Produktes oder ihrer Dienstleistung zu sprechen. Natürlich müssen die Kunden erfahren, woraus das Produkt besteht und welche Eigenschaften es hat. Aber sie werden es nicht schätzenlernen, solange das die einzige Information ist. Der eigentliche Wert entsteht für den Käufer durch seine Wahrnehmung dessen, was das Produkt oder die Dienstleistung für ihn bewirken kann – den Nutzen.

Eine Eigenschaft ist etwas, das das Produkt oder die Dienstleistung charakterisiert. Eigenschaften werden oftmals durch Substantive ausgedrückt. Eine Eigenschaft ist ein physisches Merkmal, das die Frage beantwortet: »Worum handelt es sich?« Jede Eigenschaft sagt etwas über das Produkt oder die Dienstleistung aus. Eine Eigenschaft eines neuen Autos wäre etwa der Airbag für den Beifahrer. Der Nutzen einer Eigenschaft ist ein individueller Wert, der Antwort gibt auf die Frage: »Was bringt mir das?« Der Käufer eines neuen Autos möchte hören: »Der Airbag für den Beifahrer macht dieses Auto für Ihre Ehefrau und Ihre Kinder ebenso sicher wie für Sie selbst.« Jedermann wird demnach zustimmen, daß es viel besser ist zu sagen: »Dieses Auto hat einen Airbag für den Beifahrer; dadurch ist dieses Auto für Ihre Mitfahrer ebenso sicher wie für Sie selbst«, als: »Dieses Auto hat einen Airbag für den Beifahrer.«

Gehen wir nun einen Schritt weiter, um die Wirkung einer solchen den Nutzen betonenden Botschaft noch zu verstärken. Lesen Sie die folgenden Aussagen laut vor:

1. Dieses Auto hat einen Airbag für den Beifahrer; dadurch ist dieses Auto für Ihren Beifahrer ebenso sicher wie für Sie selbst.
2. Sie werden diesen Airbag für den Beifahrer wirklich zu schätzen wissen; dadurch ist dieses Auto für Ihren Beifahrer ebenso sicher wie für Sie selbst.
3. Wir haben dieses Auto mit einem Airbag für den Beifahrer ausgestattet; dadurch ist dieses Auto für Ihren Beifahrer ebenso sicher wie für Sie selbst.
4. Ich bin davon überzeugt, daß Ihnen der zusätzliche Airbag für den Beifahrer gefallen wird; dadurch ist dieses Auto für Ihren Beifahrer ebenso sicher wie für Sie selbst.

Aussage 1 ist ein allgemeiner Satz mit minimaler Wirkung. Er ist vielleicht für allgemein gehaltene Werbung verwendbar, aber er ist nicht dazu angetan, eine persönliche Brücke zwischen Menschen zu schlagen. Die zweite Aussage ist eine Du-Botschaft und könnte Widerstand gegen die darin enthaltene Mitteilung hervorrufen. Viele Menschen denken automatisch: »Ach, tatsächlich?«, wenn man ihnen sagt, was sie fühlen oder tun sollen. Die dritte Aussage verwendet das allgemeine »wir«. In unserem Beispiel ist »wir« ein riesiger, unpersönlicher Autokonzern. Das ist äußerst vage und spricht den Käufer nicht an.

Beispiel 4 ist eine Ich-Botschaft und vermittelt den Nutzen auf einer persönlichen Ebene. Denken Sie daran, daß Ihre Kunden in erster Linie von Ihnen kaufen. Die Beziehung, die Sie zu ihnen aufbauen, ist ein wesentlicher Bestandteil des Kaufprozesses. Wie auch bei anderen Formen der authentischen Kommunikation ermöglicht der durch die Ich-Botschaft ausgedrückte Nutzen dem Käufer, den Verkäufer als reale Person mit eigenen Gedanken und Gefühlen wahrzunehmen, und nicht als einen Roboter, der eine sorgfältig vorbereitete Präsentation abspult.

Käufer wollen mit Verkäufern arbeiten, denen sie vertrauen können. Authentische Kommunikation ist wesentlich für die Herstellung dieses Vertrauens. Darüber hinaus werden Sie in Ihrer Verkäuferrolle zufriedener und erfolgreicher sein, wenn Sie natürlicher und echter sein können und wenn Ihre eigenen Bedürfnisse nicht zu kurz kommen. Nehmen Sie das Risiko auf sich, lassen Sie Ihre Maske des Verkaufsprofis fallen und die unverfälschte und einzigartige Person darunter zum Vorschein kommen. Sie werden von den Ergebnissen angenehm überrascht sein.

Zusammenfassung des Kapitels

1. Mit anderen authentisch zu kommunizieren bedeutet, wirkliche Verantwortung für Ihr eigenes Leben zu übernehmen, und belohnt Sie mit mehr Stolz, Selbstvertrauen und persönlicher Durchsetzungskraft.
2. Ich-Botschaften erleichtern es, das auszusprechen, was in einem Gespräch normalerweise unausgesprochen bleibt, weil das Risiko, den Gesprächspartner zu verärgern, dabei minimiert wird.
3. Die drei Hauptbereiche, in denen authentische Kommunikation und Ich-Botschaften direkte Anwendung auf den Kauf- und Verkaufsprozeß finden, sind:
   - wenn das Verhalten des Kunden (oder einer anderen Person) für Sie ein Problem darstellt;
   - wenn Sie das erste Mal an einen Kunden herantreten;
   - wenn Sie über den Nutzen Ihres Produktes oder Ihrer Dienstleistung sprechen.
4. Einer der Schlüssel zu hoher Kundenzufriedenheit ist die Bereitschaft von einzelnen innerhalb des Unternehmens, anderen offen entgegenzutreten und dadurch innerbetriebliche Hindernisse aus dem Weg zu räumen.
5. Die beste Möglichkeit, den Kauf- und Verkaufsprozeß in Gang zu setzen, besteht darin, eine Ich-Botschaft zu entwerfen und auszusenden, die um den Satz kreist: »Ich habe hier etwas, das Sie vielleicht brauchen könnten.«
6. Die Anwendung der »Ich«-Sprache erhöht ganz beträchtlich die Wirkung von Botschaften, die den Nutzen Ihrer Produkte oder Ihrer Dienstleistungen betreffen.

Achtes Kapitel

Wie man Konflikte so löst, daß niemand dabei verliert

> Anstatt einen Konflikt zu leugnen, sollte man ihn als Aufforderung annehmen und verstehen. So gesehen, stellt er eine hervorragende Gelegenheit für positives Wachstum und Veränderung dar, einen ungeheuren Ansporn.
>
> *Thomas Crum*

George ist Ingenieur und arbeitet im Außendienst eines Erzeugers von maßgeschneiderten integrierten Schaltkreisen in der High-Tech-Branche. Fünfundneunzig Prozent seines Umsatzes stammen von einem einzigen Kunden. Die Lieferzeiten schwanken normalerweise zwischen sechs und zwölf Wochen; in einem speziellen Fall ist es jedoch gelungen, ein Produkt in nur vier Wochen zu erzeugen und auszuliefern. Seither ist der Einkaufsleiter davon überzeugt, daß er nur genügend Druck ausüben muß, um eine vierwöchige Lieferfrist für alle Bestellungen durchzusetzen. Ständig macht er Bemerkungen mit drohendem Unterton, wie etwa: »Dann werden wir uns wohl einen anderen Lieferanten suchen müssen«, oder: »Entweder Sie verkürzen Ihre Lieferzeiten, oder wir werden jemand anders finden, der mit uns zusammenarbeitet.«

George hat gute Kontakte zu anderen Angestellten dieses Kundenunternehmens, besonders zu den Ingenieuren, mit denen er bei der Produktentwicklung zusammenarbeitet. Er ist sich auch bewußt, daß noch viel zusätzliches Geschäftspotential vorhanden ist. Deshalb ärgert es ihn, daß der Konflikt mit dem Einkaufsleiter zu niedrigeren Umsatzzahlen als den von ihm erwünschten führt.

Niemand hat den Mut, die Situation direkt anzugehen. George will ein ohnehin schon belastendes Problem nicht noch weiter verschlimmern. Die Ingenieure und andere Angestellte des Kundenunternehmens würden gerne verstärkt mit der Firma von George zusammenarbeiten. Sie halten sich aber in dieser Sache bedeckt, weil der Einkaufsleiter eine sehr mächtige Figur in ihrem Unternehmen ist. Georges Vorgesetzter wiederum sorgt sich um den Verlust des bestehenden Geschäfts. Also passiert gar nichts.

Die Angst vor einem Konflikt bewirkt, daß eine stille Verschwörung zwischen allen Beteiligten herrscht: Man will die Situation so hinnehmen, wie sie ist. Gelegentlich hört man sie sagen: »So ist es nun mal bei uns«, oder: »Versuchen Sie, das Beste aus der Situation zu machen.« Der Einkaufsleiter wird sich wohl niemals ändern, es führt aber kein Weg an ihm vorbei. Also legt sich jeder Beteiligte seine Version der Angelegenheit zurecht, warum die Situation nun einmal so ist, wie sie ist. Auf diese Weise gelingt es ihnen, zu rationalisieren, was vor sich geht und warum sie eigentlich überhaupt nichts dagegen tun können.

Diese Verschwörung setzt sich innerhalb des Kundenunternehmens fort. Die Ingenieure und ihre Kollegen, die gerne verstärkt mit der Firma von George zusammenarbeiten würden, drücken sich vor ihrer Verantwortung, indem sie sich sagen: »Jeder hier weiß, daß der Einkaufsleiter unantastbar ist. Immerhin ist er schon seit fünfundzwanzig Jahren im Unternehmen. Regelmäßig wird er vom Generaldirektor wegen seines harten Verhandlungsstils gegenüber den Lieferanten belobigt. Und überhaupt wissen wir doch alle, daß die beste Methode, Qualität und Service zu erhöhen und Kosten zu senken, darin besteht, die Lieferanten gegeneinander auszuspielen.« Also beschließen die Anhänger von Georges Firma, den Mund zu halten.

Die Folge ist, daß eine Partnerschaft mit dem Lieferanten, die die Kreativität und Innovation fördern und die Kosten senken würde, nicht zustande kommt. Eine solche Art von Beziehung würde es der Firma von George ermöglichen, stärker an der langfristigen Planung des Kunden teilzuhaben und infolgedessen den künftigen Bedarf besser abschätzen zu können.

Bedauerlicherweise jedoch schottet sich der Einkaufsleiter, der auch das Beste für seine Firma zu tun glaubt, ab und hat so nie Gelegenheit, neue Alternativen auszuprobieren. Niemand hat den Mut, gegen ihn aufzutreten und ihm so die Möglichkeit zu geben, die Konsequenzen seines Verhaltens zu erkennen. Er verfolgt unbeirrt seinen gewohnten Weg und ist sich der Probleme, die er dadurch hervorruft, nicht bewußt. Er ist fest davon überzeugt, daß er so das Bestmögliche für sein Unternehmen herausholt.

All dies geschieht aus Furcht vor der Konfrontation mit anderen und weil mit Konflikten nicht offen und ehrlich umgegangen wird. Situationen dieser Art überwuchern die Unternehmen von heute. Die Auswirkungen auf den Umsatz, die Kundenzufriedenheit und die Gewinne sind verheerend.

Die Angst vor Konflikten kann unterschiedliche Formen annehmen. Die Menschen fürchten sich davor, eine Beziehung, die schon einige Zeit besteht, zu gefährden; sie haben Angst vor Ablehnung oder vor Sanktionen durch andere; und sie sind besorgt, den Gesprächspartner zu verärgern. Viele befürchten, sich lächerlich zu machen oder als Egoist dazustehen. Wieder andere haben Angst davor, vom Team wegen ihrer »negativen Verhaltensweise« geächtet zu werden.

Aus all diesen Gründen wird ein Konflikt wie eine Krankheit gesehen, die um jeden Preis weggeschoben oder verhindert werden muß. Zu diesem Zweck verwenden die Menschen eine der folgenden zwei Strategien: die »Vogel-Strauß-Politik« – dem Problem aus dem Weg gehen; es einfach verleugnen; über Differenzen und Meinungsverschiedenheiten nicht sprechen – oder die »den-Familienfrieden-um-jeden-Preis-erhalten-Politik«. Diese beiden Verhaltensweisen haben ernsthafte Auswirkungen auf Verkäufer und deren Beziehung zu Käufern, Kundendienstabteilungen und Vorgesetzten.

Die herkömmliche Denkweise und das landläufige Verhalten beim Auftreten von Konflikten können bestenfalls als primitiv bezeichnet werden. Jedenfalls sind sie im komplexen Marktgeschehen von heute nutzlos. Eine neuer Umgang mit Konflikten und die dazu erforderlichen Fertigkeiten gewinnen immer mehr an Bedeutung, je größer der Kreis der in den Verkaufsvorgang einbezogenen Personen wird und je mehr der Trend zu langfristigen Kundenbeziehungen um sich greift.

Im Synergetischen Paradigma werden Konflikte als Gelegenheit betrachtet, Hindernisse aus dem Weg zu räumen und die Beziehung zu verbessern. Bitte glauben Sie uns: Es ist tatsächlich möglich, einen Konflikt so zu lösen, daß keiner als Verlierer dasteht und beide Seiten profitieren. Es gibt im Synergetischen Paradigma drei Grundsätze für eine effektive Konfliktlösung ohne Verlierer. Erstens: Akzeptieren Sie Konflikte als normalen Bestandteil jeder Beziehung. Zweitens: Bekennen Sie sich zu Konfliktlösungen ohne Verlierer (oder auch zu Konfliktlösungen, bei denen beide gewinnen). Drittens: Wenden Sie die in diesem Kapitel dargestellte sechsstufige Methode an, die Ihnen zeigt, wie man für beide Seiten annehmbare Lösungen findet.

Konflikte als normalen Bestandteil jeder Beziehung akzeptieren

Konflikte sind unvermeidlich und üben eine gesunde Funktion in jeder Beziehung aus. Tatsächlich kann das Fehlen von Konflikten bedeuten, daß ein Teil sich vom anderen eingeschüchtert fühlt – der Verkäufer Angst hat, einem Kunden entgegenzutreten; der Untergebene sich davor fürchtet, seinen Vorgesetzten zu reizen. Die Lösung liegt nicht darin, Konflikte zu vermeiden oder zu verleugnen. Man muß lernen, wie man mit ihnen umgehen und sie auf eine Weise lösen kann, die der Beziehung zum Vorteil gereicht. Die Tatsache, daß Sie einen Konflikt mit einem anderen Menschen haben, ist ein Zeichen, daß etwas in der Beziehung nicht stimmt. Durch den Konflikt können Sie die Beziehung verbessern und einen kreativen Denkprozeß in Gang bringen, der Sie auf eine höhere Ebene der Zufriedenheit in der Beziehung führen kann.

Um Konflikte als normalen, ja sogar als gesunden Bestandteil einer Beziehung zu betrachten, ist es nötig, daß Sie sich bewußtmachen, welche Einstellung zu Konflikten Sie aufgrund Ihrer früheren Erfahrungen entwickelt haben. Aber statt sich als Gefangener dieser Konditionierung zu fühlen, müssen Sie versuchen, sich davon zu befreien, um sich so den neuen Techniken zur Konfliktlösung zu öffnen.

Die meisten Menschen glauben, daß Konflikte etwas Schlechtes sind. Sie sind zu allem möglichen bereit, nur um Konflikten in ihrem Leben aus dem Weg zu gehen oder sie zu leugnen. Die Folge: Probleme bleiben ungelöst; in der Beziehung staut sich so lange Ärger auf, bis er unverhältnismäßig heftig, gemessen am konkreten Problem, ausbricht; und die Beziehungen bleiben spannungsgeladen und unbehaglich, wodurch effektive Kommunikation blockiert wird.

Verkäufer sind darüber hinaus zumeist Menschen, die wollen, daß man sie mag. Aus diesem Grund sprechen viele die Konflikte mit ihren Kunden nicht an. Wiederum setzen sie durch ihre aus der Vergangenheit herrührende Konditionierung einen Konflikt mit ihrem Kunden damit gleich, daß der Kunde sie nicht mag. Das Ergebnis ist, daß sie ein künstliches Lächeln aufsetzen, das besagen soll, daß alles in Ordnung ist, während sie sich innerlich über ihren Kunden, ihren Job und sich selbst ärgern.

Worauf es ankommt, ist, daß Sie sich Ihre bisherigen Erfahrungen mit Konflikten vor Augen halten. Wenn Sie sich die Zeit nehmen, sich diese einengenden Überzeugungen bewußtzumachen, werden Sie mit Ihren Problemen mit Käufern und anderen Menschen in Ihrem Leben besser fertig werden. Brechen Sie aus Ihrer bisherigen Konditionierung aus, und akzeptieren Sie Konflikte als Gelegenheit, die Beziehung zu verbessern. Wenn Sie Konflikte als etwas Wertvolles betrachten, werden Sie ihre Ursachen eher verstehen, besser damit umgehen und sie lösen können.

Das Bekenntnis zu Konfliktlösungen ohne Verlierer (oder auch zur Konfliktlösung mit zwei Gewinnern)

Es gibt drei grundsätzliche Methoden, einen Konflikt zu lösen. Die ersten beiden bewegen sich im herkömmlichen Paradigma, in dem einer gewinnt, der andere aber verliert, die dritte, jene ohne Verlierer, im Synergetischen Paradigma.

Methode 1: Sie gewinnen, der andere verliert

Dieser Ansatz zu einer Problemlösung hat seine Wurzeln in der Ausübung von Macht, die dazu benutzt wird, einem anderen eine Lösung aufzuzwingen. Jemand, der Methode 1 anwendet, sagt im wesentlichen: »Ich verfüge in unserer Beziehung über die größere Macht in Form von Belohnung oder Bestrafung, und deshalb werde ich gewinnen.« Die Person mit der geringeren Macht nimmt dabei üblicherweise die folgende Haltung ein: »Ich akzeptiere widerwillig Ihre Lösung, aber ich ärgere mich darüber, daß Sie mich Ihre Macht spüren lassen, und ich werde einen geeigneten Weg finden, es Ihnen bei nächster Gelegenheit heimzuzahlen.«

Das folgende Beispiel veranschaulicht den Einsatz von Methode 1 zur Konfliktlösung.

- Tom, ein Verkäufer bei einem pharmazeutischen Unternehmen, und seine Vertriebsfirma haben eine Meinungsverschiedenheit über eine neue Kampagne für den Einzelhandel. Der Großhändler ist verärgert, weil er nicht in die Entwicklung des neuen Programms einbezogen wurde, und äußert Zweifel an dessen Erfolgsaussichten. Tom teilt ihm mit, daß er keine andere Wahl hat, weil die Zentrale bereits die Unterlagen in Auftrag gegeben hat, und daß die Kosten dafür von der Gewinnspanne des Großhändlers abgezogen würden. Tom und sein Unternehmen gewinnen, der Großhändler verliert.

Methode 2: Der andere gewinnt, Sie verlieren

Im nachgiebigen Ansatz zur Konfliktlösung gibt einer den Forderungen des anderen nach, statt zu seinen eigenen Bedürfnissen zu stehen. Er läßt den anderen aus einer Reihe von Gründen gewinnen: aus Angst, die Beziehung aufs Spiel zu setzen; aus Abneigung gegen einen emotionalen Konflikt; aus dem Wunsch heraus, ein netter Kerl zu sein, und so weiter.

Hier zwei Beispiele für diese Methode, Konflikte zu lösen:

- Sandra, eine Verkäuferin bei einer Firma, die Kleindrucksachen herstellt, und ihr Kunde, Dennis, haben ein Problem. Dennis hat das Layout für neue Formulare genehmigt. Nun, da sie gedruckt sind, weigert sich sein Chef, sie zu akzeptieren. Um sich gegenüber seinem Vorgesetzten abzusichern, droht Dennis nun damit, in Zukunft alle Bestellungen bei einem Konkurrenten zu plazieren, wenn Sandra den Auftrag nicht kostenlos noch einmal drucken lasse. Um den Kunden zu behalten, geht Sandra widerwillig auf die Forderungen von Dennis ein. Sandra verliert, und Dennis gewinnt.
- Darryl, ein Kundenbetreuer bei einem großen Veranstalter von Schulungsseminaren, hat einen Kunden, der verlangt, daß seiner Firma für das Seminar für Führungskräfte kundenspezifische Arbeitsmappen zur Verfügung gestellt werden. Er geht mit dieser Kundenforderung zu Steven, dem für die Programmentwicklung zuständigen Direktor, und bekommt dort zu hören, daß die Zeit nicht ausreiche, um die Arbeitsunterlagen kundenspezifisch zu gestalten. Darryl verliert, und Steven gewinnt.

Methode 3: Sie gewinnen, der andere gewinnt (kein Verlierer)

Sowohl bei Methode 1 als auch bei Methode 2 bleibt ein Teil als verärgerter Verlierer mit unbefriedigten Bedürfnissen zurück. Die Konsequenzen dieses Ärgers haben wir bereits im ersten Kapitel untersucht. Sie bilden den Kern der Unzulänglichkeiten des herkömmlichen Paradigmas. Methode 3 gründet auf völlig anderen Voraussetzungen, auf einem anderen Paradigma als jene Methode, die auf der Ausübung von Macht beruht. Die Bedürfnisse beider Teile werden als gleichwertig angesehen. Unabhängig davon, ob die Macht gleich oder ungleich verteilt ist, nimmt jeder Beteiligte Rücksicht auf die Bedürfnisse des anderen, als würde er sagen: »Lassen Sie uns eine gemeinsame Lösung finden, die Ihren und meinen Bedürfnissen gerecht wird. Dabei werden wir beide gewinnen; keiner wird als verärgerter Verlierer zurückbleiben.«

Der Hauptvorteil von Methode 3 besteht darin, daß sie der Beziehung keinen Schaden zufügt, sondern sie in der Regel sogar verbessert. Gefühle des Ärgers und der Ungerechtigkeit werden so vermieden und durch gegenseitigen Respekt und Rücksichtnahme auf die Bedürfnisse beider Teile ersetzt. Und es gibt noch eine Reihe weiterer Vorteile von Methode 3.

Beziehungen werden gesünder und produktiver

Verkäufer, die gut mit Konflikten zurechtkommen, gehen ihnen nicht länger aus dem Weg. Probleme, die unter der Oberfläche der Beziehungen zu Kunden, Vorgesetzten und anderen Personen schwelen, werden so ans Tageslicht gebracht und auf konstruktive Art und Weise gelöst. Das räumt viele Hindernisse zum Verkaufserfolg aus dem Weg. Beziehungen zu Kunden werden auf der Grundlage gegenseitigen Vertrauens aufgebaut. Sie sind durch offenere und ehrlichere Kommunikation gekennzeichnet.

In den sehr wesentlichen Beziehungen zu Verkaufsleitern und anderen unterstützenden Funktionen im Unternehmen werden entscheidende Fragen gelöst, statt ständig nur »Feuer zu löschen«, sich gegenseitig die Schuld zuzuschieben und versteckte Probleme vor sich herzuwälzen. So kann der Verkäufer ein Team führen, das zusammenarbeitet und einen hervorragenden Dienst am Kunden anbietet. Tauchen dennoch Probleme auf, vertraut man einander bei ihrer Bewältigung und kommt so zu einer Entscheidung, die alle zufriedenstellt, einschließlich des Kunden.

Erhöhte Bereitschaft zur Umsetzung einer Entscheidung

Jeder von uns hat schon erlebt, wie sehr man sich verpflichtet fühlt, eine Entscheidung in die Tat umzusetzen, wenn man selbst am Entscheidungsprozeß mitgewirkt hat. Mit dieser Möglichkeit zur Mitwirkung entsteht ein Gefühl von Verantwortung gegenüber der Lösung, und nicht jener Widerstand, der von jemandem provoziert wird, der die Entscheidung eigenmächtig trifft und sie dann anderen aufzwingt. Wenn Menschen an einer Entscheidung selbst mitgewirkt haben, fühlen sie sich auch dafür verantwortlich, daß sie richtig umgesetzt wird.

Getroffene Entscheidungen sind oft qualitativ hochwertiger

Methode 3 fordert die Kreativität, die Erfahrung und das geballte Denkvermögen jedes einzelnen von einem Konflikt Betroffenen heraus. Ob mit Ihrem Kunden, Ihrem Vorgesetzten oder anderen, die in Ihren Verkaufsprozeß involviert sind: der Gedanke »vier Augen sehen mehr als zwei« trifft hier in besonderem Maße zu, muß doch den Bedürfnissen aller Beteiligten entsprochen werden. Eine Person hat nicht dieselbe Sicht des Problems wie die andere, sie kann nicht einmal annehmen, daß sie deren Bedürfnisse überhaupt kennt. Deshalb beschränkt einseitige Entscheidungsfindung die Qualität der Entscheidungen.

Entscheidungen fallen oft schneller

Die meisten Verkäufer haben schon erlebt, wie ein Konflikt mit einem Kunden oder jemand anderem für Wochen oder Monate ungelöst blieb, weil eine Lösung nicht in Sicht war. Sobald dann der Verkäufer aber den Mut aufbringt, den anderen darauf anzusprechen, kann innerhalb weniger Minuten eine freundschaftliche Lösung gefunden werden. Methode 3 unterstützt Menschen in Konfliktsituationen dabei, ihre Bedürfnisse und Gefühle nach außen zu tragen, dem Problem offen ins Gesicht zu sehen und mögliche Lösungen rasch ausfindig zu machen. Darüber hinaus kommen mit dieser Methode zahlreiche Informationen ans Tageslicht, die nicht zur Verfügung stehen, solange jeder Beteiligte für sich allein agiert. So wird es leichter, zu einer raschen Entscheidung zu gelangen.

Methode 3 erfordert sowohl ein Bekenntnis zur Konfliktlösung ohne Verlierer als auch die Kenntnis der sechsstufigen Methode, wie man Konflikte löst.

Die sechsstufige Methode, wie man für beide Seiten akzeptable Lösungen findet

Die Methode der zwei Gewinner, auch »Methode ohne Verlierer« genannt, ist mehr als eine allgemeine Haltung oder Philosophie zu der Frage, wie man Probleme löst; es handelt sich um eine systematische Abfolge von sechs Schritten, die zu Konfliktlösungen führt, die für beide Seiten akzeptabel sind.

Schritt 1: Definieren Sie das Problem (anhand der Bedürfnisse, nicht in Form von konkurrierenden Lösungsmöglichkeiten)

Das ist der wesentlichste Schritt bei der Konfliktlösung. Ihre Beschreibung des Problems sollte keine Schuldzuweisungen oder Werturteile enthalten. Das Aussenden von Ich-Botschaften ist die beste Möglichkeit, Ihre Bedürfnisse auszudrücken. Nachdem Sie Ihre Bedürfnisse und Gefühle beschrieben haben, versuchen Sie, Ihr Verständnis von den Bedürfnissen des anderen zu formulieren. Wenn Sie dessen Sicht des Konfliktes noch nicht kennen, fragen Sie ihn. Vergessen Sie dabei nicht, Ihre Fähigkeit zum aktiven Zuhören einzusetzen, so daß der andere weiß, daß Sie seinen Standpunkt verstanden haben.

Damit die sechs Schritte funktionieren können, ist es von wesentlicher Bedeutung, den Unterschied zwischen Bedürfnissen und Lösungen zu verstehen. Menschen geraten häufig nur deshalb in Konflikte, weil es ihnen nicht gelingt, ihre eigentlichen Bedürfnisse dem jeweils anderen mitzuteilen. Statt dessen ergreift jeder Maßnahmen (seine Lösung), um seine Bedürfnisse zu befriedigen. Wenn die Lösungen sich als unverträglich herausstellen, kommt es zum Konflikt.

Konflikte können leichter gelöst werden, wenn zuerst die jeweiligen Bedürfnisse formuliert werden. Damit das geschehen kann, müssen Sie Ihre eigene Position, die Sie verteidigen, verlassen, weil diese häufig bereits Ihre Konfliktlösung beinhaltet und keineswegs eine genaue Beschreibung Ihrer Bedürfnisse darstellt. Indem Sie Ihren »eigenen Standpunkt« in Schutz nehmen und »recht haben« wollen, könnten Sie weitere Möglichkeiten ausschließen, die sowohl Ihren Bedürfnissen als auch denen des anderen gerecht würden. Bedürfnisse lassen sich erkennen, indem man zu einer bestimmten Lösung die Frage stellt: »Was würde mir das bringen?« Nehmen wir zum Beispiel einen Konflikt zwischen Ann, einer Seminarleiterin für Verkaufsschulungen, und Mark, dem zuständigen stellvertretenden Verkaufsdirektor. Ann wollte, daß jeden Freitagvormittag eine Besprechung abgehalten wird, um die Aktivitäten während der abgelaufenen Woche durchzusprechen. Mark aber wollte sich nicht auf eine bestimmte Uhrzeit festlegen lassen. Sie nannte ihn daraufhin unkooperativ, er wiederum entgegnete, sie verlange da etwas viel von ihm. Der ungelöste Konflikt beeinträchtigte ihr Verhältnis zueinander, ihre Kommunikation und ihre Leistung.

Sie konnten ihre wahren Bedürfnisse so lange nicht erkennen, bis sie jeweils gefragt wurden: »Was würde Ihnen das bringen?« Ann benötigte ein laufendes Feedback über ihre Leistung und wollte sich in die Abläufe eingebunden fühlen. Eine Besprechung an jedem Freitagvormittag war ihre Lösung, um diese Bedürfnisse zu befriedigen. Mark auf der anderen Seite wollte zusätzliche feste Termine während des Tages vermeiden, damit er mehr Zeit für seinen Verkäuferstab zur Verfügung hatte. Als diese Bedürfnisse auf dem Tisch lagen, entschlossen sich beide dazu, sich einmal pro Woche vor Arbeitsbeginn zum Frühstück zu treffen. Diese Lösung war für beide hundertprozentig akzeptabel.

Menschen gehen oft sehr weit, um in einem Konflikt zu beweisen, daß sie recht haben. Wie Pferde, die Scheuklappen tragen, sind sie nicht imstande, andere Alternativen zu erkennen. Viele Verkäufer allerdings verteidigen eine bestimmte Lösung für einen Konflikt, während sie in Wirklichkeit sehr wohl eine Alternative sehen, die ebenfalls funktionieren würde. Das Problem dabei ist, daß sie schon so viel in die Verteidigung ihrer Haltung investiert haben, daß sie nun nicht dumm dastehen oder einen Fehler eingestehen wollen, indem sie davon abrücken.

Wenn beide Seiten in einem Konflikt ihre jeweilige Lösung verteidigen, entsteht eine scheinbar unlösbare Situation. Das ist der Punkt, an dem die meisten Menschen »Kompromisse schließen«. Die Folge ist, daß keiner der Beteiligten zufrieden ist und das Ärgernis in der Beziehung weiterbesteht. Eine Konfliktlösung ohne Verlierer ist kein Kompromiß. Zu Kompromissen kommt es dann, wenn die Beteiligten beginnen, die widersprüchlichen Lösungen zu verändern, und schließlich eine Lösung entwickeln, die von beiden widerwillig akzeptiert werden kann. Jeder hat dabei das Gefühl, daß er etwas aufgegeben hat.

Wesentlich für Konfliktlösungen ohne Verlierer ist die Fähigkeit, das »Rechthaben« aufzugeben, die eigenen Konfliktlösungen beiseite zu stellen, die Bedürfnisse jedes einzelnen zu definieren und nach anderen Lösungen zu suchen, die beide Teile zufriedenstellen. Das bedeutet, sich zuerst auf die Bedürfnisse zu konzentrieren und erst in einem zweiten Schritt auf die Lösungen.

Bevor Sie weitergehen zu Schritt 2, vergewissern Sie sich, daß beide Teile mit der Definition des Problems einverstanden sind. Sie können das überprüfen, indem Sie den anderen bitten, Ihrer Beschreibung des Problems, das Sie beide lösen wollen, zuzustimmen oder sie abzulehnen. Achten Sie schließlich darauf, daß Ihr Gegenüber genau versteht, daß Sie nach einer Lösung suchen, die den Bedürfnissen von Ihnen beiden gerecht wird – so daß keiner von Ihnen verlieren wird.

Schritt 2: Entwickeln Sie mögliche Lösungen

Das ist der kreative Teil der Konfliktlösung. Es ist normalerweise sehr schwierig, sofort eine gute Lösung bei der Hand zu haben. Aber den ersten Lösungen werden fast immer bessere folgen. Fragen Sie Ihren Gesprächspartner zuerst nach seinen Lösungsvorschlägen, bevor Sie die Ihren präsentieren.

Versuchen Sie, eine möglichst große Auswahl von Lösungsvorschlägen zu sammeln, bevor Sie jeden einzelnen davon bewerten und diskutieren. Um jeden Preis müssen Sie vermeiden, die Lösungen des anderen zu beurteilen oder zu kritisieren, weil das den kreativen Prozeß blockiert. Schreiben Sie statt dessen alle Lösungen für eine spätere Überprüfung auf.

Schritt 3: Beurteilen Sie die Lösungen

Das ist jener Punkt bei der Konfliktlösung, an dem Sie beide ernsthaft und kritisch nachdenken müssen. Gibt es irgendwelche Schwachpunkte bei den vorgeschlagenen Lösungen? Gibt es irgendeinen Grund, warum eine Lösung nicht funktionieren könnte? Ist es zu schwierig, sie umzusetzen oder auszuführen? Es ist wichtig, daß Sie sich jetzt an die Bedeutung authentischen Verhaltens erinnern. Schauen Sie nach innen, und bringen Sie Ihre ehrlichen Gefühle zum Ausdruck.

Schritt 4: Entscheiden Sie sich für eine beiderseitig akzeptable Lösung

Eine gemeinsame Einigung auf eine bestimmte oder auf eine Kombination von Lösungen muß erzielt werden. Es handelt sich dabei nicht um einen Kompromiß. Ein Kompromiß bedeutet: »Zur Hälfte gewinne ich, und zur Hälfte verliere ich«, beziehungsweise: »Zur Hälfte gewinnen Sie, und zur Hälfte verlieren Sie.« Wie wir schon vorhin festgestellt haben, hat ein Kompromiß zumeist seinen Ursprung darin, daß beide sich auf eine Lösung versteift haben und diese später modifizieren. Bleiben Sie aber dabei, eine Lösung zu finden, die beide Beteiligten zufriedenstellt. Üblicherweise kristallisiert sich eine bevorzugte Lösung von selbst heraus, wenn erst einmal alle Fakten auf dem Tisch liegen.

Machen Sie nicht den Fehler, zu versuchen, den anderen zu drängen oder zu überreden. Zum einen werden Sie damit einen verstärkten Widerstand gegen Ihren Vorschlag hervorrufen. Und zweitens besteht eine erhebliche Gefahr, daß die Lösung nicht umgesetzt wird, wenn der andere nicht das Gefühl hat, daß er aus freiem Willen einer Lösung zugestimmt hat, die für ihn akzeptabel ist.

Wenn es so aussieht, als ob Sie knapp vor einer Lösung stünden, beschreiben Sie diese Lösung noch einmal, um sicherzustellen, daß Sie beide sie auch richtig verstehen.

Schritt 5: Setzen Sie die Lösung um

Eine Lösung gefunden zu haben ist noch lange keine Garantie, daß sie auch in die Tat umgesetzt wird. Sobald Sie sich auf eine Lösung geeinigt haben, müssen Sie deshalb sofort über deren Umsetzung sprechen – *wer* tut *was,* und *wann*? Die konstruktivste Methode besteht darin, davon auszugehen, daß Sie beide die Entscheidung auch durchführen werden, und nicht die Frage über mögliche Konsequenzen aufzuwerfen, falls das nicht geschieht.

Schritt 6: Bewerten Sie die Ergebnisse

Die erste Lösung bei dieser Konfliktbereinigung ohne Verlierer muß nicht unbedingt die beste sein. Manchmal stellen sich bei der Umsetzung der Lösung Schwächen heraus, die nach einer Modifikation verlangen. Bisweilen ist es sogar erforderlich, die ursprüngliche Lösung zugunsten einer besseren gänzlich fallenzulassen. Vergewissern Sie sich aber, daß Sie ebenso gewissenhaft erkunden, wie der andere die Ergebnisse wahrnimmt, wie Sie Ihre eigenen Empfindungen zum Ausdruck bringen.

Kommen wir nun zu Georges Konflikt mit seinem Kunden zurück, den wir zu Beginn dieses Kapitels geschildert haben. George kommt schließlich zu der Erkenntnis, daß sich etwas ändern muß. Er hat erkannt, daß sich bereits eine Menge Groll auf John bei ihm angesammelt hat. Wegen des Geschäftsumfanges, den er mit John abwickelt, sprechen sie beinahe täglich miteinander. Nach jedem dieser Gespräche fühlt sich George wie erschlagen. Der Druck und die Drohungen, die er von John erfährt, fordern ihren Tribut. George fühlt sich, als würde er unter einem Damoklesschwert arbeiten, das jeden Augenblick auf ihn niedersausen könnte. Sein Unmut äußert sich auf verschiedene Art und Weise. Zum einen entsteht der Eindruck, als ob er ständig mit den Abteilungen, die die integrierten Schaltkreise für Johns Firma entwerfen, erzeugen und ausliefern, im Streit läge. Je mehr John reklamiert, desto ärgerlicher und lauter verhält sich George. Mittlerweile besteht schon eine beträchtliche Spannung zwischen ihm und diesen Betriebsabteilungen. Zusätzlich ist George von seinem Vorgesetzten enttäuscht, weil er sich der Sache nicht annimmt und das Problem nicht löst. In privaten Unterhaltungen bezeichnet er seinen Chef als »schwach« und »ohne Rückgrat«. Er hat einfach keine Freude mehr an seiner Arbeit.

Darüber hinaus überträgt sich seine Unzufriedenheit bei der Arbeit auf sein Privatleben. Er ist ständig müde, und seine Frau beklagt sich immer öfter über seine »Launen« und seine »Reizbarkeit«. Und schließlich beginnt er an seinen eigenen Fähigkeiten zu zweifeln, und sein Selbstwertgefühl leidet. Bisher ist es ihm nicht gelungen, das Problem mit John zu bereinigen. Die ständigen Reklamationen in Verbindung mit den gespannten Beziehungen innerhalb des eigenen Unternehmens lassen ihn an sich selbst zweifeln. Auf diese Art und Weise bleibt das Problem erhalten und verschärft sich sogar noch. Die Auswirkungen, die George verspürt, sind weit verbreitet bei Verkäufern, die Konflikte leugnen oder vermeiden oder die aus einer Gewinner-Verlierer-Haltung an sie herangehen. Denken Sie daran: Wenn in einer Beziehung zu einem anderen Menschen Ihre eigenen Bedürfnisse zu kurz kommen, äußert sich der so entstandene Groll auf vielfältige Art – einschließlich Ihrer Gesundheit, auf die wir hier aber nicht näher eingehen.

George geht also noch einmal seine Möglichkeiten durch. Er könnte (1) Johns Verhalten weiter hinnehmen, (2) sich selbst verändern oder (3) versuchen, John dahingehend zu beeinflussen, daß er sich ändert. Er entscheidet sich für die Alternative 3 und ruft John an, um einen Termin für eine Besprechung zu vereinbaren. Der folgende Dialog zeigt, wie diese Besprechung ablaufen könnte, wenn man die Techniken des Zuhörens und der authentischen Kommunikation mit den sechs Schritten aus Methode 3 zur Konfliktlösung verbindet.

George: John, vielen Dank, daß Sie sich die Zeit genommen haben, um sich heute mit mir zu treffen. Ich glaube, es ist an der Zeit, daß Sie und ich ein offenes Wort miteinander sprechen. Es gibt da ein paar Probleme zwischen uns, die ich gerne lösen würde. Ich möchte, daß Sie wissen, daß ich nach Möglichkeiten suche, wie wir unser Verhältnis so gestalten können, daß es sowohl für uns beide als auch für unsere Unternehmen etwas bringt.

John: George, von welchen Problemen reden Sie?

George: Es ist so, John: Wenn Sie ständig drohen, Ihr Geschäft von uns abzuziehen und zur Konkurrenz zu gehen, mache ich mir Sorgen, daß dies früher oder später unsere Fähigkeit beeinträchtigen könnte, Ihnen die Qualität zu liefern, die Sie erwarten. Es könnte Sie auch eine Stange Geld kosten.

Achten Sie darauf, daß George in seiner ersten Aussage die Grundlage für ein erfolgreiches Gespräch schafft, indem er seine Bereitschaft zu erkennen gibt, die Probleme so zu lösen, daß beide Teile davon profitieren können. Nun muß er diese Bereitschaft genauer definieren. In der zweiten Aussage gibt er eine dreiteilige konfrontierende Ich-Botschaft ab. Danach wird er umschalten müssen, um John zuzuhören.

John: Was glauben Sie eigentlich, wer Sie sind? Wenn ich nicht ständig hinter euch Typen hergewesen wäre, zweifle ich daran, ob ihr überhaupt etwas zustande gebracht hättet! Ihr seid einfach nicht verläßlich, solange euch niemand über die Schulter schaut.

George: Sie sind also davon überzeugt, daß gar nichts gehen würde, wenn Sie uns nicht ständig in den Hintern treten würden.

John: Ganz recht, und ich sage Ihnen gleich noch etwas. Wir verschaffen euch einen Umsatz von sechs Millionen Dollar im Jahr, und ihr scheint zu glauben, daß wir mit euch verheiratet sind. Wenn ich nicht ständig dahinter wäre, würdet ihr bei jeder Gelegenheit pfuschen und es auf uns schieben, wenn wir nicht aufpassen. Wie auch immer, das ist mein Job: euch Kerle und andere wie euch bei der Stange zu halten.

George: Sie machen sich also Sorgen, daß wir die Situation ausnützen würden, und sehen es als Ihre Aufgabe an, sicherzustellen, daß das nicht passiert.

John: Genau!

George: Und außerdem sind Sie der Meinung, daß alle Lieferanten so behandelt werden müssen.

John: Nicht alle, George, nur die, die so wie Sie einen großen Teil von unserem Geschäft bekommen. Ich habe so etwas schon erlebt. Da vergibt man ein großes Kontingent des Einkaufsvolumens an ein einzelnes Unternehmen, und die versuchen sofort, daraus einen Vorteil zu ziehen.

George: Sie glauben also nicht an das Prinzip der Partnerschaft, wie wir es vor drei Jahren besprochen haben, als unsere Zusammenarbeit begann.

John: Partnerschaft! Daß ich nicht lache! Ihr Kerle habt doch bloß mit diesem Wort um euch geworfen, um mit uns ins Geschäft zu kommen. Sie haben ja keine Ahnung, was das bedeutet. Sechs Monate nach Unterzeichnung des Vertrages teilt man mir mit, daß Paul [der ursprüngliche Verkäufer, der diesen Kunden betreute] versetzt wird, und Sie kommen in mein Büro. Nach dem Motto: »Das ist die Person, mit der Sie ab jetzt arbeiten müssen, ob es Ihnen paßt oder nicht.« Das ist keine Art, mit einem Partner umzugehen. Dann, bei der ersten großen Bestellung für die neue ZX-190-Schaltung, teilen Sie mir mit, daß dafür die normale Lieferzeit von zehn bis zwölf Wochen veranschlagt werden muß. Als ich mich darüber aufrege, ruft mein Vorgesetzter Ihren Vorgesetzten an, und plötzlich geht es in nur vier Wochen. Und ich stehe da wie ein Idiot. Und jetzt kommen Sie und sagen mir, Sie wollen eine Partnerschaft!

George: Puh! Da haben wir Sie früher wohl ganz schön im Stich gelassen, als es wichtig gewesen wäre, Glaubwürdigkeit zu erlangen. Zuerst werde ich Ihnen ins Nest gelegt, als Sie gerade eine Beziehung zu Paul aufgebaut haben. Dann passiert die Geschichte mit dem ZX-190, und Sie haben daraus geschlossen, daß man bei uns nur mit lautstarken Forderungen zu seinem Recht kommt. War es so?

John: Genau, George. Wenn ich nicht hinter euch her bin, muß ich mir Sorgen machen, was ihr als nächstes ausfreßt.

George: Okay, Sie haben also drei Punkte angeführt. Erstens sind Sie überzeugt, daß es riskant ist, einem einzigen Lieferanten einen Hauptanteil des Geschäftes zu übertragen; zweitens haben wir früher ein paar Dinge getan, mit denen wir Sie im Stich gelassen haben. Damit haben wir Ihre Bedenken, daß wir nur auf unseren eigenen Vorteil aus sind, verstärkt. Und schließlich haben wir Sie beim ZX-190-Projekt vor Ihrem Vorgesetzten bloßgestellt.

John: Sie haben's erfaßt.

George ist nun sicher, John richtig verstanden zu haben, und, wichtiger noch, er hat sich davon überzeugt, daß John sich verstanden fühlt. Nun kann er wieder zu seinem eigenen Anliegen zurückkehren und sein Problem ansprechen. Sein Zuhören hat die Grundlage dafür geschaffen, daß John nun offen ist, um ihm seinerseits zuzuhören, damit er mehr ins Detail gehen kann.

George: John, es tut mir leid, daß diese Hindernisse zwischen uns aufgetaucht sind. Und ich möchte Ihnen noch einmal sagen, daß diese Drohungen und dieser Druck, die Sie auf uns ausüben, ihren Zweck nicht erfüllen. In Wirklichkeit sabotieren Sie auf diese Weise genau das, was Sie erreichen wollen, nämlich Ihrem Lieferanten vertrauen zu können, daß er hochqualitative Produkte zum bestmöglichen Preis liefert.

Sehen Sie, wenn Sie so aufdrehen, passieren zwei Dinge. Erstens fangen die Leute an abzuschalten. Ich bin Ihre ewigen Bombardements leid, und ich weiß, daß nichts, was wir tun, Sie zufriedenstellen wird. Warum also soll ich mir die Hacken ablaufen? Zweitens wächst sich die Produktion Ihrer Schaltungen zum Horrorszenario aus. Viele unnötige Überstunden, doppelte und dreifache Überprüfungen der Abläufe und andere Zusatzkosten, die wir schließlich an Sie weitergeben müssen. In diesem System geht eine Menge Energie verloren, angefangen bei der Kommunikation zwischen uns beiden bis zur Art und Weise, wie unsere Leute damit umgehen. Ich wage sogar zu behaupten, daß wegen der Unsicherheit, die wir hervorgerufen haben, auch auf Ihrer Seite unnötige Energie verschwendet wird. Was ich damit sagen möchte, ist, daß es so wie bisher nicht funktioniert.

Achten Sie darauf, wie George alles in klaren Formulierungen ausdrückt, damit John die Auswirkungen auf ihn leicht erkennen kann. Dazu hätte es aber nicht kommen können, hätte George zuvor nicht John zugehört und seinen Standpunkt verstanden.

John: Was schlagen Sie also vor?

George: Nun, treten wir einen Schritt zurück und sehen uns für einen Moment das Gesamtbild an. Wenn ich Sie recht verstanden habe, wollen Sie, damit die Zusammenarbeit für Sie funktioniert, (a) ein Gefühl der Sicherheit, daß man Sie nicht ausnutzt, (b) einigen Einfluß auf unsere Entscheidungen, die Sie betreffen, und (c) hochqualitative Produkte zu niedrigen Preisen. Würden Sie hier noch etwas anfügen wollen?

John: Schauen Sie, George, das Wichtigste sind verläßliche Produkte, die zur Verfügung stehen, wenn wir sie brauchen, und das zu einem vernünftigen Preis. Das ist alles. Und meine Aufgabe ist, dafür zu sorgen, daß genau das geschieht.

George: Gut, in Ordnung.

John: Oh, und den folgenden Punkt möchte ich noch einmal betonen. Wenn wir Sie als Einzellieferanten für ein maßgefertigtes Produkt einsetzen, gehen wir wirklich ein hohes Risiko ein. Es gibt kein Sicherheitsnetz. Wenn Sie das verpatzen, müssen wir unsere Produktion einstellen, und so etwas ist eine teure Sache.

George: Sie haben also Ihren Hals in der Schlinge. Ich glaube, ich habe Ihren Standpunkt jetzt wirklich verstanden. Ich möchte

einen Weg finden, wie wir die Situation verbessern und dieses Risiko verringern können. Was ich mir wünsche, sind drei Dinge: Punkt eins ist ein zufriedener Kunde, Punkt zwei mehr Informationen über Ihren jeweiligen voraussichtlichen Bedarf und Punkt drei genaue Angaben von Ihnen darüber, wann wir unsere Aufgabe nicht erfüllt haben.
Sehen Sie, wir befinden uns hier nun mal in einer Partnerschaft, ob das Ihnen oder mir paßt oder nicht. Jetzt liegen beide Seiten der Medaille auf dem Tisch. Haben Sie irgendwelche Vorstellungen, wie wir dieses Problem lösen könnten?

Damit ist *Schritt 1* abgeschlossen: *Definition des Problems*. Durch sein Zuhören ist es George gelungen, alle Anforderungen und Bedürfnisse von John offenzulegen und sie ihm zu wiederholen. Nun weiß John, daß George ihn verstanden hat. Gleichzeitig hat George ehrlich und präzise seine eigenen Bedürfnisse zum Ausdruck gebracht. Wenn er richtig ausgeführt wird, beansprucht Schritt 1 die meiste Zeit in diesem Prozeß. Das muß auch so sein, denn es ist ganz wesentlich, eine starke Grundlage für den Prozeß der Konfliktlösung zu schaffen. Die Zeit, die hier vorab investiert wird, zahlt sich später aus. Nun ist die Zeit für *Schritt 2* gekommen: *Das Entwickeln möglicher Lösungen*. Beachten Sie, daß George zuerst John um seine Vorschläge bittet. Das bringt den Respekt für den Gesprächspartner und seine Meinung zum Ausdruck und gibt Ihnen Gelegenheit, ihm die Bedeutung des wertungsfreien Zuhörens zu diesem Zeitpunkt vor Augen zu führen. Falls der andere eine Lösung parat hat, die für Sie auch akzeptabel ist, ist das außerdem besser, denn seine Identifikation mit einer Lösung wird verstärkt, wenn er selbst sie vorgebracht hat.

John: Nun, das klingt so, als ob wir mehr und bessere Kommunikation brauchen. Vielleicht sollten wir jede Woche einen Gesprächstermin oder auch ein tägliches Telefonat vereinbaren, um zu besprechen, was so vor sich geht. Auf diese Weise könnte ich ein Auge auf euch behalten.

George: (lächelt und notiert die zwei vorgeschlagenen Lösungen auf seinem Notizblock) Gut, fällt Ihnen dazu noch etwas ein?

Es ist gut, wenn Sie sich die Lösungsvorschläge anhören und verbal oder nonverbal bekunden, daß Sie sie notiert haben, und danach fragen: »Gibt es sonst noch etwas?« So stellen Sie klar, daß Sie nicht einfach den erstbesten Vorschlag aufgreifen werden. Es ist wichtig, daß zu diesem Zeitpunkt alle möglichen Lösungen ausgesprochen werden.

John: Nein, eigentlich nicht, außer vielleicht ...

George: Sie zögern?

John: Also, ich dachte an die Möglichkeit, einen Vordruck zu erarbeiten, den wir uns täglich zufaxen könnten, um einander auf dem laufenden zu halten.

George: Okay, das ist eine weitere Möglichkeit, die wir ins Auge fassen könnten.

John: Wissen Sie, George, am liebsten wäre mir eine monatliche Besprechung, an der alle Beteiligten auf beiden Seiten teilnehmen. So würden alle einbezogen, und ich wäre gedeckt. Zusätzlich könnten Sie und ich uns wöchentlich sehen und die laufenden Dinge besprechen.

Es haben sich mehrere Varianten herauskristallisiert, und nun hat John eine vorgeschlagen, die für ihn wirklich vorteilhaft wäre. So ist er geistig bereits zu *Schritt 3* vorgedrungen: *Beurteilung der Lösungen*. Nun ist es Zeit, daß George seine Vorschläge einbringt.

George: Wirklich, John, mir gefällt, was ich da höre. Ich glaube auch, daß wir zuerst die Vertrauensbasis verbessern müssen, wenn wir die Beziehung voranbringen wollen. Und die einzige Möglichkeit, dieses Vertrauen wiederherzustellen, ist durch Kommunikation. Deshalb gefallen mir Ihre Vorschläge. Die täglichen Telefonate oder Faxe könnten sich als Belastung herausstellen, deshalb gefallen mir diese Vorschläge nicht so gut wie das wöchentliche Treffen. Ich bin auch Ihrer Ansicht, daß wir andere Mitarbeiter unserer beiden Unternehmen einbeziehen sollten. Es scheint also, daß wir bezüglich des wöchentlichen Treffens einer Meinung sind. Wann möchten Sie damit beginnen, und wer sollte Ihrer Meinung nach daran teilnehmen?

Nun wurden die Alternativen bewertet, und auch *Schritt 4* ist bereits abgeschlossen: *Entscheidung für eine beiderseitig akzeptable Lösung*. Die letzte Frage von George ist eine Aufforderung, zu *Schritt 5* überzugehen: *Umsetzung der Lösung*, also eine Festlegung, *wer* genau *was* macht und *wann*.

John: Also, mein Vorschlag wäre der folgende. Jeder von uns beiden setzt sich mit seinen Leuten zusammen und sammelt deren Vorstellungen darüber, wer an den monatlichen Besprechungen teilnehmen sollte und was dort behandelt wird. Danach können wir beide uns nächste Woche unterhalten und dabei den Plan im Detail festklopfen. Gleichzeitig können wir besprechen, worum es bei unseren wöchentlichen Treffen gehen soll. Wie hört sich das an?

George: Für mich klingt das großartig. Nur eines möchte ich noch hinzufügen. In etwa drei Monaten sollten wir beide uns noch einmal darüber unterhalten, wie dieses neue Arrangement funktioniert. Wir wollen doch sichergehen, daß diese Lösung wirklich das Hauptproblem zwischen uns löst.

George setzt hier einen Besprechungstermin an, um *Schritt 6* zu bewältigen: *Bewertung der Ergebnisse*.

John: Gut, meinerseits geht das in Ordnung. Rufen Sie mich am Freitag an, um einen Termin für nächste Woche zu vereinbaren.

George: Ich rufe Sie Freitag an. Und, John, ich möchte, daß Sie wissen, wie sehr ich Ihre Bereitschaft zu diesem Gespräch zu schätzen weiß. Ich fühle mich jetzt schon viel besser und bin zuversichtlich, daß wir in Zukunft besser zusammenarbeiten können, mit weniger Streß und Spannung. Danke.

Danken Sie Ihrem Gesprächspartner immer für seine Zusammenarbeit und für seine Bereitschaft, die Probleme mit Ihnen durchzusprechen.

Dieses Beispiel von George und John zeigt die Möglichkeiten, die das Synergetische Paradigma bietet. Außergewöhnliche Ergebnisse sind die Belohnung, wenn Sie die Grenzen Ihrer herkömmlichen Denkweise über Konflikte hinter sich lassen, den Mut aufbringen, eine neue Vorgehensweise auszuprobieren, und die in diesem Buch beschriebenen Fertigkeiten einsetzen, um neue Wege des Umgangs mit anderen zu beschreiten. Verkaufen ist heutzutage ein zu komplexer und anspruchsvoller Vorgang, um mit dem altmodischen Ansatz zu einer Konfliktlösung weiterzuleben, egal ob es das Verhältnis zwischen Ihnen und Ihrem Käufer, Ihnen und Ihrem Vorgesetzten oder Ihnen und den Innendienstabteilungen, die Ihren Erfolg mitbestimmen, betrifft.

Zusammenfassung des Kapitels

1. Ungelöste Konflikte zwischen Menschen beschränken die Leistung eines Verkäufers. Sie haben verheerende Auswirkungen auf den Umsatz von Unternehmen, auf den Dienst am Kunden und auf die Gewinne.
2. Die meisten Leute haben Angst vor Konflikten, weil sie in einer Kultur aufgewachsen sind, in der Konfliktlösung mit Hilfe des herkömmlichen Gewinner-Verlierer-Ansatzes betrieben wird – mit all seinen Folgen.
3. Konflikte werden oft um jeden Preis vermieden. Dabei wenden die Leute eine von zwei Strategien an: die »Vogel-Strauß-Politik« – Konflikte vermeiden, ihre Existenz leugnen, über Differenzen und Meinungsverschiedenheiten nicht sprechen; oder die »den-Familienfrieden-um-jeden-Preis-erhalten-Politik« – alles tun, um nett zu anderen zu sein und keine Probleme zu verursachen.
4. Die Folgen dieser beiden Strategien sind verheerend für die Effizienz des Verkaufs.
5. Die drei Grundsätze für eine wirksame Konfliktlösung ohne Verlierer im Synergetischen Paradigma lauten:
   - Akzeptieren Sie Konflikte als normalen Bestandteil einer Beziehung.

- Bekennen Sie sich zu Konfliktlösungen ohne Verlierer (oder auch Konfliktlösungen mit zwei Gewinnern).
- Wenden Sie die sechsstufige Methode an, um Lösungen zu finden, die für beide Seiten akzeptabel sind.

6. Konflikte sind unvermeidlich und üben eine gesunde Funktion in jeder Beziehung aus. Wichtig ist, Konflikten nicht aus dem Weg zu gehen oder sie zu leugnen. Statt dessen muß man lernen, auf eine Art und Weise mit ihnen umzugehen und sie zu lösen, die sich positiv auf die Beziehung auswirkt.
7. Es gibt drei Ansätze zur Konfliktlösung:
   - Methode 1: Ich gewinne – du verlierst.
   - Methode 2: Du gewinnst – ich verliere.
   - Methode 3: Ich gewinne – du gewinnst.
8. Sowohl bei Methode 1 als auch bei Methode 2 bleibt einer der Beteiligten als verärgerter Verlierer zurück, dessen Bedürfnisse nicht erfüllt wurden. Methode 3 hingegen fügt der Beziehung keinen Schaden zu, sondern verbessert sie sogar.
9. Die Hauptvorteile von Methode 3 sind die folgenden:
   - Beziehungen werden gesünder und produktiver;
   - eine verstärkte Bereitschaft, Entscheidungen auch umzusetzen;
   - getroffene Entscheidungen sind oft qualitativ hochwertiger;
   - Entscheidungen werden oft schneller getroffen.
10. Die sechs Schritte von Methode 3 sind:
    - Definition des Problems
    - Entwickeln möglicher Lösungen
    - Beurteilung der Lösungen
    - Entscheidung für eine beiderseitig akzeptable Lösung
    - Umsetzung der Lösung
    - Bewertung der Ergebnisse

Neuntes Kapitel

Bestimmen Sie Ihre eigene Zukunft oder Sie werden von ihr bestimmt

> Folgen Sie nicht den ausgetretenen Pfaden; gehen Sie lieber dort, wo es noch keinen Pfad gibt, und hinterlassen Sie Ihre eigene Spur.
>
> *Anonym*

Bis man die Techniken des Synergetischen Paradigmas sicher beherrscht, ist es ein weiter Weg. Das Streben nach mehr Kompetenz, um wirkungsvolle Beziehungen zu anderen Menschen aufzubauen, ist ein Prozeß, der ständige Praxis, ununterbrochene Weiterbildung und laufende Verbesserung erfordert. Somerset Maugham hat es so formuliert: »Nur mittelmäßige Leute sind immer in Höchstform.«

Die Zeit ist reif, diesen Weg zu beschreiten. Aber die Initiative liegt bei Ihnen. Niemand kann das für Sie tun. Jene Personen und Unternehmen, die die ausgefahrenen Gleise nicht verlassen, verlieren täglich an Terrain. Und das ist noch gar nichts im Vergleich zu dem, was die Zukunft bringen wird. Es ist wirklich ganz einfach. Sie werden im neuen Spiel nicht überleben, ohne die neuen Spielregeln zu lernen.

Das ist etwa so, als ob Sie Ihr Leben lang Fußball gespielt haben. Sie und Ihr Unternehmen haben ein bestimmtes Erfolgsniveau auf der Basis der Fußballregeln erreicht. Die Grundlagen des Spiels wurden Ihnen beigebracht, oder Sie haben sie sich selbst angeeignet. Sie kennen alles ganz genau, von der Größe und den Linien des Spielfeldes über die Beschaffenheit des Balls und den Spielablauf bis zur Zählweise. Außerdem wissen Sie, wie man spielen muß, vom Stürmen und Überwinden des Gegners über die Verteidigung bis zum Elfmeter und dem Abseits. Ihr ganzes Unternehmen ist rund um diesen Sport aufgebaut, und all seine Strategien, seine Schulungen, seine Sprache und sein Anreizsystem basieren auf dem Fußballspiel.

Nehmen wir nun an, Sie wachen eines Tages auf und erfahren, daß das gesamte Team an einen neuen Besitzer verkauft wurde, dem eine Reihe von Oberliga-Baseball-Mannschaften gehört. Sie und Ihre Teamkollegen spielen nun Baseball. Denken Sie an die Veränderungen, die das mit sich bringen würde. Alles, was Sie kennen und was Ihnen vertraut ist, müssen Sie nun über Bord werfen. Neue Spielregeln müssen gelernt und neue Fertigkeiten entwickelt werden. Und eine neue Kultur muß sich herausbilden, um das Spiel zu unterstützen, das Sie jetzt spielen – nämlich Baseball.

So tiefgreifend müssen die Veränderungen im Verkauf sein. Der Paradigmenwechsel im Verkauf hat ein völlig neues Spiel hervorgebracht. Sie mögen sich wünschen, daß das nie geschehen wäre. Sie können den guten alten Zeiten nachtrauern. Sie können vor den Tatsachen die Augen verschließen. Und Sie können sich dagegen sträuben, soviel Sie wollen. Tatsache ist, daß die Faktoren, die wir im ersten Kapitel behandelt haben, nach einem neuen Verkaufsspiel verlangen, und der herkömmliche Ansatz ist dazu zu beengend, beschränkend, einfach gänzlich ungeeignet. Sich diesen Veränderungen zu verschließen bedeutet, Ihr ganzes Überleben in dieser Branche aufs Spiel zu setzen. Die Geschichte ist voll von Menschen und Unternehmen, die einen Paradigmenwechsel nicht überlebt haben, weil sie unfähig waren, sich an die neuen Regeln anzupassen.

Es gibt eine ganze Reihe von Gründen, warum es dem einzelnen ebenso wie ganzen Unternehmen so schwer fällt, diese Notwendigkeit zur Veränderung klar zu erkennen. Zahlreiche Hindernisse beeinträchtigen die Fähigkeit, die notwendigen Informationen zu sammeln und zu analysieren, um den Zugang zu einer neuen Herangehensweise zu finden. Tatsächlich erleben Sie möglicherweise gerade an sich selbst eine solche Barriere gegenüber dem dramatischen Wandel, der im Verkauf notwendig geworden ist. Eines steht jedenfalls fest: In Ihrem Unternehmen bestehen zumindest ein, wahrscheinlich aber mehrere solcher Hindernisse.

Blindheit aufgrund von Paradigmen

Erinnern Sie sich daran, daß unsere Paradigmen wie Filter funktionieren, durch die wir das Leben betrachten. Dabei tendieren wir dazu, Informationen so zu verzerren, daß sie in unsere Paradigmen passen, oder sie andernfalls ganz von uns zu weisen. Wir sind blind gegenüber solchen Informationen, die dort nicht hineinpassen. Um hierfür den Beweis zu erbringen, bitten wir die Teilnehmer an unseren Seminaren, sich im Raum umzusehen und sich alles, was blau ist, zu merken. Danach müssen sie die Augen schließen und alles aufzählen, das sie gesehen haben und das orange war. Die typische Reaktion darauf ist, daß sie sich an überhaupt keine orangefarbenen Dinge erinnern können. Sie waren auf blau konditioniert und daher blind für alles andere.

Ihre Paradigmen funktionieren ebenso. Ihre Konditionierung hinsichtlich des Verkaufs könnte Sie blind machen gegenüber der Notwendigkeit für die zahlreichen Veränderungen, die das neue Paradigma erforderlich macht. Einzelne und ganze Unternehmen werden dazu neigen, sich über die Aussagen dieses Buches lustig zu machen oder sie von vornherein abzulehnen. Das trifft insbesondere auf jene zu, die mit dem herkömmlichen Verkaufsansatz sehr erfolgreich waren. Ihnen wird es schwerer fallen, das aufzugeben, womit sie bislang Erfolg hatten, und das Risiko eines Übergangs zu neuen Spielregeln auf sich zu nehmen.

Die Blindheit aufgrund von Paradigmen macht Sie zum Gefangenen Ihrer Vergangenheit und nimmt Ihnen viele neue Chancen in Ihrem Leben. Solange Ihre Paradigmen sich nicht verändern, bleibt Ihre Zukunft klar vorhersehbar.

Die Schuld auf andere oder auf äußere Umstände schieben

Sobald sich die Dinge nicht so entwickeln, wie sie sollten, ist die natürliche Reaktion, andere, außerhalb der eigenen Person gelegene Phänomene für die schlechten Ergebnisse verantwortlich zu machen. Der beliebteste Sündenbock ist zur Zeit die Wirtschaftslage. In unseren Seminaren erklären Verkäufer lang und breit, warum die allgemeine wirtschaftliche Situation ihre Leistungsfähigkeit beeinträchtige. Sie geben auch der Konkurrenz, dem Produktdesign, der Qualität, dem Preis, dem schlechten Kundenservice, ihrem Vorgesetzten, der Marketingabteilung und sogar der Regierung die Schuld. Unternehmen bedienen sich ebenfalls solcher Ausflüchte, oder aber sie machen ein schwarzes Schaf ausfindig, jemanden aus dem Unternehmen, dem sie das Ausbleiben des Erfolges in die Schuhe schieben können. Es ist erstaunlich, wie viele fähige Manager gekündigt werden, wo es doch in Wirklichkeit das System ist, das versagt hat.

Wenn Sie aufhören, äußere Umstände für Ihre Ergebnisse verantwortlich zu machen, werden Sie eher in der Lage sein zu erkennen, daß das herkömmliche Paradigma im Verkauf vor dem Bankrott steht. In der Folge werden Sie Ihre eigene Fähigkeit entdecken, Ihre Paradigmen zu verändern und die Verantwortung für Ihr Leben selbst in die Hand zu nehmen. Sobald Sie diese Tatsache akzeptiert haben, werden Sie besser motiviert sein, die neuen Fertigkeiten in die Tat umzusetzen. Und Ihre Leistungen werden sich erheblich verbessern.

Härter arbeiten

Ein weiteres Hindernis beim Paradigmenwechsel ist die Härter-arbeiten-Mentalität. Das geht in etwa so: Wenn die Umsätze im Keller sind und Sie mehr arbeiten, werden sich logischerweise die Verkaufszahlen verbessern. Das stimmt aber nicht, wenn sich das ganze Spiel verändert hat. Anstatt zu akzeptieren, daß es neue Spielregeln gibt und sich die dazu erforderlichen, neuen Fertigkeiten anzueignen, glauben viele Verkäufer und Verkaufsleiter immer noch, daß harte Arbeit die richtige Antwort ist. Das ist genauso, als ob man die Fußballmannschaft noch härter trainieren lassen würde, obwohl sie doch jetzt Baseball spielen soll.

Wieder andere Personen und Unternehmen werden ihren Wandel dadurch abblocken, daß sie abstreiten, daß es überhaupt ein Problem gibt. Sie sind ganz einfach nicht gewillt, sich mit diesen Problemen oder Fragen auseinanderzusetzen oder auch nur zuzugeben, daß es vielleicht neue Möglichkeiten gibt, um die bestehende Situation zu verbessern. Also verfolgen diese Leute stur ihren Weg. Sie haben Angst, Rat oder Unterstützung von Außenstehenden anzunehmen, da dies als ein Zeichen der Schwäche gewertet werden könnte. Ihr Motto lautet: »Ich muß es um jeden Preis auch so schaffen.« Viele erfolgreiche Verkäufer leugnen die Veränderungen am Markt einfach. Sie sitzen in den ausgefahrenen Gleisen fest, denen sie ihren bisherigen Erfolg zu verdanken haben, und fürchten sich davor, nun umdenken zu müssen. Unternehmen tun dasselbe, wenn sie jemanden, der Probleme beim Namen nennt, als »teamfeindlich« brandmarken oder eine Atmosphäre schaffen, in der es üblich ist, »den Boten für die Nachricht zu prügeln«. In beiden Fällen lautet die Botschaft: »Halten Sie Ihre Nase schön brav am Boden, und rühren Sie nicht an Problemen oder offenen Wunden. Tun Sie einfach Ihren Job, und verursachen Sie keine Wellen.«

Eine Revolution hat stattgefunden, die für alle Zeiten die Art, wie wir verkaufen, verändern wird. Diese Revolution hat weitreichende Auswirkungen auf Unternehmen und deren Mitarbeiter. Die neuen Standards für Verkaufserfolg werden in Zukunft von denen gesetzt werden, die sich rasch und effektiv an die Spielregeln und Techniken, die das neue Spiel mit sich bringt, anpassen. Es ist höchste Zeit, aktiv Ihre eigene Umgebung zu gestalten, statt sich den Beschränkungen der gegenwärtigen Situation zu unterwerfen.

Ein Paradigmenwechsel eröffnet neue Chancen. Kolumbus hat durch seine Entdeckung der Neuen Welt und den damit verbundenen Paradigmenwechsel neue Möglichkeiten eröffnet, die sich die Bürger der zivilisierten Welt der damaligen Zeit niemals hätten träumen lassen. Hätten Sie einen durchschnittlichen Händler der Zeit vor 1492 über die märchenhaften Reichtümer, die neuen

Produkte und die möglichen Chancen, die die Neue Welt bot, befragt, so hätte er Ihnen nur im Rahmen seiner damaligen Vorstellungswelt antworten können. Die meisten wären wohl unfähig gewesen, die Chancen zu begreifen, die vor ihnen lagen. Für den Großteil der Menschen ist es schwierig, über die Grenzen ihrer gegenwärtigen Paradigmen hinauszudenken.

Das ist so, als würden Sie eine Raupe auffordern, zu fliegen. Die Raupe könnte nicht einmal beschreiben, wie es ist, zu fliegen. Sie würde antworten, daß Raupen nicht fliegen. Sie sind Krabbeltiere. Und außerdem, hätte Gott gewollt, daß Raupen fliegen, so hätte er ihnen Flügel gegeben. Die Raupe kann sich also unter der Möglichkeit zu fliegen gar nichts vorstellen. Erst nachdem die Raupe einen Verwandlungsprozeß durchlaufen hat und zum Schmetterling geworden ist, könnte sie beschreiben, wie es ist, zu fliegen. Schmetterlinge wissen, wie Raupen fliegen lernen.

Stellen Sie sich einen Augenblick lang das Leben eines Verkäufers im neuen Verkaufsparadigma vor. Vergegenwärtigen Sie sich dabei die folgenden Aussichten.

Sie lieben Ihren Beruf als Verkäufer. Er erlaubt Ihnen, ein großes Einkommen mit einer Tätigkeit zu erzielen, die Ihnen Freude bereitet. Ihre Arbeit ist anregend, herausfordernd und eine Quelle großer Befriedigung in Ihrem Leben. Sie haben ein Gefühl von Erfüllung und Selbstvertrauen. Ihr Stolz auf das, was Sie tun, ist für alle in Ihrem Umfeld erkennbar. Diese Begeisterung für Ihre Arbeit wirkt sich auch auf andere Bereiche Ihres Lebens aus. Die Menschen bewundern Ihre Lebensfreude und Ihre Vitalität.

Einen der erfreulichsten Aspekte Ihrer Tätigkeit stellen die Beziehungen zu anderen dar. Ihre Kunden behandeln Sie bei der Kaufentscheidung als Partner. Sie vertrauen auf Ihren Rat und Ihre Mitwirkung. Diese Beziehungen zu Ihren Kunden wurzeln in einem offenen Fluß ehrlicher Kommunikation ohne Hintergedanken. Sie werden getragen von einer Wertschätzung für und der Rücksichtnahme auf die Bedürfnisse des jeweils anderen. Wenn Probleme auftauchen, werden sie direkt angesprochen und im beiderseitigen Einvernehmen zwischen Ihnen und Ihrem Kunden gelöst, wobei der gegenseitige Respekt und die Wertschätzung für die Beziehung im Vordergrund stehen. Ihr Glaube an den Aufbau synergetischer Beziehungen macht es Ihnen leicht, neue Kunden zu gewinnen. Sie können dabei verstärkt auf Hinweise und Referenzen von Freunden und bestehenden Kunden zurückgreifen.

Ihre Beziehungen innerhalb Ihres Unternehmens und zu jenem Personenkreis, mit dem Sie während des Verkaufsprozesses zusammenarbeiten, sind ebenso stark. Ihr Vorgesetzter unterstützt und versteht Sie. Gleichzeitig fordert er Sie und spornt Sie zu immer besseren Leistungen an. Er agiert als Ihr Trainer für Spitzenleistungen, und Sie vertrauen ihm und schätzen seine Anregungen. Die Beziehung zu Ihrem Vorgesetzten ist ein Vorbild für den Rest des Unternehmens. Andere Abteilungen unterstützen Ihre Anstrengungen. Der Geist der Zusammenarbeit und das Gefühl, Teil eines echten Teams zu sein, bestärken Ihr persönliches Bekenntnis zur Kundenzufriedenheit. Jedes Mitglied des Teams fühlt sich für seinen Anteil am Erfolg gewürdigt.

Ihre persönliche Entfaltung und Ihre Entwicklung sind Ihnen ein Anliegen. Es macht Ihnen Freude, neue Wege zur Verbesserung Ihrer Leistung zu entdecken. Sie nehmen regelmäßig an Verkaufsschulungen teil, die entweder von Ihrem Unternehmen oder von anderen Stellen finanziert werden. Diese Seminare sind interessant, aufregend und herausfordernd. Sie lernen dabei nicht nur die neuen Instrumente zur Verbesserung Ihrer beruflichen Leistung kennen, sondern erfahren auch, wie Sie diese Fertigkeiten und Konzepte auf andere Bereiche Ihres Lebens anwenden können. Sie haben das Gefühl, daß die Schulungen Ihnen Gelegenheit bieten, Ihr Persönlichkeitsbild weiter abzurunden.

Sie arbeiten in einer Unternehmenskultur, die auf den Dienst am Kunden ausgerichtet ist. Die Rolle, die dabei den Verkäufern zukommt, wird allseits anerkannt. Das Team von Kollegen, mit dem Sie arbeiten, hat gemeinsame Ziele, gleichzeitig wird aber der Beitrag jedes einzelnen gewürdigt. Das Team versteht sich sowohl auf visionäres Denken als auch auf dessen praktische Umsetzung. Sie und Ihre Teamkollegen sind sich einig in Ihrem Bekenntnis zu Qualität, Kundenzufriedenheit und hervorragenden finanziellen Ergebnissen. Sie fühlen sich als Teil einer Gemeinschaft von Menschen, in der jeder dem anderen etwas bedeutet und alle gemeinsam einen Beitrag für das Unternehmen und seine Kunden leisten.

Diese Schilderung handelt nicht vom Himmel, vom Nirwana oder von einem fernen Utopia. Sie zeigt, was im Rahmen des neuen Paradigmas des Verkaufs möglich ist. Wenn Ihnen das heute undenkbar erscheint, ist das ganz normal. Erinnern Sie sich: Auch Raupen wissen nicht, wie man fliegt. Und denken Sie an die Worte von Mahatma Gandhi: »Zu glauben, daß das, was in der Geschichte noch nicht vorgekommen ist, überhaupt nie geschehen wird, heißt, an der Würde des Menschen zu zweifeln.«

Sehen wir uns nun jeden Eckpfeiler des Paradigmenwechsels im Verkauf genauer an. Dabei werden wir Beispiele kennenlernen, wie manche Menschen und Unternehmen sich auf das neue Spiel einstellen und sich so gut auf die Zukunft vorbereiten.

Die Beziehung zwischen Verkäufer und Käufer

Wenn Sie sich nicht dazu bekennen, eine entscheidend andere Art von Beziehung zu Ihren zukünftigen Käufern und Kunden aufzubauen, können Sie am Markt nicht überleben. Im ersten Kapitel haben wir einige Bestimmungsfaktoren des Geschäftslebens in den 80er und frühen 90er Jahren beschrieben, die eine neue Art von Beziehung zwischen Verkäufer und Käufer erfordern. Aus Gesprächen mit unseren Kunden und anderen Leuten wissen wir, daß die Zukunft noch stärker in diese Richtung weist, mit noch weniger Spielraum für Fehler und daher noch höheren Einsätzen.

Michael Bender war in den späten 80er Jahren bei der Firma AC Delco, einem Tochterunternehmen von General Motors, verantwortlicher Manager für Verkaufsschulungen. Er erkannte die Notwendigkeit, den Verkauf an das Händlernetz auf ganz neue Art und Weise anzugehen, und es gelang ihm, das Management auf seine Seite zu ziehen. In der Folge organisierte er die Teilnahme von mehr als tausend Personen aus dem Verkauf und den

Kundendienstabteilungen an unseren Seminaren über Synergetischen Verkauf und Kundendienst.

Mittlerweile arbeitet er als selbständiger Unternehmensberater in Frankreich. Auch heute noch ist er von dem neuen Verkaufsmodell überzeugt. Er konnte den Nutzen des neuen Modells nicht nur bei AC Delco beobachten, sondern sieht nunmehr sogar einen noch dringenderen Bedarf dafür am Markt. Bender sagt:

> Die Herausforderungen, mit denen Verkäufer konfrontiert sind, sind so vielfältig und nachhaltig, daß die alte strategische Herangehensweise, die mit vorgefertigten Lösungen arbeitet, nur zu einer Störung der Kommunikation führen kann. Die Folge sind kräftige Umsatzeinbußen, und schließlich steht das Überleben des ganzen Unternehmens auf dem Spiel. Man kann sagen, daß es heutzutage geradezu ein kategorischer Imperativ ist, Verkäufer intensiv zu schulen und mit guten Grundkenntnissen des Synergetischen Paradigmas auszustatten.

Er fährt fort, indem er hervorhebt, wie die Unbeständigkeit des Geschäftslebens sich auch auf die Käufer auswirkt:

> Man darf nicht vergessen, daß die sich rasch verändernden Märkte den Käufer ebenso beunruhigen wie den Verkäufer. Er wird wesentlich mißtrauischer gegenüber Vertretern, die weiterhin mit denselben alten Verkaufsmethoden arbeiten.

Ein anderer Pionier bei der Entdeckung der Vorteile des Synergetischen Paradigmas ist Alex Kerr von der Firma SaskTel (Saskatchewan Telecommunications). Als zuständiger Leiter für Marketingschulungen führte er 1985 die Seminare über Synergetischen Verkauf bei SaskTel ein. Sein Ziel dabei war es, Verkäufer und andere Mitarbeiter gut auf den heißumkämpften Markt vorzubereiten, in dem das Unternehmen nach der Deregulierung der Telekommunikationsbranche in Kanada zurechtkommen mußte. Seit dieser Zeit haben mehr als zweitausend Angestellte aus dem ganzen Unternehmen an diesem Programm teilgenommen. Kerr sagt:

Der Markt der neunziger Jahre ist sogar noch wettbewerbsintensiver, als wir ursprünglich dachten. Der Schlüssel zum Erfolg liegt in der Fähigkeit eines Unternehmens, synergetische Beziehungen zu seinen Kunden zu unterhalten. Die Schulungen, die wir für unsere Mitarbeiter zwischen 1985 und 1990 abgehalten haben, haben dafür den Grundstein gelegt. Die Techniken des Synergetischen Verkaufs müssen entstaubt und immer wieder neu in der Unternehmenskultur verankert werden.

Die Herausforderungen des Geschäftslebens der Zukunft werden den Druck auf die Beziehung zwischen Verkäufer und Käufer nur weiter erhöhen. Sehen wir uns einmal die wichtigsten Fragen an, mit denen sich Unternehmen in den kommenden Jahren auseinandersetzen müssen und die eine ständige Verbesserung der Beziehung zwischen Verkäufern und ihren Kunden notwendig machen.

Da gibt es zum einen den Trend zum Total Quality Management, das die Bedeutung einer kundenorientierten Unternehmenskultur hervorhebt. Dabei handelt es sich weder um eine vorübergehende Modeerscheinung noch um die Managementphilosophie des Monats. TQM bedeutet eine Entwicklung in Richtung einer neuen Art zu arbeiten. W. Edwards Deming, unbestritten einer der führenden Vertreter der Qualitäts-Schule, fordert eine Metamorphose, eine Transformation in der Art und Weise, wie ein Unternehmen nach innen und außen agiert. Nur so könne es in Zukunft erfolgreich überleben. Dies ist ein schrittweiser Prozeß ständiger Verbesserung, der das ganze Gewebe der Unternehmenskultur durchdringen muß. Er ist nicht eines Tages plötzlich zu Ende. Ein wesentliches Element jedes TQM-Programms ist die Beziehung, die Verkäufer und sonstige Mitarbeiter zu den Kunden haben. Ehrliche und offene Kommunikation und eine wirkungsvolle Problemlösungskompetenz sind unabdingbar für Verkäufer, die in einer solchen Umgebung agieren.

Zusätzlich erfordert die gestiegene technologische Komplexität von Produkten und Dienstleistungen heute längerfristige und intensivere Beziehungen zwischen Verkäufern und Käufern.

Es deutet nichts darauf hin, daß sich daran in Zukunft etwas ändern wird. Dasselbe gilt auch für den steigenden Trend, maßgeschneiderte Produkte und Dienstleistungen anzubieten. Der Verkäufer oder sein Unternehmen kann es sich nicht länger leisten, einfach einen Verkauf abzuschließen und weiterzuziehen. Die Wechselwirkungen in den Beziehungen zwischen verschiedenen Unternehmen erfordern eine noch stärkere Bindung. Verkäufer und Käufer werden gezwungen sein, ein tieferes Verständnis für die Belange der jeweils anderen Firma zu entwickeln. Dies erfordert den Austausch von Informationen, die bisher als Geschäftsgeheimnisse galten. Käufer werden bei der Auswahl ihrer Geschäftspartner viel selektiver vorgehen. Die Fehlertoleranz sinkt in einem heißumkämpften Markt, und Irrtümer werden zu teuer, um Kaufentscheidungen noch auf die leichte Schulter nehmen zu können.

Der Trend zur Herausbildung von Partnerschaften mit Alleinlieferanten wird sich in dem Maße fortsetzen, in dem die Technologie komplexer wird. Ebenso wird die Entwicklung neuer Produkte und Dienstleistungen mit Hilfe neuer Technologien den Bedarf nach stärkeren Beziehungen zwischen Verkäufern und Käufern weiter erhöhen.

Schließlich werden die kulturellen Komponenten, die auf einem globalen Markt zu berücksichtigen sind, engere Beziehungen zwischen Verkäufer und Käufer erfordern. Verkäufer werden nicht nur lernen müssen, auf neue Weise mit der Beziehung zum Kunden umzugehen, sondern sie werden das zusätzlich in einer Umgebung tun müssen, die von kultureller Vielfalt geprägt ist. Michael Bender ist ein Experte, was den Einfluß kultureller Unterschiede betrifft. Er war zehn Jahre bei der europäischen Abteilung von General Motors tätig, bevor er zu AC Delco wechselte. Über globale Märkte sagt er das folgende:

> Unternehmen wetteifern darum, sich jenseits von internationalen Grenzen zu betätigen. Die Gefahr dabei ist, daß sie bei ihren Plänen nicht bedenken, was es heißt, in einem solchen Umfeld erfolgreich zu agieren. Bedauerlicherweise glauben allzu viele, daß sie lediglich ihre gewohnte Mentalität auf das

> neue Geschäft übertragen müssen. So etwas kann nur in einer Katastrophe enden, weil die ortsansässigen Kunden [in Europa] diese Herangehensweise nicht akzeptieren.

Eine solche Business-as-usual-Mentalität, von der Bender spricht, spiegelt die herkömmliche Einstellung zur Beziehung zwischen Verkäufer und Käufer wider. Bender erläutert weiter:

> Die meisten Probleme beim Verkauf über Kulturgrenzen hinweg entstehen nicht durch Meinungsverschiedenheiten, sondern durch Mißverständnisse zwischen dem Käufer und dem Verkäufer. Das trifft insbesondere dann zu, wenn beide Teile dieselbe Sprache sprechen und sich in dieser Sprache fließend unterhalten können. Verkaufsrepräsentanten passen sich in einer multikulturellen Situation besser den Gegebenheiten an. Ein europaweit agierender Verkäufer muß seine alten Methoden hinter sich lassen und sich im Synergetischen Paradigma bewegen, um Erfolg zu haben.

Was Bender damit ausdrücken will, ist wiederum, daß die Globalisierung der Märkte nach einem neuen Gefühl des gegenseitigen Verstehens und der Zusammenarbeit zwischen Verkäufern und Käufern verlangt.

Die Probleme, mit denen sich Unternehmen und Verkäufer heute auseinandersetzen müssen und die zur Herausbildung einer neuen Form von Beziehung zwischen Verkäufer und Käufer geführt haben, sind aber nur die Spitze des Eisberges im Vergleich zu dem, was die Zukunft bringen wird. Wer nicht jetzt schon die notwendigen Veränderungen im Umgang mit diesen Beziehungen vornimmt, wird bald nicht mehr mitspielen. Wer diese Veränderungen auch in Zukunft nicht umsetzt, wird erst gar nicht ins Spiel kommen.

Die Beziehungen zwischen Verkäufern und ihren Vorgesetzten

Die Beziehung zwischen Verkäufern und ihren Vorgesetzten ist wahrscheinlich jener Bereich, in dem sich das Synergetische Paradigma am nachhaltigsten auf die Verkaufsergebnisse auswirken kann. Für die meisten Verkäufer ist diese Beziehung ein ständiger Quell der Frustration und Verärgerung. Das untergräbt die persönliche Motivation, Kreativität, Begeisterung und Überzeugung. Im besten Fall stellen sich solche Beziehungen für Verkäufer als neutral oder gerade erträglich dar, jedenfalls aber nicht als Ansporn, bessere Ergebnisse zu erzielen. Selten kommt es vor, daß ein Verkäufer das Verhältnis zu seinem Vorgesetzten als eine positive, bestärkende Partnerschaft beschreibt.

Die Botschaft hier ist ganz einfach und unmißverständlich: Die Beziehung zwischen Verkäufern und ihren Vorgesetzten muß sich radikal verändern, um die Leistung sowohl des einzelnen als auch des gesamten Unternehmens zu maximieren. Es gibt keine andere Möglichkeit, die Dinge zu betrachten. Diese Transformation muß grundlegend und durchdringend sein.

Dabei sind mehrere Punkte zu beachten. Erstens erfordert das neue Verhältnis zwischen Verkäufer und Käufer, daß die Beteiligten in der Lage sind, selbst Entscheidungen zu treffen. Die Käufer wollen nicht mit »Laufburschen« zu tun haben. Sie wollen mit einem Verkäufer zusammenarbeiten, der auf seine Tätigkeit durch entsprechende Schulung ausreichend vorbereitet ist und der über die Autorität verfügt, solche Entscheidungen zu treffen, die für die Partnerschaft relevant sind. Auch verlangen die sich ständig verändernden Märkte eine größere Autonomie für die Verkäufer. Das Spiel erfordert von seinen Akteuren auf dem Spielfeld die Befugnis, Entscheidungen eigenmächtig zu fällen.

Zweitens verlangen die Verkäufer selbst nach einem radikalen Wertewandel am Arbeitsplatz. Sie wollen ebenso wie ihre Kollegen in anderen Abteilungen des Unternehmens mehr Verantwortung und größere Selbstbestimmung. Sie wollen größeren Einfluß auf Entscheidungen nehmen, die sie betreffen. Darüber hinaus wollen sie, daß ihre Arbeit für sie befriedigender wird und mehr Selbstverwirklichung und Anerkennung mit sich bringt. Der Verkäufer von heute, und noch viel mehr der von morgen, möchte, daß seine Meinungen, sein Verhalten und seine Überzeugungen anerkannt und mit Respekt behandelt werden. Verkaufsleiter müssen in der Lage sein, ein Betriebsklima zu schaffen, in dem diese Bedürfnisse erfüllt werden können.

Für die meisten Unternehmen lautet die typische Lösung zur Verbesserung der Beziehung zwischen Verkäufern und ihren Vorgesetzten »Ermächtigung«. Ermächtigung (*empowerment*) des Verkäuferstabes ist in aller Munde, in Seminaren, bei jährlichen Verkäufertreffen und bei Managerkonferenzen. Aber »Ermächtigung« ist zumeist eine Farce. In den meisten Unternehmenskulturen kommt es einem eher vor, als ob sie etwas sei, das dem Verkäufer aufoktroyiert wird. Es ist nur eine andere Form von Kontrolle. Das ist auch der Grund, warum viele Verkäufer es lediglich als weiteren Versuch des Unternehmens auffassen, sie dazu zu bewegen, das zu tun, was die Geschäftsleitung will. Die typische Ermächtigung wird als subtile Form der Steuerung und Manipulation empfunden.

In unseren Seminaren für Verkaufsleiter bitten wir diese, den Begriff »Ermächtigung« zu definieren. Wir erhalten dann Antworten wie: »Ermächtigung bedeutet, die Verkäufer dazu zu bringen, härter zu arbeiten oder produktiver zu werden, ihre Quoten zu erfüllen, mehr Verantwortung zu übernehmen, ihre Probleme selbst zu lösen, häufiger die Initiative zu ergreifen, sich weiterzubilden, um so ihre Leistung zu steigern.« Diese Antworten haben alle einen gemeinsamen Nenner: sie spiegeln die Interessen der Verkaufsleiter wider. Es geht offensichtlich darum, den anderen dazu zu bringen, etwas zu tun, das man selbst für erforderlich hält. Vergessen wird dabei, daß der andere Widerstand leisten wird, wenn er selbst keinerlei Einfluß auf den Prozeß hat.

Ermächtigung ist tatsächlich der Schlüssel zur Umwandlung der Beziehung zwischen Verkäufern und ihren Vorgesetzten, die für die Märkte von heute und als Vorbereitung für die Zukunft so wichtig ist. Im Synergetischen Paradigma nimmt Ermächtigung jedoch eine andere Bedeutung an. Wahre Ermächtigung bedeutet, ein Klima zu schaffen, in dem Menschen ermutigt werden, ihre Fähigkeiten zu entfalten. Dazu gehören die Anerkennung der Gegenseitigkeit von Beziehungen ebenso wie persönliches Wohlbefinden; Selbstbestimmung und Eigenverantwortung zuzulassen; und die Möglichkeit zu schaffen, selbstbeschränkende Überzeugungen zu überprüfen und zu ändern. Das Schlüsselwort dabei lautet *Gegenseitigkeit*. Ein Umfeld persönlicher Ermächtigung ist eines, in dem beide an seiner Gestaltung mitwirken.

Unsere Kultur legt eine Menge Wert auf die Führungsrolle des Managers, aber auch seine »Gefolgschaft« trägt eine gewisse Verantwortung. Das ist der Grund, warum es nicht allein Sache des Verkaufsleiters ist, die Beziehung zwischen Verkäufern und ihren Vorgesetzten zu verändern. Ein Verkäufer muß selbst auch Verantwortung übernehmen bei der Umgestaltung der Beziehung zu seinen Vorgesetzten.

Verkäufer tendieren dazu, Macht an ihre Vorgesetzten abzugeben, um sich dann zu beklagen, wenn die Dinge nicht so laufen, wie sie sollten. Das ist allgemein ein typisches Verhalten für Gefolgsleute. Denken Sie etwa daran, wie ein einzelner Mensch, nämlich der Präsident der Vereinigten Staaten, für die wirtschaftlichen Turbulenzen des Landes verantwortlich gemacht wird. Gefolgsleute ernennen einen Führer und erwarten dann von ihm, daß er sie rettet, oder sie warten auf einen Führer, der sie aus ihren Schwierigkeiten herausführt. Es ist viel einfacher, unsere Macht an jemand anderen abzugeben und ihm dann für alles Schlechte die Schuld zu geben, als persönliche Verantwortung für unser eigenes Leben zu übernehmen. Oft fürchten Verkäufer die Autorität, die ihr Vorgesetzter verkörpert. Sie verhalten sich viel zu passiv in der Beziehung. Damit eine »Ermächtigung des Verkäuferstabes« funktionieren kann, müssen die Verkäufer willens sein, die Verantwortung, die damit verbunden ist, zu akzeptieren.

Gleichzeitig müssen Verkaufsleiter ihre Rolle bei der Veränderung dieser Beziehung annehmen. Der herkömmliche Ansatz im Verkaufsmanagement hat sich überlebt. Verkaufsleiter müssen eine Reihe neuer Fertigkeiten entwickeln, um in der heutigen Zeit ihre Leistung steigern zu können. Immerhin besteht die eigentliche Aufgabe eines Managers darin, Bedingungen zu schaffen, in denen der einzelne seine eigenen Fähigkeiten zum Tragen bringen und sein eigenes inneres Potential ausschöpfen kann, wodurch die persönliche Effizienz maximiert wird. Das beste Vorbild dafür ist vielleicht ein Trainer.

William Marre, Mitbegründer und ehemaliger Generaldirektor des Covey Leadership Institute, arbeitet mittlerweile als selbständiger Unternehmensberater. Er hat sich auf die Entwicklung von Trainerfähigkeiten für Manager spezialisiert. Marre ist der Meinung, daß Manager begreifen müßten, was der Begriff »trainieren« wirklich beinhaltet. Er sagt:

> Die Art von Training, die heutzutage zur Verbesserung des Verkaufsergebnisses nötig ist, hat nichts zu tun mit einem autoritären Stil, den die meisten Leute damit verbinden. Das ist der Stil, wie er etwa im Fußball zur Anwendung kommt, wo der Trainer auf der Pressetribüne sitzt, von der er einen besseren Überblick über das Spiel hat und Spielanweisungen erteilt. Das ist kein Stil der Ermächtigung. Ein besseres Vorbild für das Training von Verkäufern ist da schon jenes des Tennistrainers. Die Regeln dieses Spiels lassen keine Anweisungen während des Spiels selbst zu. Statt dessen hilft der Tennistrainer dem Spieler bei der Vorbereitung auf das Spiel und gibt ihm anschließend ein Feedback zu der erbrachten Leistung.

Ein Trainer im Sinne von Marre ist jemand, der die Voraussetzungen schafft und für Bedingungen sorgt, unter denen der einzelne Spitzenleistungen erbringen kann. Dieser Trainingsstil läßt Raum für jene Selbstbestimmung und Eigenverantwortlichkeit, die Verkäufer sich wünschen. Das ist wahre Ermächtigung.

Das Verhältnis zwischen Verkäufern und ihren Vorgesetzten muß sich verändern, um jene Verkaufsleistung hervorzubringen, die in der heutigen Hochdruck-Geschäftswelt verlangt wird. Verkaufsleiter müssen es in ihrer neuen Trainerrolle zur Meisterschaft bringen. Sie müssen zuerst viel von dem, was ihnen bislang über Management beigebracht wurde, wieder vergessen und offen werden für neue Herangehensweisen. Darüber hinaus müssen sich auch die Verkäufer zu einem produktiveren Verhältnis zu ihren Vorgesetzten bekennen. Sie müssen persönliche Verantwortung übernehmen, um eine bestärkende Beziehung entwickeln zu können, die ihnen eine Maximierung ihrer Leistung ermöglicht.

Das Verhältnis zu anderen Personen, die am Kauf- und Verkaufsprozeß beteiligt sind

Die immer komplexer werdenden Märkte führen bei Verkäufern zu immer neuen Gefühlen der Frustration. In beinahe jedem Marktbereich sind heutzutage mehr Personen als früher am Verkaufsprozeß beteiligt. In großen Unternehmen gibt es typischerweise zahlreiche Angestellte und ein kompliziertes System von Kundendienstabteilungen, deren Arbeit Verkauf und Lieferung von qualitativ hochwertigen Produkten beeinflußt. Überall, angefangen von Kleinunternehmern bis zu Immobilienmaklern und Versicherungsvertretern, steigt die Zahl der Beteiligten, ob bei der Verkaufsabwicklung oder beim Kundendienst.

Verkaufserfolg hängt in der heutigen Zeit, und noch viel stärker in der Zukunft, von der Fähigkeit des Verkäufers ab, die Arbeit zahlreicher Personen zu koordinieren, über die er keine Befehlsgewalt hat. Er hat tagtäglich mit einem unabhängigen Netzwerk von Einzelpersonen zu tun, von denen jede ihre eigenen Interessen verfolgt. Selbst wenn alle darin übereinstimmen sollten, daß ihr oberstes Ziel die Zufriedenheit der Kunden ist, haben sie sicherlich jeweils unterschiedliche Vorstellungen darüber, wie man gute Ergebnisse erzielt, und möglicherweise sogar unterschiedliche Auffassungen darüber, wie diese Ergebnisse zu messen seien. Erfolg hängt in hohem Maße von der Fähigkeit des Verkäufers ab, produktive Partnerschaften zu anderen aufzubauen und zu erhalten, die seinen Verkaufsprozeß mittragen.

In diesem Zusammenhang muß unterschieden werden zwischen *Übereinstimmung* und *Abstimmung*. Diese Unterscheidung ist wesentlich. Unter Übereinstimmung versteht man einen Zustand, in dem sich die Beteiligten in einer verträglichen oder harmonischen Beziehung zueinander befinden. Dazu gehören üblicherweise gegenseitige Anerkennung und Einvernehmen; das Fehlen von Zwietracht oder Konflikten. Übereinstimmung nimmt den Status quo hin, weil eine Veränderung das Risiko einer Mißstimmung in sich bergen würde. Dieser Zustand erzeugt demnach Konformität.

Abstimmung hingegen ist ein schöpferischer Akt. Sie ist eine Kunst, die die vorhandenen Kräfte in eine Richtung lenkt, sie auf dieselbe Wellenlänge bringt. Sie ist von Natur aus synergetisch. Mit anderen Worten: Die erzielten Ergebnisse sind größer als die Einzelbeiträge aller Beteiligten. Abstimmung erfordert, sich mit den Unstimmigkeiten auseinanderzusetzen, die normalerweise unter der Oberfläche der Übereinstimmung brodeln.

Typischerweise arbeiten Verkäufer nur deshalb mit Einzelpersonen oder Gruppen harmonisch und verträglich zusammen, weil eine unausgesprochene Übereinkunft besteht, nicht an den bestehenden Unstimmigkeiten zu rühren. Oft schon haben wir von Kunden gehört, wie toll ihr Teamwork funktioniert, weil jeder mit dem anderen wunderbar auskommt. Das allein ist bereits ein Alarmzeichen. Immer, wenn wir die Übung über unausgesprochene Kommunikation in unseren Seminaren durchführten, kam ein gewaltiger Groll zum Vorschein, der unter der Oberfläche der Beziehungen verborgen lag. Es gelang uns dann, die Probleme zu lösen und Abstimmung herbeizuführen, wodurch das jeweilige Team wesentlich produktiver wurde.

Die beiden folgenden Beispiele verdeutlichen diese Unterscheidung visuell.

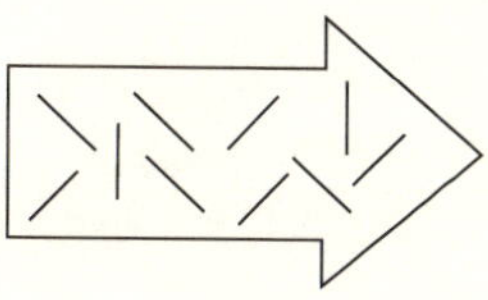

Übereinstimmung

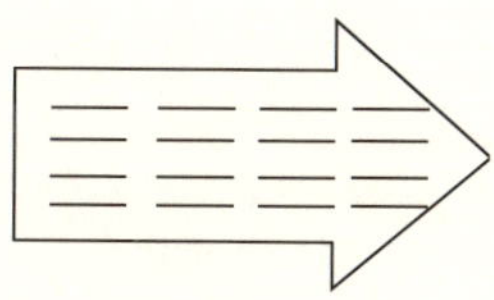

Abstimmung

In einer Beziehung zu einer anderen Person innerhalb oder außerhalb Ihres Unternehmens, die Ihre Verkaufsleistung mitbestimmt, bleiben bei der Übereinstimmung ungelöste Probleme bestehen. Diese bilden ein Labyrinth, das Sie erst durchdringen müssen, um Ihre Aufgabe erfüllen zu können. Möglicherweise fallen Ihnen auf der Stelle drei Punkte ein, mit denen Sie nicht einverstanden sind und die Ihre Leistung beeinträchtigen. Dennoch gelingt es Ihnen immer wieder, sie zu umgehen, um nach außen die Übereinstimmung aufrechtzuerhalten. Viele dieser Hindernisse machen die »So-ist-es-nun-mal«-Realität aus, mit der Sie Tag für Tag leben müssen.

Vier Schritte sind erforderlich, um Abstimmung mit Einzelpersonen oder Gruppen von Personen zu erzielen, die Einfluß auf Ihren Verkaufserfolg haben:

1. Sie müssen eine klare Vision haben und ein uneingeschränktes Bekenntnis zu guten Verkaufsergebnissen und zu einem hohen Maß an Kundenzufriedenheit ablegen.
2. Akzeptieren Sie auf keinen Fall den Status quo, die normale Vorgehensweise. Seien Sie bereit, neue Chancen zu entdecken und höhere Ebenen persönlichen und wirtschaftlichen Erfolges zu erreichen.
3. Seien Sie authentisch in Ihrer Kommunikation. Sagen Sie die Wahrheit, und wagen Sie sich ruhig an die »heiligen Kühe« heran, die Ihren Erfolg behindern.
4. Lösen Sie die Probleme, die zutage treten, und bemühen Sie sich dabei, ein Ergebnis zu finden, bei dem beide Seiten gewinnen.

Die Herausforderungen, denen Verkäufer heutzutage gegenüberstehen, einschließlich der Bedeutung der Kundenzufriedenheit, des starken Wettbewerbs auf den Märkten, der Notwendigkeit, rasche Antworten auf Kundenanfragen zu finden, der Technologie und der Auswirkungen der Globalisierungstendenzen, setzen ein neues Verständnis von Zusammenarbeit voraus. Einfache Übereinstimmung genügt nicht mehr.

Abstimmung mit anderen führt zu jenem Niveau an persönlicher Leistung und wirtschaftlicher Effizienz, das in den kommenden Jahren zum Überleben notwendig sein wird.

Verkaufsschulung

Verkaufsleiter und sonstige Manager, aufgepaßt: Wenn Sie nicht gleich heute damit beginnen, Ihr Personal zu schulen und weiterzubilden, ist die Wahrscheinlichkeit groß, daß demnächst ein anderer auf Ihrem Sessel sitzt.

Verkäufer, aufgepaßt: Wenn Sie sich nicht um Ihre persönliche Weiterbildung kümmern, egal, ob Ihr Unternehmen die Kosten dafür trägt oder nicht, werden Sie künftig wohl kaum dieselben Ergebnisse erzielen wie bisher.

Schulung darf nicht länger als netter Zeitvertreib betrachtet werden, den man sich leistet, sofern die Zeit und das Geld dafür vorhanden sind. Die Entwicklung der eigenen Fähigkeiten ist überlebensnotwendig. Die technologische Komplexität, die Geschwindigkeit, mit der sich Veränderungen vollziehen, und der scharfe Wettbewerb auf den Märkten lassen Aus- und Weiterbildung sowohl für den einzelnen als auch für Unternehmen zur Priorität werden.

Auf den heutigen Märkten, und noch viel stärker in der Zukunft, können Unternehmen nicht über den Preis oder durch technologische Wettbewerbsvorteile konkurrieren. Die Basis für Konkurrenzfähigkeit sind die Beziehungen, die Verkäufer und andere Mitarbeiter zu ihren Kunden aufbauen, und die Qualität des Kundendienstes, den sie anbieten. Wenn Sie beim Service konkurrieren wollen, sind die Menschen Ihr wichtigstes Kapital. Wo Wert auf die Menschen gelegt wird, ist Schulung ein Muß. Die Frage lautet nicht mehr, ob Verkäufer geschult werden sollten oder nicht. Die richtige Art der Schulung ist Voraussetzung zum Überleben.

Diese Herausforderungen des heutigen Wirtschaftslebens erfordern eine neue Unterscheidung im Bereich der Schulung. Die herkömmliche Schulungsmethode für Verkäufer konzentriert sich darauf, Schwächen festzustellen, in die man einhaken kann, sowie Tips und Techniken zu vermitteln, wie man sich in diesen Bereichen verbessern kann. Diese Form der Schulung, die wir leistungsorientierte Schulung nennen, erhöht die Leistung innerhalb eines bestimmten Paradigmas. Aber sie regt die Leute nicht dazu an, ihre Paradigmen zu hinterfragen und so wahre Durchbrüche in ihrer Leistung zu erzielen. Eine solche Schulung mag zwar Verhaltensänderungen bewirken. Diese Veränderungen bewegen sich aber immer innerhalb der überkommenen Vorstellungen. Im besten Fall führt eine solche Schulung zu geringfügigen Verhaltenskorrekturen.

Transformationsorientierte Schulung hingegen verändert das Paradigma, von dem der Mensch geleitet wird. Das ermöglicht es dem einzelnen, jenseits der unsichtbaren Beschränkungen der bestehenden Paradigmen zu gelangen. Dadurch bewirkt sie eine wesentliche Leistungssteigerung. Schulungen dieser Art bestehen üblicherweise aus drei Komponenten. Erstens wird den Teilnehmern Gelegenheit gegeben, ihre bestehenden Paradigmen zu hinterfragen. Dadurch werden sie in die Lage versetzt zu begreifen, welche Grenzen ihre Paradigmen ihnen setzen und welche Konsequenzen diese Beschränkungen mit sich bringen. Das ist ein entscheidender Schritt, um die Restriktionen ihrer bisherigen Konditionierung überwinden zu können. Zweitens ermöglicht transformationsorientierte Schulung dem einzelnen, neue Paradigmen zu entwickeln, die ein anderes Verhalten erfordern. Dadurch wird ein Quantensprung an Leistungssteigerung bewirkt. Schließlich muß die Schulung die nötigen Techniken vermitteln, um diese neuen Verhaltensmuster zu entwickeln.

Das folgende Beispiel soll Ihnen diese Unterscheidung näherbringen. Elefantenbabys im Zirkus werden an einen Pflock gebunden, der in den Boden gerammt ist. Weil sie noch nicht stark genug sind, um den Pflock aus dem Boden zu ziehen, lernen sie rasch, daß ihr Bewegungsspielraum auf die Länge des Seils beschränkt ist. Sie sind darauf konditioniert, zu glauben, daß sie nicht weiter gehen könnten. Auf diese Weise können auch erwachsene Elefanten durch das Anbinden an einen Pflock unter Kontrolle gehalten werden; obwohl sie leicht in der Lage wären, den Pflock aus der Erde zu ziehen und wegzugehen, versuchen sie es gar nicht. Sie wurden bereits als Jungtiere darauf konditioniert, zu glauben, daß sie nicht stark genug seien. Unsere bisherige Konditionierung, unsere Paradigmen, bewirken bei uns genau dasselbe.

Herkömmliche, leistungsorientierte Schulung bringt den Leuten bei, wie sie sich innerhalb der Grenzen ihrer bestehenden Welt, wie sie sie kennen, besser bewegen können – mit anderen Worten, innerhalb der Länge des Seils, durch das sie an den Pflock gebunden sind. Transformationsorientierte Schulung hinterfragt ihre Überzeugungen und ihre Konditionierungen. Sie erlaubt den Menschen, sich jenseits der vorgegebenen Grenzen ihrer bisherigen Erfahrungen zu bewegen.

Aber nicht nur Verkäufer bedürfen der Schulung in der Fähigkeit, synergetische Beziehungen aufzubauen. Jedermann sonst, von der Geschäftsleitung bis zu den Sachbearbeitern in den Kundendienstabteilungen, muß für das neue Modell geschult werden. Das ist eine unabdingbare Voraussetzung für die Umgestaltung der Unternehmenskultur, die erforderlich ist, um die Transformation zu ermöglichen.

So etwas geht nicht von einem Tag auf den anderen. Die Umgestaltung muß auch eine laufende Auffrischung der synergetischen Fertigkeiten und wiederholte Schulungen beinhalten, um kontinuierliche Verbesserung zu erzielen. Um im Synergetischen Paradigma effizient arbeiten zu können, müssen die Leute vieles von dem verlernen, was sie sich in der Vergangenheit angeeignet haben. Verkäufer sind auf bestimmte Verhaltensweisen konditioniert, um im herkömmlichen Modell erfolgreich sein zu können. Jetzt wird ihnen der Boden unter den Füßen weggezogen. Die dramatischen Veränderungen, die nun notwendig geworden sind, bringen Risiken und Unannehmlichkeiten mit sich. Ängste, die mit der Transformation verbunden sind, müssen überwunden werden. Diese Tatsache unterstreicht die Anforderung an Führungskräfte, ihre Rolle in Richtung eines Trainers zu verändern.

Schließlich müssen die Schulungsmaßnahmen besser mit dem Rest des Verkaufsapparates abgestimmt werden, um Verkäufer gut auf den Markt vorzubereiten. Deborah Twadell, Stellvertretende Direktorin der Mortgage Guaranty Insurance Corporation und derzeitige Vorsitzende der National Society of Sales Training Executives, drückt es so aus:

Verkaufsschulung muß in die strategische Planung integriert werden. Andernfalls wird sie immer drei Schritte hinter den aktuellen Entwicklungen zurückbleiben. Es sollte ein Schulungsplan ausgearbeitet werden, der künftigen Bedarf vorhersieht, um die Unternehmensentwicklung zu unterstützen. Auf diese Art und Weise kann Schulung so gestaltet und der Verkaufsorganisation vermittelt werden, daß sie mit den Marktentwicklungen übereinstimmt.

Für die Zukunft gilt das Gesagte allemal. Sie verlangt daher (1) nach einem Bekenntnis zu mehr Verkaufsschulung und verstärkter persönlicher Weiterbildung, (2) nach mehr transformationsorientierter Schulung statt normaler Leistungssteigerungsseminare, und (3) nach der Einbindung der Schulungsfunktion in die strategische Unternehmensplanung, um zu gewährleisten, daß die richtige Botschaft zur rechten Zeit verkündet wird.

Unternehmenskultur

Es ist an der Zeit, daß die Unternehmen ihrer Verantwortung gerecht werden, eine anregende und unterstützende Unternehmenskultur zu gestalten, in der sich engagierte Mitarbeiter weiterentwickeln können. Unternehmen haben die Wahl. Entweder planen sie gewissenhaft die notwendigen Veränderungen, oder sie werden durch die Anforderungen des Geschäftslebens dazu gezwungen werden. Eine Änderung der Unternehmenskultur ist ein wesentlicher Schritt bei der Transformation des Verkaufs, der so wichtig ist, um in Zukunft konkurrenzfähig zu werden oder zu bleiben.

Die vielleicht beste Art, die Bedeutung der Unternehmenskultur zu beschreiben, ist die folgende Erklärung von Joan Holmes, der Vorsitzenden von The Hunger Project, einer gemeinnützigen Organisation, die es sich zum Ziel gesetzt hat, den chronischen und anhaltenden Hunger auf der Erde bis zum Jahr 2000 zu beenden. Der Erfolg dieser Organisation hängt von ihrer Fähigkeit ab, kulturelle Gegebenheiten und tradierte Denkmuster über Hunger und Hungersnöte zu verändern. Die Leiter von The Hunger Project haben viel Zeit damit verbracht, kulturelle Einflüsse auf das Denken und die Handlungsweise von Menschen zu studieren. In einer Rede, die sie 1988 vor einer weltweiten Konferenz von privaten Hungerhilfsorganisationen hielt, sagte Holmes:

> Es ist unser Zeitalter, der Zeitgeist, der unsere Handlungen beschränkt, festlegt und bestimmt, weil er unsere Daseinsform beschränkt und bestimmt. Der Zeitgeist, unser Zeitalter, bestimmt, was wir als möglich ansehen, und er bestimmt, was wir als erreichbar betrachten. Wir werden von diesem Zeitgeist bestimmt – unvermeidlich. Er bestimmt, was wir denken. Er bestimmt, was wir sagen, unsere Wahrnehmungen, unsere Werturteile, unsere Schlußfolgerungen, unsere Handlungen. Er bestimmt alles.

Holmes spricht hier über die Macht von Paradigmen, und ihre Bemerkungen über den »Zeitgeist« gelten ebenso für die Unternehmenskultur. Später fügte sie in ihrer Rede noch hinzu:

> Wir müssen immer daran denken, daß die Person, mit der wir sprechen, das Produkt dieses Zeitgeistes ist. Diese Person wird nur das denken, was innerhalb dieses Zeitgeistes zulässig ist. Es ist natürlich einfacher, von der Person enttäuscht zu sein als vom Zeitgeist. Aber diese Person ist ein hervorragendes Beispiel für die Arbeit, die vor uns liegt. Sobald ein neuer Zeitgeist dieser Person gestattet, andere Dinge zu denken, wird er oder sie das tun, weil wir alle Produkte eines Zeitgeistes sind, der bestimmte Gedanken zuläßt.

Die Bemerkungen von Holmes treffen den Nagel auf den Kopf, was die Bedeutung einer Veränderung der Unternehmenskultur betrifft, um den Wechsel zum Synergetischen Paradigma im Verkauf zu ermöglichen.

Zum einen bestimmt die Unternehmenskultur den Verkaufserfolg; zweitens ist die Neugestaltung der Unternehmenskultur deshalb so wichtig, weil Verkäufer ein Produkt ihrer Umgebung sind. Durchbrüche zu neuen Gipfeln des Verkaufserfolges werden möglich, wenn die Hindernisse und Barrieren des herkömmlichen Paradigmas ausgeschaltet werden, das jedem Gewinner einen Verlierer zuordnet.

Einen Grund für viele dieser Hindernisse stellt die traditionelle Unternehmenshierarchie dar. Wie wir im ersten Kapitel beschrieben haben, wirkt sich Hierarchie beengend und hinderlich auf den Umgang mit den Anforderungen des modernen Wirtschaftslebens aus. Aus diesem Grund beginnen zahlreiche innovative Unternehmen, neue Organisationsformen zu entwickeln.

Chuck Hitzemann, Generaldirektor von DuPont de Nemours »Agro« A/S, einer skandinavischen Tochterfirma des DuPont-Konzerns, hat eine neue Unternehmensstruktur eingeführt. Dabei wurde das Organigramm des Unternehmens auf den Kopf gestellt, und es wurden kleine, selbstbestimmte Verkäuferteams eingerichtet.

An der Spitze des Organigramms stehen nun die Kunden, um die Mitarbeiter ständig daran zu erinnern, für wen sie in Wirklichkeit arbeiten. Danach kommen die Verkäufer, die in direktem Kontakt mit den Kunden stehen. Die nächste Ebene wird von den Mitarbeitern gebildet, die den Verkäufern unmittelbar zuarbeiten; anschließend kommen die Mitarbeiter aus der Verwaltung, die andere unterstützende Aufgaben erfüllen. Schließlich, am unteren Ende des Organigramms, steht der Generaldirektor, Hitzemann, dessen Rolle darin besteht, die Belegschaft bei der Ausübung ihrer jeweiligen Aufgaben zu unterstützen.

Wichtiger als das Umdrehen eines Organigramms waren jedoch die Durchführung und die Umsetzung. Hitzemann sagt, daß drei Voraussetzungen erfüllt sein müssen, um das Konzept in die Praxis umzusetzen.

Erstens müssen die betroffenen Mitarbeiter die nötige Reife für eine solche Maßnahme aufweisen. Ein Großteil von ihnen hatte schon eine ganze Weile zusammengearbeitet. Dadurch hatte sich ein starkes Teambewußtsein anstelle individueller Egos entwickelt. Wenngleich ihre Verkaufsmethoden recht unterschiedlich waren, wurden diese Unterschiede gegenseitig respektiert. Sie schienen aufrichtig gewillt zu sein, voneinander zu lernen.

Das zweite Geheimnis ist laufende und hochwertige Kommunikation. Kommunikation ist zweifelsohne das Gleitmittel für eine solche Arbeitsweise. Die Techniken des Synergetischen Verkaufs hinsichtlich Kommunikation und des Aufbaus von Beziehungen übten hier eine Schlüsselfunktion bei der Umsetzung des Planes aus. Das Modell der zwei Gewinner stellte den Kontext her; daraufhin sorgten die Kommunikationsfähigkeiten dafür, daß die »umgedrehte Hierarchie« und die »selbstbestimmten Teams« in der täglichen Praxis tatsächlich funktionieren konnten.

Die Mitarbeiter unterstützten sich laufend gegenseitig mit ihrem Wissen und Können.

Die dritte Komponente war die Rolle des Direktors. Hitzemann sagt, daß die Autoritätsperson als Unterstützung angesehen wurde, nicht als Polizist. Wichtig war dabei, daß die Mitglieder des Teams spüren konnten, daß er vom neuen Modell persönlich überzeugt war. Das geschah auf mehrere Arten.

Es begann damit, daß er Fehler während des Umlernprozesses in Kauf nahm. Fehler treten in jedem Lern- oder Umdenkverfahren auf. Angst vor Repressionen aber wird die nötige Risikobereitschaft für die erfolgreiche Umsetzung einer Veränderung dieser Größenordnung verringern oder ganz ausschließen. Es war also wichtig, eine Atmosphäre zu schaffen, die die Leute dazu ermunterte, Risiken einzugehen. Nur so können wir uns weiterentwickeln. Um diesen Punkt zu unterstreichen, empfiehlt Hitzemann, daran zu denken, wie ein Kind das Gehen erlernt. Wenn das Kind hinfällt (also einen Fehler macht), schimpfen die Eltern nicht. Statt dessen umarmen sie das Kind und sagen: »Macht nichts, versuchen wir es noch einmal.« Es wird ermutigt zum Fehlermachen. Das ist dieselbe Einstellung, die ein sicheres Umfeld für Hitzemanns Mitarbeiter schuf, in dem sie Risiken eingehen und sich mit dem neuen Modell anfreunden konnten.

Zusätzlich war es wichtig, die Wachsamkeit zu erhalten. Ohne ständige Erinnerung wäre es allzu leicht gewesen, in alte Verhaltensweisen und Gewohnheiten zurückzufallen. Die Visionen von den neuen Beziehungen und den Techniken des Zuhörens und der authentischen Kommunikation waren in den täglichen Gesprächen innerhalb des Unternehmens ständig präsent. Es war kein Befehl von oben, der die Veränderung ermöglichte, sondern es waren vielmehr laufende, bestätigende Gespräche, die sie langsam Realität werden ließen.

Darüber hinaus war es von entscheidender Bedeutung, daß die Manager mit gutem Beispiel vorangingen. Taten sagen mehr als Worte. Das neue Beziehungsmuster war so anders, daß einige Mitglieder des Teams anfangs ihre Zweifel an der Ernsthaftigkeit der ganzen Sachte hatten. Als sie aber sahen, wie Hitzemann und seine Kollegen den Lernprozeß selbst durchliefen und die neuen Fertigkeiten in ihrer täglichen Arbeit anwendeten, konnten die Mitglieder des Teams erkennen, daß der Vorstoß wirklich ernst gemeint war, und machten begeistert mit. So hatte sich wieder gezeigt, daß eine Veränderung dieser Art nicht von oben angeordnet werden kann.

Hitzemann und sein Team erzielten hervorragende Erfolge mit dem neuen Modell. Die Mitglieder des Teams sagten ihm bei seinem Abschied, daß sie zusätzlich zu den besseren Verkaufserfolgen mehr Freude an der Arbeit empfänden, ihre Aufgabe mit mehr Begeisterung erfüllten und dadurch eine höhere Selbstachtung erlangt hätten.

Selbstbestimmte Teams von Verkäufern haben eine Menge Vorzüge. Forschungsergebnisse haben bereits den Erfolg von Kleingruppen in anderen Unternehmensbereichen nachgewiesen. Welchen besseren Bereich aber kann es in einem Unternehmen für eine Gruppe von hochmotivierten, engagierten und selbstbestimmten Mitarbeitern geben als die Verkaufsabteilung? Diese Verkaufs-«Superteams« würden auch für die nötige Unterstützung zur weiteren Entwicklung und Verbesserung der Unternehmenskultur sorgen. Dadurch könnte es zu einem Quantensprung in den Verkaufsergebnissen kommen, wie er im herkömmlichen Modell nicht denkbar wäre.

Eine Restrukturierung der Unternehmensorganisation verspricht zwar viele Vorteile, weil sie viele Beschränkungen des traditionellen Hierarchieschemas beseitigt. Aber das wesentliche Element ist und bleibt die Qualität der Beziehungen. Jede Unternehmensstruktur wird effizienter sein, wenn sie auf den Prinzipien des Synergetischen Paradigmas beruht.

Zusätzlich zur Unternehmensstruktur müssen alle Abläufe, die innerhalb der bisherigen Unternehmenskultur entwickelt und umgesetzt wurden, überprüft werden. Das betrifft Fragen wie das System der Zielvorgaben, das Anreiz- und Entlohnungssystem und die Leistungsbeurteilung. Die Basis all dieser Programme muß verändert werden, um den grundlegenden Prinzipien des neuen Paradigmas gerecht zu werden. Wenn das nicht geschieht, wirken sie sich kontraproduktiv auf die Transformation aus.

Zusammenfassung des Kapitels

1. Einzelpersonen und Unternehmen, die den Status quo im Verkauf hinnehmen und sich nicht auf das neue Paradigma einstellen, gefährden ernsthaft ihre Überlebenschancen in den kommenden Jahren.
2. Die Hindernisse, um den Bedarf nach Veränderung klar erkennen zu können, sind:
   - Blindheit aufgrund von Paradigmen;
   - die Schuld auf andere oder auf äußere Umstände zu schieben;
   - eine Härter-arbeiten-Mentalität;
   - abzustreiten, daß es überhaupt ein Problem gibt.
3. Das neue Paradigma birgt Chancen, die die Vorstellungskraft der meisten Verkäufer übertreffen.
4. Einige der Probleme, mit denen Unternehmen und ihre Mitarbeiter in Zukunft konfrontiert werden und die nach einer neuen Art von Beziehung zwischen Verkäufer und Käufer verlangen, sind
   - der Trend zum Total Quality Management;
   - die technologische Komplexität der Produkte und Dienstleistungen;
   - kulturelle Fragen, die im Zusammenhang mit der Globalisierung der Märkte auftreten.

5. *Ermächtigung* ist ein Begriff, der heutzutage von vielen Unternehmen mißbraucht wird. Er wird dazu eingesetzt, um jemanden dazu zu bringen, das zu tun, was man von ihm erwartet. Dabei handelt es sich lediglich um eine andere Form von Manipulation.
6. Wirkliche Ermächtigung bedeutet, eine Arbeitsatmosphäre zu schaffen, die es den Mitarbeitern ermöglicht, ihre Fähigkeiten weiterzuentwickeln. Sowohl der Verkaufsleiter als auch der Verkäufer tragen die Verantwortung für die Schaffung einer Atmosphäre der Ermächtigung.
7. Verkaufsleiter, die ihre Rolle in der Beziehung in Richtung eines Trainers verändern, werden die eigene Leistung und die des Teams verbessern.
8. Heutzutage hängt Erfolg von der Fähigkeit des Verkäufers ab, produktive Beziehungen zu anderen Personen, die den Verkaufsprozeß beeinflussen, aufzubauen und zu erhalten. Es ist wichtig, den Unterschied zwischen *Übereinstimmung* und *Abstimmung* in diesen Beziehungen zu verstehen.
9. Verkaufsschulung ist kein Luxus, den man den Verkäufern gönnt, wenn man es sich leisten kann. Sie ist eine Grundvoraussetzung, um am Markt konkurrenzfähig zu bleiben.
10. Es ist wichtig, zwischen »leistungsorientierter« und »transformationsorientierter« Schulung zu unterscheiden. Der Paradigmenwechsel im Verkauf erfordert eine Herangehensweise bei der Schulung, die echten Wandel begünstigt.
11. Schulungsmaßnahmen müssen auch in die strategische Unternehmensplanung einbezogen werden, um ihre Effizienz zu maximieren.
12. Die Unternehmenskultur bestimmt die Ergebnisse, die erzielt werden.
13. Neue Unternehmensstrukturen sind erforderlich, um die Hindernisse zu beseitigen, die im Rahmen der traditionellen Hierarchien bestehen.

Register